Nitsch / von Schelling · Das andere Babybuch

Cornelia Nitsch
Cornelia von Schelling

DAS »ANDERE« BABYBUCH

Die ersten zwölf Monate:
Was Mütter und Väter jetzt unbedingt wissen müssen

Mosaik

Für unsere Kinder
Jasper, Julian, Jakob und Konstantin
Jacob und Constantin

Sonderausgabe der völlig überarbeiteten Neuausgabe
Der Mosaik Verlag ist ein Unternehmen der
Verlagsgruppe Random House GmbH

Redaktion: Monika König/Uta Koßmagk
Textbearbeitung: Henriette Zeltner
Umschlaggestaltung: Heinz Kraxenberger
Umschlagfoto: CD-Bildarchiv Kraxenberger
Satz: Filmsatz Schröter GmbH, München
Druck und Bindung: Clausen & Bosse, Leck
Printed in Germany
ISBN 3-576-11599-1

INHALT

5. Kapitel
Ruhige, fröhliche Zeiten – das Ende des ersten Halbjahrs

6. Kapitel
Das Quengelstadium: Das Baby will mehr, als es schon kann

Vorwort

In diesem Buch stecken zwei Bücher. Zuerst einmal ein Buch für Paare, die ein Baby erwarten, die neun Monate lang versuchen, sich vorzustellen, wie das Leben mit einem Baby und wie die Atmosphäre in einer jungen Familie aussehen wird. Aus Mangel an Erfahrungen und Möglichkeiten, den Alltag mit kleinen Kindern zu beobachten, stellen sie nach der Geburt ihres Kindes fest, mit welcher Entschlossenheit das Baby ihr ganzes Leben auf den Kopf stellt.

Als Journalistinnen, die sich beruflich jahrelang durch die Babyliteratur gelesen haben, dann aber vor allem als Mütter unserer eigenen Kinder reizte es uns, unser Detailwissen – hunderte kleine Mosaiksteinchen – in einen Zusammenhang zu bringen. Wir haben versucht, die Geschichte der ersten zwölf Monate mit einem Kind so spannend und einfühlsam zu beschreiben, daß es Spaß macht, sie hintereinanderweg zu lesen.

Das zweite Buch, das in diesem Band steckt, ist ein klar gegliedertes Sachbuch, in dem Eltern nachschlagen können, wenn Fragen im Zusammenhang mit ihrem Baby auftauchen. Wir haben uns bemüht, die Fülle von Informationen so auszuwählen und zu ordnen, wie sie in der Praxis benötigt werden.

Natürlich haben nicht alle Eltern die gleichen Schwierigkeiten; trotzdem ergeben sich in den meisten Familien etwa die gleichen Fragen zum gleichen Zeitpunkt. Auch wenn wir nicht alle Probleme aufgreifen, geschweige denn zu lösen vermögen, hoffen wir, daß Eltern durch unser Buch Sicherheit bekommen. Ein Leben mit einem Baby ist unberechenbar und voller Überraschungen. Wir möchten dazu beitragen, daß Eltern so selbstbewußt werden, daß sie das Unberechenbare akzeptieren können, anstatt zu glauben, es gäbe nur eine einzige richtige Art, mit einem Baby umzugehen. Es ist uns wichtig, Eltern das schlechte Gewissen zu nehmen, wenn sie sich ihrem Baby gegenüber anders verhalten,

als sie es sich vorgenommen haben. Auch deshalb (aber nicht nur) steht auf dem Umschlag der Titel *Das »andere« Babybuch*.
Obwohl wir beide in unserer Einstellung zu Kindern eine ziemlich gleiche Linie verfolgen, geht gerade aus unseren persönlichen Berichten hervor, wie unterschiedlich das Leben mit einem Baby sein kann. Wir haben uns bemüht, unsere Erfahrungen realistisch und ungeschönt wiederzugeben, denn wir konnten selber erleben, wie sehr es uns geholfen hat, zu wissen, wie es anderen Eltern ergangen ist und wie sie mit den verschiedensten Schwierigkeiten fertig geworden sind.
Einige Themenbereiche haben wir nicht aufgenommen – zum Beispiel Frühgeborene, Zwillinge, behinderte Kinder –, da wir im Rahmen dieses Buches nicht so umfassend darauf hätten eingehen können, wie es erforderlich wäre.
Zum Buch gehört außerdem ein besonders ausführliches Register, damit man alle Themen, jeden wichtigen Punkt, finden kann, den man braucht.

München, im Januar 1998
Cornelia Nitsch, Cornelia von Schelling

1. Kapitel
Die erste Stunde nach der Geburt

Nach der Entbindung: Gebt mir unser Baby

Viermal habe ich eine Geburt erlebt. Viermal hatte ich danach das gleiche Gefühl: Aufatmen! Glückseligkeit: Alles ist gutgegangen. Kind, du hast es geschafft. Wir haben es geschafft. Unser Baby ist auf der Welt. Die Welt – das ist in diesem Augenblick der Kreißsaal. Wie verloren unser Baby darin aussieht. Nur ein Haarschopf, naß und verklebt. Nur ein dünner kleiner Körper und ein dicker Kopf. Wie weit es in diesen ersten Sekunden seines Lebens von mir entfernt ist! Endlich legen sie es mir auf den Bauch! »Da bist du ja, mein kleiner Konstantin! Ein bißchen zerknittert siehst du aus, mein Kleiner.« Ich lege meinen Arm um ihn, baue eine Höhle, damit er meine Wärme spürt, damit er sich wieder sicher fühlen kann, wie »zu Hause« in meinem engen Bauch. Auch mir tut es unendlich gut, nach all den Anstrengungen, all der Aufregung der Geburt, mein Kind wieder dicht bei mir zu haben. Ich sehe es unverwandt an, fasziniert und vollkommen verliebt: »Du schaust mich ja auch an! Und wie wach, wie aktiv du bist, immerzu zuckt es in deinem Gesichtchen, ständig verändert sich deine Mimik. Spürst du, wie sehr wir uns über dich freuen?« Leise und unaufhörlich rede ich mit Konstantin – nicht nur für ihn ist es wichtig, meine Stimme zu hören. Für mich auch, denn so legt sich das Durcheinander aus Glück, Erschöpfung und Anspannung.

Der Arzt nabelt Konstantin ab. Schwer zu kapieren, daß dieses fertige Kind eben noch ein Teil meiner Selbst war. Auf einmal ist es fähig, allein zu leben. Einerseits löse ich mich gern von dem Baby – kein dicker Bauch mehr, keine dicken Beine mehr –, andererseits fühle ich auch ein bißchen Wehmut: Abschiedsschmerz.

Der Kinderarzt untersucht Konstantin. Nun spüre ich noch einmal diese unterschwellige Angst der vergangenen

neun Monate: Was machen wir, wenn nicht alles in Ordnung ist? Der Arzt sagt: »Ihrem Sohn geht es gut!« Als ich sehe, wie entspannt er mit ihm herumturnt, ruhe ich mich endlich aus.
Froh schaue ich meinem Mann zu, wie er unseren Sohn badet. Mit sicherem Griff. Kein Wunder, beim vierten Kind. Die Wehen für die Nachgeburt spüre ich kaum, so erleichtert, so glücklich bin ich. Im Kreißsaal werden die Apparate zur Seite geschoben. Mich stören weder die Technik noch die gekachelten Wände noch die Aluminiumjalousien vor den Fenstern. Im Gegenteil: Ich habe mich sicher gefühlt in dieser Krankenhausatmosphäre mit viel Medizin im Hintergrund. Nur der Rahmen wirkt kühl. Arzt und Hebamme waren es nicht, sie haben sich bei der Geburt nicht nur um das Medizinische gekümmert, sondern auch um uns. Sie haben mit uns geredet, gelitten und uns Mut gemacht. (C. N.)

Das erste Streicheln: Balsam für die Seele

Auf dem Bauch seiner Mutter ruht sich das Baby aus

Auf dem Bauch seiner Mutter fühlt sich ein Neugeborenes wohl in dieser ersten Verschnaufpause nach der Geburt. Es spürt die Wärme der Mutter und ihren Atem, vernimmt das vertraute Pochen ihres Herzens, hört die Stimme, die es kennt. Streicheln Eltern ihr Baby, setzen sie fort, woran ihr Kind gewöhnt ist. Bisher wurde es durch die Muskeln in der Gebärmutter massiert und durch die Wehen. Das Streicheln tut nicht nur seiner Seele gut, sondern regt auch den Kreislauf des Säuglings an und seine Atmung.

Durch seine Haut nimmt ein Neugeborenes die Welt und die Liebe seiner Mutter am intensivsten wahr

Die Haut ist das wichtigste Sinnesorgan eines Neugeborenen. Durch sie nimmt es die Reize der Umwelt am intensivsten wahr. Auf jedem Quadratzentimeter Haut befinden sich Tastkörper, Nerven, die jeden Impuls sofort ans Gehirn melden und umgekehrt: Was sich im Gehirn abspielt, ist oft an der Haut abzulesen. Mit jeder Faser seines Wesens spürt daher ein Baby, das nackend auf der

weichen, warmen Haut seiner Mutter liegt, ihre Ausstrahlung, nimmt ihre Erregung, ihre Freude durch die Haut in sich auf. Wie gut also, daß Babys in den meisten Kliniken diesen ersten Hautkontakt schon im Kreißsaal haben können.
Babys, die wenig gestreichelt werden, weinen häufiger als Kinder, die viel Zärtlichkeit erfahren. Wird einem Baby dieser Hautkontakt sogar ganz vorenthalten, verkümmert zuerst seine Seele und auf die Dauer hat es keine Chance zu überleben (Seite 128).

Abnabeln: Mutter und Kind müssen sich trennen

Sofort nach der Geburt abnabeln oder erst später?

Wird die Nabelschnur zerschnitten, überschreitet das Baby eine Grenze zwischen zwei unterschiedlichen Existenzformen. Mit seinem ersten Atemzug erreicht es die Grenze zwischen

- dem Leben in der Mutter, die es über die Nabelschnur mit Nahrung und mit Sauerstoff versorgt, und
- dem eigenständigen Leben, getrennt von der Mutter.

Jetzt muß es sich selbst mit Nahrung und Sauerstoff versorgen, es muß atmen und trinken.
Mediziner sind sich heute darin einig, daß es – aus ärztlicher Sicht – egal ist, ob die Nabelschnur gleich nach der Geburt oder erst einige Minuten danach durchtrennt wird.
Generationenlang wurde als notwendig hingenommen, daß sich ein Neugeborenes nach seiner Geburt erst einmal die Lunge aus dem Hals schreit, je heftiger, desto besser. »Das bringt die Atmung in Gang und kräftigt die Lungen!« hieß es. Für die Geburtshelfer stand nicht das Beruhigen an erster Stelle, sondern die medizinische Versorgung des Babys. Das Verblüffende: Babys, die sanft ins Leben kommen, schreien weniger, manchmal gar nicht, und es geht ihnen trotzdem gut. Sie dürfen sich Zeit lassen mit dem Atmen, da die Nabelschnur, solange sie pulsiert, das Kind noch mit sauerstoffreichem

Der erste Schrei gleich nach der Geburt muß nicht sein

Blut versorgt – wie vor der Geburt. Die Nachwehen pumpen außerdem Blut in die Nabelschnur, während das Baby selbst mit seinen ersten Atemzügen einen Sog auf die Blutzufuhr ausübt.
Besonders viel Blut fließt weiterhin zum Neugeborenen, wenn es beispielsweise gleich nach der Entbindung tiefer liegt als die Mutter, sich also zwischen ihren Beinen ausruht oder wenn es – nach einer Geburt in der Hocke oder auf dem Gebärstuhl – auf dem Boden liegt. Nach einem Kaiserschnitt ist es möglich mit der Hand nachzuhelfen: Da sich die Gebärmutter nicht von alleine zusammenzieht, wird das Baby durch leichtes Kneten mit dem Blut aus der Nabelschnur versorgt.
Ein gesundes, reif geborenes Baby muß also keineswegs sofort abgenabelt werden – es darf sich ausruhen von den Strapazen der Geburt und das zärtliche Beisammensein mit seiner Mutter genießen.

Manche Babys müssen gleich medizinisch versorgt werden

Hat das Baby gesundheitliche Probleme, wird es meistens gleich vom Kinderarzt übernommen und untersucht

Nur Neugeborene, denen es gesundheitlich nicht gut geht, müssen zuallererst medizinisch versorgt werden. Gerade diesen Babys sowie Frühgeborenen würde es zwar guttun, noch etwas Blut und Sauerstoff aus dem Mutterkuchen zu bekommen, doch wenn schnelle ärztliche Versorgung erforderlich ist, wird die Nabelschnur sofort nach der Entbindung durchgeschnitten.
Das Abnabeln tut dem Baby überhaupt nicht weh, da die Nabelschnur keine Nerven enthält. Dennoch erschrickt es, rudert mit den Ärmchen und brüllt. Denn wenn der pulsierende Blutstrom schlagartig abbricht, entsteht im Baby so etwas wie ein plötzlicher Rückstau. Das ist natürlich kein Drama, doch am schönsten ist es für Baby und Mutter, wenn der Vater mit Hilfe der Hebamme die Nabelschnur erst dann durchtrennt, wenn sie ganz aufgehört hat zu pulsieren.
Ist die Nabelschnur durchtrennt, können an die zehn Sekunden vergehen, bis das Baby zum ersten Mal selb-

ständig atmet. Kaiserschnitt-Babys brauchen meist ein wenig länger, um Luft zu holen, da ihr Brustkorb während der Geburt nicht zusammengedrückt wird – ein Vorgang, bei dem spontan geborene Säuglinge ihre Lungenflüssigkeit ausspucken.

Nach dem Abnabeln: Was verändert sich im Körper?

Das Kind beginnt zu atmen

Der erste Atemzug setzt im Körper des Neugeborenen eine Kettenreaktion in Gang: Die winzigen Bläschen in der Lunge – bisher luftleer – blähen sich mit einem Ruck auf, füllen sich mit Luft, das Baby atmet. Bisher wurden seine roten Blutkörperchen in der Plazenta mit Sauerstoff beladen, jetzt leistet seine eigene Lunge diese Arbeit.

Der Kreislauf stellt sich um

Wenn die Nabelschnur durchgeschnitten ist, verändern sich die Druckverhältnisse im Körper. Einerseits wird Blut in die Lungen gepreßt, andererseits schließt sich durch den Druck eine Verbindung zwischen linker und rechter Herzkammer.

Durch den ersten Atemzug stellt sich der Kreislauf des Babys um, er wird selbständig.

In seltenen Fällen indes gelingt diese Umstellung auf die eigene, selbständige Versorgung mit Sauerstoff nicht schnell genug. Das Baby wird blau und bekommt keine Luft. Der Arzt muß dann seinen Kreislauf sofort in Gang bringen, indem er es mit Sauerstoff versorgt. Meist stellt sich der Kreislauf dann schnell um und das Baby atmet sogleich aus eigener Kraft.

Die Umstellung vom Leben in der Gebärmutter auf das Leben außerhalb des Mutterleibs – ein Kraftakt, den ein Baby in seinen ersten Lebensminuten verkraften muß

Darüber hinaus ist der Körper des Babys bestmöglich auf das Leben vorbereitet. Organe, die es im Mutterleib noch nicht oder kaum benötigte, weil der Körper der Mutter deren Arbeit noch übernahm und ihr Ungeborenes ernährte, funktionieren nach der Geburt sofort:

- *Der Darm* ist gleich nach der Geburt in der Lage, Nahrung zu verdauen.
- *Die Nieren*, obwohl noch nicht ganz ausgereift, arbeiten und geben die ersten geringen Mengen Urin an die Blase ab.

- *Die Muskeln*, die das Baby bereits durch Strampeln und Treten im Mutterleib trainieren konnte, sind besonders gut ausgebildet.
- *Das Immunsystem* funktioniert allerdings noch nicht perfekt, der Organismus ist höchst empfindlich und schutzbedürftig.

Als Folge dieser Umstellung und auch der Strapaze durch die Geburt werden überflüssige rote Blutkörperchen freigesetzt, die vor der Geburt bei der Versorgung des Babys mit Sauerstoff aus der Plazenta gebraucht wurden. Beim Abbau entsteht viel gelbroter Gallenfarbstoff (Bilirubin).

Warum haben so viele Neugeborene Gelbsucht?

Dieser Farbstoff schimmert bei manchen Säuglingen in den kommenden Tagen gelblich durch die Haut. Den Abbau dieses Farbstoffs leisteten bis zur Geburt mütterliche Enzyme. In der Leber des Neugeborenen sind bisher nur geringe Mengen davon vorhanden. Steigt die Produktion an, wird der Farbstoff abgebaut. Nach spätestens sieben Tagen klingt eine Neugeborenen-Gelbsucht in der Regel wieder ab.

Es ist ganz normal, daß ein Baby in den ersten Tagen nach der Geburt durch die Umstellung auf die selbständige Ernährung an Gewicht verliert. Es holt diesen Verlust aber schnell wieder auf.

Wie geht es dem Baby gesundheitlich?

Noch im Kreißsaal findet die erste Untersuchung statt: Ist auch wirklich alles in Ordnung mit dem Baby, ist es pumperlgesund?

Früher gaben sich Geburtshelfer mit einem prüfenden Blick zufrieden. Ist der Säugling frisch und munter? Heute wird das Baby gleich untersucht, wenn es kurz bei seiner Mutter verschnauft hat und abgenabelt ist. Diese erste Untersuchung führt in großen Kliniken jetzt meistens ein Kinderarzt durch und nicht mehr der Geburtshelfer.

Zuerst macht er einen Test (Apgar-Test). Fünf Merkmale sind dabei zu prüfen:

Die Herztöne: Schlägt das Herz normal?

Die Atmung: Ist sie gleichmäßig?

Die Reflexe im Rachenraum: Funktionieren sie? Manche Mediziner saugen den Rachenraum in jedem Fall vorsorglich mit einem dünnen Schlauch gründlich ab, damit kein Schleim, keine Reste von Fruchtwasser in die Lungen geraten und um gleichzeitig festzustellen, ob die Speiseröhre durchgängig ist. Andere saugen nur oberflächlich oder gar nicht ab und gehen nur dann tiefer, wenn sich das Baby beim Atmen schwertut oder auffällig verhält.

Die Muskeln: Stimmt ihre Spannung?

Die Haut: Ist sie rosig?

Der Apgar-Test

Für jedes Merkmal vergibt der Arzt eine Note zwischen 0 und 10. Erreicht ein Neugeborenes mehr als sieben von den insgesamt zehn Punkten, gilt es als gesund. Vier von fünf Babys kommen auf diesen Wert. Um sicherzugehen, wiederholt der Arzt den Test nach fünf und nach zehn Minuten noch mal.

Neben dem Apgar-Test gibt es noch weitere Untersuchungen, die zeigen, wie es dem Baby geht

In einigen Kliniken wird heute nicht mehr die übliche Apgar-Untersuchung, sondern ein neuerer, erweiterter Test angewandt. Dieser Test mißt zusätzlich den Säuregrad des Blutes direkt nach der Geburt. Durch diese sekundenschnelle Blutentnahme zeigt sich, ob das Baby ausreichend mit Sauerstoff versorgt ist.

Außerdem kann er auch die Gründe für die anfänglich manchmal niedrigen Apgar-Werte auswerten: Erhielt das Neugeborene tatsächlich zu wenig Sauerstoff? Oder hat die Mutter vielleicht sehr starke Narkosemittel oder schmerzstillende Medikamente bekommen? Liegen womöglich ganz andere Gründe vor?

Zudem sieht der Test noch die Begutachtung der Nabelschnur vor: Ihr Füllzustand liefert dem Arzt wichtige Hinweise auf den Sauerstoffgehalt des Blutes.

Je nachdem, wie die Ergebnisse ausfallen, kann der Arzt die entsprechende Behandlung einleiten.

Den Tests folgt eine Bestandsaufnahme

Die Fontanelle: Die Lücke zwischen den Schädelknochen darf noch nicht geschlossen sein (Seite 23).

Der Bauch: Sind die Organe im Bauch an der richtigen Stelle zu fühlen?
Der Gaumen: keine Gaumenspalte?
Die Hüftgelenke: in den Hüftpfannen?
Die Hoden: Sind sie bereits im Hodensack?
Die Füße: gut entwickelt?
Außerdem prüft der Arzt noch verschiedene Reifezeichen. Er untersucht zum Beispiel, ob die Ohren schon knorpelig sind.
Dann wird dem Säugling eine Silbernitratlösung in die Augen geträufelt, um einer Infektion vorzubeugen.
Und außerdem: Neben dem üblichen Apgar-Test bzw. der erweiterten Untersuchung nach der Geburt werden auch sämtliche Reflexe des Babys geprüft. Den Saugreflex beispielsweise hat das Baby schon im Mutterleib unentwegt eingeübt, so daß es gleich nach der Geburt die Brust der Mutter sucht, und sofort anfängt, an der Brustwarze zu saugen (Seite 29).

Ein Tip: Es ist sinnvoll, ein Tagebuch für das Baby anzulegen, in dem man wichtige Informationen über seine gesundheitliche Entwicklung, über Kinderkrankheiten usw. im Laufe der kommenden Jahre einträgt

Der Arzt testet diesen Reflex, indem er die linke Wange und den Mundwinkel des Babys krault und so überprüft, ob es das Köpfchen in die Richtung des Fingers dreht und spontan daran saugt.
Außerdem kontrolliert der Arzt den sogenannten Mororeflex, mit dem ein Säugling auf plötzlichen Krach oder eine abrupte Änderung seiner Lage reagiert: Er hält das Baby kopfüber, beobachtet, wie es die Ärmchen hochreißt, die Finger spreizt und sich dann selbst umklammert. So kann er feststellen, ob sich die Arme symmetrisch bewegen, also beide Körperhälften gesund und gleichmäßig entwickelt sind.

Die Vorsorgeuntersuchungen

In den regelmäßigen Vorsorgeuntersuchungen im ersten Lebensjahr wird geprüft, wie stark die Neugeborenen-Reflexe noch ausgeprägt sind und wie sich das Baby gesundheitlich entwickelt. Sinn der Untersuchungen im Laufe der ersten Lebensjahre: Krankheiten und Störungen so früh wie möglich zu erkennen und zu behandeln.

Alle Ergebnisse werden in einem Untersuchungsheft vermerkt, das die Eltern gut aufbewahren sollten, weil es gesundheitliche Informationen über das Kind enthält, die für einen Arzt später von Bedeutung sein können. Das Untersuchungsheft ist also ein wichtiges Dokument, wie auch das Impfbuch.

Das Baby entspannt sich im Wasser

Ist das Baby abgenabelt und untersucht, steht in den meisten Kliniken das Baden auf dem Programm. Häufig übernehmen Väter diese Aufgabe. Sie halten ihr Kind im warmen Wasser auf ihrem Arm in der Schwebe, wiegen es hin und her, ganz vorsichtig, ein bißchen befangen – das zerbrechliche Wesen ja nicht zu fest anpacken! Viele haben Angst, daß ihnen der Winzling aus den Händen rutscht. Deswegen macht es manchen auch mehr Freude, der Hebamme beim Baden zuzuschauen. Die meisten Babys reagieren auf das Bad mit einer seligen Miene, vielleicht weil sie wieder in ihrem vertrauten Element (Wasser) sind. Sie entspannen sich, öffnen die geballten Fäuste, rudern mit Armen und Beinen oder halten ganz still und fühlen sich einfach nur wohl.

Wenn das Baby gebadet wird, macht sich Entspannung im Kreißsaal breit. Glücklich und erschöpft bestaunen die Eltern ihr Kind

Seine Mimik verrät, ob sich das Neugeborene beim Baden wohl fühlt

Erstaunlicherweise ist das Baden jedoch nicht für alle Neugeborenen die Rückkehr ins verlorene Paradies. Manche wehren sich dagegen mit Geschrei. Vielleicht möchten sie endlich ihre Ruhe haben.

Die Haut des Babys ist mit einem weißen Schutzfilm überzogen, der sogenannten Käseschmiere. Diese natürliche Hautcreme wurde früher sofort abgerubbelt, damit das Kind schön propper aussieht. Inzwischen verzichtet man auf das Reiben und Rubbeln. Man weiß, daß dieser Schutzfilm, der auch beim Baden erhalten bleibt, die Haut schützt und pflegt. Nach einiger Zeit wird er ganz von der Haut aufgesogen.

Hellblaue Augen und eine schiefe Nase

Wie sieht das Baby aus?

Beim ersten Baden oder beim Schmusen mit den Eltern ist Zeit, das Baby endlich in Ruhe anzuschauen: »Kind, wie siehst du eigentlich aus?«

- Mädchen wiegen im Durchschnitt bei der Geburt 3200 g, Jungen 3400 g. Über die Gesundheit des Babys sagt sein Gewicht wenig aus. Die Lebensumstände der Mutter, Größe und Gewicht der Eltern beeinflussen häufig auch das Gewicht des Neugeborenen. Das zweite Kind einer Frau wiegt außerdem fast immer mehr als das erste, das dritte Kind mehr als das zweite. Ab dem vierten geht's dann wieder abwärts.

Größe

- Das bundesdeutsche Durchschnittskind mißt bei der Geburt 50 cm.

Statur

- Die Proportionen eines Neugeborenen unterscheiden sich von denen eines älteren Babys: Der Rumpf ist länger als die Glieder, die Arme sind länger als die Beine, und auch die Füße sind recht lang. Sie sind häufig nach innen gebogen, weil das Baby in der Gebärmutter nicht ausreichend Platz hatte, um sie zu strecken. Sie biegen sich meistens von selbst wieder zurecht. Neugeborene haben noch kein Fett angesetzt und sind deshalb mager.

Kopf

- Der Kopf nimmt etwa ein Viertel der Gesamtlänge in Anspruch und scheint »ohne Hals« gleich auf den Schultern zu sitzen. Manchmal ist er zuerst reichlich schief oder verbeult oder in die Länge gezogen. Verursacht werden diese Verformungen durch den Druck während der Geburt oder durch die Saugglocke, mit der manche Babys auf die Welt geholt werden. Im Laufe der ersten Lebenswoche bilden sie sich zurück.
- Die Schädelknochen sind noch nicht zusammengewachsen, einmal, um dem Druck während der Geburt nachgeben zu können, aber auch, um sich dem rasch wachsenden Gehirn – es verdoppelt seine Größe im ersten Lebensjahr – anpassen zu können. Noch werden die Knochen durch Bindegewebe zusammengehalten. An zwei Stellen verbreitern sich die Gewebenähte zu weichen

Stellen, zu den Fontanellen. Die Fontanellen gleichen Stoßdämpfern, die bei einer Erschütterung nachgeben.

Fontanelle

- Die kleine Fontanelle sitzt am Hinterkopf und ist bei manchen Babys schon bei der Geburt kaum noch spürbar, bei anderen wächst sie nach etwa vier bis acht Monaten zu. Die große Fontanelle sitzt in der Schädelmitte und schließt sich spätestens nach 18 Monaten. Sie wirkt verletzlich, weil man in ihr den Puls schlagen sieht. Das Gehirn wird jedoch durch die Haut über der Schädeldecke so gut geschützt, daß man das Köpfchen des Babys ganz normal anfassen kann. Die Blutgefäße liegen so tief, daß sie nicht einmal bei einem gewöhnlichen Sturz verletzt werden.

Haare

- Während der Schwangerschaft bedeckt ein zarter Flaum den ganzen Körper des Babys. Diesen Flaum (Lanugo) verlieren die meisten Babys noch im Mutterleib, manche jedoch erst nach der Geburt. Auch die Haare auf dem Kopf – egal, ob viele oder wenige, helle oder dunkle, dicke oder dünne, lockige oder glatte – fallen meistens aus, wachsen manchmal schnell, manchmal langsam wieder nach und können ihre Farbe und Struktur in den nächsten Jahren noch häufiger ändern.
- Zuerst macht die Stirn zwei Drittel des Gesichtes aus, die Proportionen verschieben sich später.

Augen

- Manchmal sind die Augen durch den Druck während der Geburt zugeschwollen. Das gibt sich schnell wieder. Neugeborene blicken in unseren Breiten aus hellblauen Augen in die Welt. Bilden sich nach und nach mehr Farbstoffe (Pigmente), dunkeln die Augen nach. Zwischen dem sechsten und zwölften Lebensmonat bekommen die Augen in der Regel die von den Genen vorbestimmte Farbe, manchmal allerdings auch erst später.

Die Abstände zwischen den Augen verändern sich im Verhältnis zum übrigen Gesicht nicht mehr. Auch die Struktur der Augenbrauen bleibt, wie sie jetzt ist.

Das Baby weint noch tränenlos. Die ersten Tränen kommen, wenn es ungefähr vier Wochen alt ist.

Nase

- Manchmal sieht auch die Nase etwas mitgenommen aus, plattgedrückt oder schief. Alle Babys haben übrigens Stupsnasen. Erst nach der Pubertät läßt sich die endgültige Form erkennen.

Kinn

• Das Kinn prägt sich noch aus.

Nabel

• Der Nabel näßt noch, blutet oft auch ein wenig. Trotzdem wird heute keine Nabelbinde mehr umgebunden.

Haut

• Unter der Käseschmiere ist die Haut zart, dünn, oft rot oder sogar lila. Die Blutgefäße müssen sich erst auf die veränderten Temperaturbedingungen außerhalb der Gebärmutter einstellen. Die obere Hautschicht schuppt sich in den ersten Lebenstagen ab, und auch Runzeln und Falten glätten sich schnell.

Brüste

• Sowohl bei Jungen als auch bei Mädchen sind die Brüste nach der Geburt häufig leicht angeschwollen. Aus den Brustwarzen rinnt manchmal eine weiße Flüssigkeit (Hexenmilch). Hormone der Mutter, die über die Plazenta zum Kind gelangten, verursachen beides und außerdem manchmal weißlichen Ausfluß bei Mädchen. Diese Hormone werden im Körper des Kindes jedoch schnell abgebaut.

Geschlechtsteile

• Die Genitalien jedes Babys wirken im Vergleich zum übrigen Körper verhältnismäßig groß.

Flecken und harmlose Pickel

• Einen Storchenbiß hat fast jedes zweite Baby. Dieses oft V-förmige rote Feuermal auf der Stirn, der Nasenwurzel und/oder im Nacken und/oder auf den Augenlidern verblaßt meist bis zum Ende des zweiten Lebensjahres von selbst. Halbseitige Feuermale hingegen bleiben. Sollten sie sehr stören, kann man sie mit Laserstrahlen »veröden« lassen, wenn das Kind älter ist.

• Auf der Nase sitzen oft weißgelbe Pünktchen. Nach ein paar Tagen lösen sich diese winzigen Pfropfen in den verstopften Talgdrüsen auf.

• Manche Babys haben irgendwo auf der Haut einen roten, talergroßen Fleck. Meistens ist das ein harmloser Blutschwamm, der in den kommenden Jahren verblaßt. In der Regel wird dieser Fleck später auf Anraten des Kinderarztes operativ entfernt.

- Etwa die Hälfte aller Neugeborenen zeigt einen kleinen, begrenzten Bluterguß im Weißen des Auges. Dieser Bluterguß gibt sich in den kommenden Wochen wieder. Man muß sich deshalb nicht beunruhigen.
- Bei vielen Babys ist auch ein Tränengang verstopft. Deshalb sammeln sich bisweilen im Augenwinkel Absonderungen.

Junge, unerfahrene Eltern sind beunruhigt, wenn sie gleich nach der Geburt bestimmte Flecken oder Schwellungen an ihrem Baby wahrnehmen, die sie sich nicht erklären können. Sie fragen den Arzt oder die Hebamme jedoch nicht danach aus Angst, »dumm« zu erscheinen. Wer diese Scheu überwindet, erspart sich unnötige Sorgen, denn die meisten Zeichen, Pickel und Flecken stellen sich als harmlos heraus.

Liebe auf den ersten Blick?

Beginn der Beziehung zwischen Mutter und Kind

Diese Liebe auf den ersten Blick erwarten alle Eltern. Und meistens ist es auch so: Junge Mütter sind sich ihrer Gefühle für ihr Kind, das nackt und winzig klein auf ihrem Bauch liegt, gleich sicher. Sie drücken es sanft gegen ihren Körper, spüren instinktiv, was es braucht, massieren behutsam seinen Rücken, reden mit ihm und schauen ihm dabei fest und beglückt in die Augen – so daß auch das Baby ihr Gesicht genau im Blick hat.

Vor allem wenn Mutter und Kind jetzt viel Zeit füreinander haben – in vielen Kliniken darf das Baby bis zu zwei Stunden nach der Geburt bei seinen Eltern bleiben – dann ist das oft auch die Geburtsstunde einer innigen, unauflöslichen Bindung.

Schwer zu begreifen ist für eine Mutter gleich nach der Entbindung, daß dieser Winzling, quicklebendig und erstaunlich wach, monatelang in ihr gelebt hat. Mancher fällt die Trennung schwer

Entwicklungspsychologen bezeichnen diese Gefühlsoffenheit der jungen Mutter, die innige Verbundenheit gleich nach der Entbindung, als »Bonding«.

Ausgelöst wird diese biologische Bereitschaft durch Hormone, die jetzt ausgeschüttet werden, und durch das Baby, das seiner Mutter zeigt: Ich brauche dich! Ich bin auf dich angewiesen!

Die sensible Phase gleich nach der Geburt

Neugeborene haben ein angeborenes Interesse an Menschengesichtern und -stimmen. Nach Meinung von Experten gilt als optimaler Zeitpunkt für das Entstehen von Mutterliebe die sensible Phase unmittelbar nach der Geburt, in der Mutter und Kind einen gemeinsamen Rhythmus entwickeln können. Während der Schwangerschaft liebt eine Mutter ihr Kind als Teil der eigenen Person. Durch die Geburt wird diese enge Bindung gelöst. Die Mutter muß ihre Eigenliebe jetzt auf ein selbständiges Wesen – auf ihr Kind – übertragen. Das gelingt eher, wenn Mutter und Kind beieinanderbleiben.

Nicht immer können Mütter ihr Baby sofort von ganzem Herzen lieben und auch bei vielen Vätern wächst die Liebe erst langsam mit der Zeit

Um so größer ist die Enttäuschung, wenn sich die ersehnte Innigkeit nicht gleich einstellt – und das ist gar nicht selten. Manche Mütter spüren nach der Geburt nur Erleichterung, ein seltsames Gefühl von Leere. Sie schauen ihr Kind an und denken: Es ist mir fremd. Auch Väter tun sich zuerst oft schwer, das zu fühlen, was sie von sich selbst erwarten. Kein Grund zur Aufregung: Wer sich auf sein Kind einläßt, fängt an, es zu lieben – wenn nicht gleich, dann eben ein wenig später und nicht unbedingt weniger, auch wenn einige Psychologen behaupten, daß Eltern, die während dieser sensiblen Phase einen guten Kontakt zu ihrem Baby knüpfen, sich auch auf Dauer intensiver um ihr Kind kümmern werden.

Warum stellen eigentlich viele Mütter, viele Väter so hohe Ansprüche an sich selbst, wenn es um das Thema Geburt und das Leben mit Kind geht? Nie waren Eltern so gut vorbereitet auf Schwangerschaft, Geburt und Kind wie heute. Sie wissen, worauf's ankommt. Die Kehrseite der Medaille: Es macht sich eine gewisse Beklommenheit breit.

- »Und wenn ich die ganzen Ansprüche nicht erfüllen kann?«
- »Wenn ich nach der Geburt vor allem meine Ruhe haben will?«
- »Wenn ich mein Baby, noch nicht frisch gewaschen, nicht streicheln mag?«

Eltern wollen ihr Bestes für ihr Baby geben, doch oft

nimmt ihnen ihr Perfektionismus ihre Unbefangenheit und überfordert sie. Vor lauter Richtlinien zu Schwangerschaft, zur Geburt, zum richtigen Umgang mit einem Neugeborenen verlieren sie den Blick für das Wesentliche: für sich selbst. Sie nehmen sich selbst die Chance, ihren Instinkt im Umgang mit dem Baby ebenso wichtig zu nehmen wie ihr Wissen. Sie sollten Mut zu den eigenen Gefühlen haben, auch wenn sie damit im Gegensatz zu Lehrmeinungen stehen und vielleicht selbst nicht damit einverstanden sind. Verläuft die Geburt nicht gerade vorbildlich, dann bedeutet das keineswegs, daß jetzt schon so viel schiefgelaufen ist, daß es sich kaum wiedergutmachen läßt.

Weil sie hohe Erwartungen an sich selbst haben, setzen sich viele junge Eltern selbst unter Druck

Das erste Anlegen: Warum ich mein Kind stillen will

Unser Baby ist noch keine halbe Stunde alt und schon gebadet, abgetrocknet, untersucht. Die Hebamme fragt, ob ich es anlegen will. Ja, unbedingt.
Ich habe mir das lange genug überlegt. Während der Schwangerschaft kamen mir plötzlich Zweifel. Ist es überhaupt sinnvoll, ein Baby zu stillen? Muttermilch ist mit Schadstoffen belastet – soll ich trotzdem stillen? Ich informiere mich gründlich, um zu erfahren, daß Muttermilch trotz allem noch das beste für das Baby ist. Meine Zweifel legen sich.
Außerdem hat die Natur der Frau die Fähigkeit zu stillen mitgegeben. Ich bin der Meinung, eine Chance zu vertun, wenn ich nicht wenigstens versuche zu stillen. Es kommt mir wie ein Wunder vor, daß ich in dieser hochzivilisierten Welt in der Lage bin, aus mir heraus, ohne technische Hilfsmittel, tatsächlich Leben zu spenden.
Endlich liegt das Baby bei mir: Daß so ein Winzling mit so viel Kraft ziehen und zuzeln kann! Während es saugt, habe ich das Gefühl, daß eine neue, eine seelische Nabelschnur zwischen uns entsteht. »Vielleicht erlebst du die Welt auch als weniger grell und ungemütlich, während du beim Stillen meine warme Haut spürst und so ernst in mein Gesicht schaust. Deine Geburt war bestimmt ein Schock für

dich. Über eine Stunde lang habe ich versucht, dich herauszupressen, dein Köpfchen war schon ganz blau. Ich möchte so viel wiedergutmachen, dir wenigstens so viel Trost und Wärme spenden wie möglich, dein Vertrauen in das neue Leben festigen. Wenn ich dich stille, komme ich auch nicht in Versuchung, dich einer anderen Person zum Füttern in den Arm zu legen. In den ersten Wochen tut uns das bestimmt gut! Außerdem freut es mich, daß uns das Stillen so unabhängig macht! Daß wir selbst bestimmen, wann und wie lange wir uns miteinander befassen wollen!«
Ich beobachte dich. »Bekommst du denn wirklich schon was zu trinken? Oder nuckelst du nur zu deinem Vergnügen? Genieß das Saugen! Sagenhaft, wie gut du das schon kannst!«
Jacob entspannt sich, schläft ein paar Runden, saugt dann wieder. Ich bin froh, daß er alles hat, was er braucht, daß so eine Brust auch als Ruhekissen taugt. Und daß mir selbst so warm und wohl ums Herz ist, wenn ich seinen kleinen Körper auf meiner Haut spüre.
Wir reden mit unserem Sohn. Jetzt kennen wir ihn schon ein wenig. Ob ich ihn mit einem anderen Neugeborenen verwechseln könnte? Ganz sicher nicht.
Im Kreißsaal macht sich eine schläfrige Stimmung breit. Die Spannung ist raus. Nun wird aufgeräumt. Jacob stört das wenig. Wie lange könnte das noch so weitergehen – dösen, saugen, schmusen? Die Hebamme will das Baby anziehen. Mein Mann sieht müde aus, er muß endlich nach Hause. Wer weiß, ob es ihm gelingt, sich auszuruhen. Wie froh ich bin, daß bei uns das Kinderkriegen nicht nur meine Angelegenheit ist, sondern unsere gemeinsame Sache, sage ich ihm noch zum Abschied. Was bedeutet das eigentlich für einen Mann, jetzt aus dieser besonderen Situation heraus zu müssen und nach Hause zu fahren? Ich muß ihn das mal fragen, aber nicht jetzt. Jetzt bin ich zu erschöpft. (C. v. S.)

Gleich nach der Geburt: das erste Stillen

Gerade erst auf der Welt, noch im Kreißsaal hat ein Neugeborenes nur ein Bedürfnis: Es will saugen. Das sieht man ihm an. Es schmatzt und schnalzt und spitzt seinen Mund. Die jungen Eltern staunen, wie vital dieser Winzling schon ist. Mit viel Energie sucht er nach der Brust seiner Mutter. Hat er sie endlich gefunden, umschließt er Brustwarze und Vorhof mit seinem Mund und beginnt zu saugen – erstaunlich, wie zielgerichtet und kraftvoll er sich das von seiner Mutter holt, was er braucht.

Das Baby wird zum ersten Mal angelegt

Dieses erste Anlegen klappt allerdings nicht immer so unkompliziert gleich beim ersten Versuch. Oft muß die Hebamme zeigen, wie man dem Baby helfen kann, die Brustwarze zu finden. Aber nicht jede Hebamme kann sich in eine aufgeregte Mutter hineinversetzen und sich vorstellen, daß bei mancher eine Art Prüfungsangst aufkommt:

- Stelle ich mich zu dämlich an?
- Warum bin ich nur so schrecklich verkrampft?

Unerfahrene Mütter brauchen jedenfalls mehr Unterstützung als unerfahrene Babys.

Der Saugreflex

Wenn das Baby den Mund öffnet, nach der Brustwarze sucht, die Brustwarze umfaßt, wenn es saugt, schluckt, dabei auch noch Luft holt, dann ist das nicht nur ein reflexartiges, sondern ein gezieltes Verhalten. Bereits im Mutterleib hat das Kind für diesen Moment »geübt«: Den Kopf gedreht, am Daumen gesaugt, Fruchtwasser geschluckt. Etwa vierzig bis sechzig Minuten nach der Geburt ist der Saugreflex am stärksten.

Die Fähigkeit zu saugen, bringt das Kind schon mit auf die Welt. Bereits im Mutterleib hat es am Daumen genuckelt

Dem Bedürfnis des Babys, sich nach der Schwerarbeit Geburt zu entspannen und zu nuckeln, entspricht der Wunsch vieler Mütter, das Baby bald nach der Geburt anzulegen. Sie wollen wieder eng mit ihm verbunden sein, wollen ihm ihre Liebe nicht nur zeigen, sondern

»geben«. Die Bedürfnisse des Neugeborenen, die Gefühle der Mutter und die biologischen Anlagen beider ergänzen sich hier auf faszinierende Weise.

- Die erste Milch, die die Brust bildet, ist die leicht verdauliche Vormilch (Kolostrum). Allmählich verändert sich die Beschaffenheit und Zusammensetzung der Vormilch und sie wandelt sich in reife Muttermilch.

Die Vormilch

Das Baby trinkt Vormilch und bekommt damit wichtige Abwehrkräfte von seiner Mutter mit, die es vor Infektionen schützen. Bitte nicht zufüttern

Die gelbe, cremige Vormilch – gering an Fett, Zucker und damit auch an Kalorien und deshalb bekömmlich für Säuglinge, die noch nicht an Nahrung gewöhnt sind – enthält viel Eiweiß, viele Vitamine und vor allem wichtige Abwehrstoffe. Weil das Kolostrum im Gegensatz zur »fertigen« Muttermilch kaum Fett und Zucker enthält, bekommen junge Mütter immer wieder zu hören, daß ihr Baby davon nicht satt wird. Bitte nicht verunsichern lassen! In den ersten 72 Stunden nach der Geburt braucht ein Neugeborenes kein »Fläschchen«. Zusatznahrung muß nicht sein. Im Gegenteil, sie schadet eher, kann das Einschießen der Milch verzögern und einen unkomplizierten Start des Stillens damit gefährden. In den meisten Kliniken bekommen die Säuglinge allerdings einen Traubenzuckertrank. Er versorgt das Baby mit Energie und gleicht einen eventuellen Mangel an Flüssigkeit aus (Seite 45 und 50).

Je intensiver ein Neugeborenes saugt, desto mehr Milch stellen die Milchdrüsen her. Mütter, die sich nach der Geburt müde und matt fühlen und keine Lust haben, ihr Kind jetzt auch noch zu stillen, sollten sich nicht mit Gewalt zu etwas zwingen, was sie nicht wollen. Ein paar Stunden oder Tage später kann man mit dem Stillen auch noch beginnen.

Auch bei einem Kaiserschnitt ist frühes Stillen möglich. Die heute üblichen »sanfteren« Operationsverfahren schonen die Mutter und ermöglichen es ihr, sich gleich nach dem Abklingen der Narkose ihrem Baby zu widmen. Die für den Eingriff benötigten Medikamente können so gewählt werden, daß sie nicht in die Muttermilch übergehen.

Stillen: wichtig für eine gesunde Entwicklung

Die Qualität der Säuglingsernährung beeinflußt die kindliche Gesundheit und Entwicklung erheblich, darauf weisen Experten immer wieder hin. Und Muttermilch ist nach wie vor die beste Nahrung für ein Baby im ersten Lebenshalbjahr.

Gestillte Babys haben kaum Verdauungsprobleme

- *Muttermilch* versorgt das Neugeborene optimal mit Energie und Nährstoffen, enthält etliche Spurenelemente, wichtige Vitamine und ermöglicht eine optimale Aufnahme und Verwertung von Eisen.

In den ersten vier bis sechs Monaten reicht die Muttermilch mit ihren Grundnährstoffen, Mineralien und Vitaminen als Nahrungsmittel vollkommen aus (nur in den sonnenarmen Wintermonaten kann es notwendig werden, dem Baby Vitamin-D-Tabletten zu geben, um Mangelerscheinungen im Knochenbau – Rachitis – vorzubeugen).

Muttermilch ist sehr bekömmlich und belastet das empfindliche Verdauungssystem nicht zu stark

- *Muttermilch* ist perfekt auf das empfindliche Verdauungssystem eines Neugeborenen abgestimmt, enthält spezielle Stoffe, die der Verdauung nachhelfen. Die Inhaltsstoffe, insbesondere Fett, leichtverdauliche Eiweiße und Kohlenhydrate, sind so ausgewogen zusammengesetzt, daß sie dem Baby gut bekommen. Bei brusternährten Kindern verläuft die Verdauung also ungestörter als bei Flaschenkindern; sie leiden seltener unter Durchfall.
- *Muttermilch* ist angepaßt an die noch eingeschränkte Funktion der Nieren.

Muttermilch stillt Hunger und Durst gleichermaßen

- *Muttermilch* befriedigt gleichzeitig sowohl das Trink- als auch das Nahrungsbedürfnis des Babys, denn während einer Brustmahlzeit verändert sich die Konsistenz der Milch: Am Anfang ist sie dünn und durststillend. Saugt das Baby länger und kräftiger, bekommt es besonders nahrhafte, dickere Milch.

• *Muttermilch* schützt das Neugeborene vor Krankheiten, vor allem während des ersten halben Jahres. Viele Abwehrstoffe gegen Infektionen, mit denen sich die Mutter in ihrem Leben bereits auseinandergesetzt hat, dazu Immunglobulin gehen mit der Milch auf das Kind über und stärken sein eigenes, noch unreifes Immunsystem.
Erkrankt die Mutter während der Stillzeit an einer Infektionskrankheit wie etwa Grippe, ist Muttermilch der beste Schutz für das Baby: Mit der Milch werden dem Baby gleich die entsprechenden Antikörper mitgeliefert. (Vorsicht bei der Einnahme von Medikamenten. Werden Medikamente eingenommen, Rücksprache mit dem Kinderarzt halten!) – Bei schweren Krankheiten wie etwa Aids, Tuberkulose, Hepatitis B und Drogenabhängigkeit darf das Baby nicht gestillt werden.
Kinder, die mindestens drei Monate lang gestillt wurden, haben seltener Schnupfen, Husten und Durchfall, Verstopfung oder Blähungen. Sie sind besonders widerstandsfähig gegen Infektionen der oberen Luftwege (Bronchitis, Krupp), vor allem aber auch gegen gefährliche Krankheiten wie etwa Meningitis oder Typhus geschützt.

Geringeres Allergierisiko durch das Stillen

Kinder aus Allergikerfamilien sollten möglichst lange gestillt werden

Stillen vermindert oder verhindert sogar das Auftreten von Allergien. Allergien sind zwar nicht erblich; hat jedoch ein Elternteil eine Allergie (sei es Heuschnupfen, Asthma, eine Nahrungsmittel- oder Medikamentenallergie, allergische Reaktionen auf Staub oder Tierhaare), dann besteht auch beim Kind die Neigung dazu. Hautausschläge, aber auch Durchfall, Bauchschmerzen und Koliken können von Allergien herrühren.

Vormilch – wichtig für das Verdauungssystem

Für Kinder aus Allergikerfamilien ist es besonders wichtig, gestillt zu werden, vor allem mit der wertvollen Vormilch, denn die versorgt das Baby nicht nur mit wichtigen Abwehrstoffen, sondern stabilisiert die Schleimhaut des Magen-Darm-Traktes zusätzlich und erschwert damit das Eindringen artfremder, möglicherweise allergieauslösender Eiweiße.

Weitere Vorteile des Stillens:

- *Muttermilch* macht nicht dick.
- *Muttermilch* ist immer frisch, steril und richtig temperiert.
- *Muttermilch* ist kostenlos und immer vorrätig, wenn sie gebraucht wird.
- *Muttermilch* wirkt sich günstig auf die Entwicklung der Intelligenz des Babys aus, haben neuere Untersuchungen ergeben, denn das Stillen ist auch Training. Das Baby muß sich anstrengen, wenn es an der Brust saugt: So wird die Funktion von Nerven und Muskeln angeregt. Außerdem schult es beim Stillen seine Sinne: Es hört die zärtliche Stimme seiner Mutter, spürt ihr sanftes Streicheln, wenn sie seine Wangen anstupst, um es zum Weitertrinken zu animieren, sieht ihr Gesicht (in der ersten Zeit allerdings noch verschwommen).

Überzeugende Argumente sprechen für das Stillen. Das hat sich herumgesprochen. Die Folge: Immer mehr junge Mütter entschließen sich dazu

Stillen ist auch gesund für die Frau

Das Stillen ist zudem gesund für die Mutter. Das durch das Stillen verstärkt ausgeschüttete Hormon Oxytocin, das bei der Geburt die Wehen förderte, unterstützt nun auch die Rückbildung der Gebärmutter. Außerdem gibt es inzwischen Untersuchungen, aus denen hervorgeht, daß Frauen, die lange gestillt haben, seltener unter Brustkrebs leiden als solche, die nicht gestillt haben.
Wichtig: Man darf nicht vergessen, daß die ideale Zusammensetzung der Muttermilch nicht zuletzt von einer gesunden und ausgewogenen Ernährung der stillenden Frau abhängt (Seite 108).

Schadstoffe in der Muttermilch

Trotz aller Vorteile, ein Nachteil der Muttermilch ist die Belastung durch Schadstoffe. Viele junge Mütter sind

Muttermilch ist zwar durch Schadstoffe belastet, aber dennoch das beste Lebensmittel für ein Neugeborenes

deswegen verunsichert. Untersuchungsergebnisse von Experten ergeben eindeutig, daß es giftfreie Muttermilch nicht mehr gibt. Dennoch empfehlen Fachleute, Babys in den ersten vier bis sechs Lebensmonaten zu stillen, da es trotz der vorhandenen Risiken durch Rückstände und Verunreinigungen der Muttermilch für einen Säugling immer noch das beste ist, gestillt zu werden. Bisher sind noch keine Fälle bekannt, in denen ein Baby durch Rückstände in der Muttermilch erkrankt wäre. Natürlich kann jede Frau ihre Milch bald nach der Geburt ihres Babys untersuchen lassen, doch aller Wahrscheinlichkeit nach wird sie das erfahren, was sie ohnehin voraussetzen kann: Ihre Milch ist mit Schadstoffen belastet, denn ihr Körper hat die schädlichen Substanzen – vor allem chlorierte Wasserstoffe und Schwermetalle – mit der Nahrung aufgenommen und im Körperfett abgelagert. Beim Stillen greift der Körper auf diese Fettreserven zurück, damit gelangen Schadstoffe in die Muttermilch und werden an das Baby weitergegeben. (Die Belastung durch Schadstoffe ist in den vergangenen fünfzehn Jahren allerdings leicht zurückgegangen.)

Stillen: wichtig für die seelische Entwicklung

Beim Stillen befriedigt ein Neugeborenes nicht nur sein Bedürfnis nach Nahrung, sondern auch seinen Hunger nach Liebe

Das Saugen an der Brust der Mutter ist die erste lustvolle Erfahrung des Neugeborenen mit der Außenwelt. Nach neun Monaten wohliger Geborgenheit braucht es jetzt viel körperliche Nähe, viele Streicheleinheiten, um sich mit seinem neuen Leben anzufreunden. Wenn es an der Brust trinkt, eng an die Mutter geschmiegt, saugt es förmlich all das ein, was jetzt wichtig für sein Leben ist: Vertrauen, Wärme und Liebe. Beim Stillen entsteht ein enge Bindung zwischen Mutter und Baby – die Basis für eine liebevolle Beziehung. Das Baby nimmt seine Mutter wahr, spürt ihre Liebe mit jeder Faser seines Wesens.
Ein Baby stillt an der Brust seiner Mutter also viel mehr als nur seinen Hunger. Es holt sich auch Nahrung für seine Seele.

Später, wenn es älter ist, beginnt es, das Gesicht der Mutter zu beobachten, auf ihre Mimik zu antworten, die Hand auf ihre Haut zu legen und sie zu betasten. Der Kontakt wird mit jedem Stillen vertrauter.
In keiner Lebenssituation sind Mutter und Baby so aufeinander angewiesen wie beim Stillen:

- Das Kind braucht seine Mutter, um satt zu werden und zu überleben.
- Die Mutter braucht ihr Kind, um ihre Brust zu leeren.

So entsteht eine Symbiose, die einen wichtigen Baustein für eine tiefe Mutter-Kind-Beziehung legt.

Wie Eltern mit ihrem Baby ins Gespräch kommen

Erstes intensives »Reden« zwischen Baby, Mutter und Vater: Die drei kommen miteinander ins Gespräch

Wenn sich langsam die größte Aufregung um die Geburt gelegt hat und das Baby nach dem Untersuchen zum Stillen wieder bei seiner Mutter ruht, haben beide Zeit für ein erstes langes Gespräch. Worte sind bei diesem Gespräch weniger wichtig als die kleinen Gesten, die Mimik der Mutter und ihre Befindlichkeit. Beim Stillen, wenn sich Mutter und Kind aufeinander konzentrieren, entsteht am ehesten eine enge Verbindung zwischen beiden. Jetzt setzt sich fort, was gleich nach der Geburt begann: Mutter und Kind versuchen sich zu verständigen.
Die Mutter spürt, daß sie nicht nur etwas von sich selbst abgibt – Nahrung, Wärme, Zärtlichkeit –, sondern daß sie auch schon einiges von ihrem Baby wiederbekommt: Wärme zum Beispiel oder einen Blick. Ein Neugeborenes hat ein für seine Mutter und seinen Vater überraschend ausdrucksvolles Gesicht. Mit weit aufgerissenen, glänzenden Augen studiert es die Gesichter seiner Eltern.
Fasziniert entdecken Eltern, was ihr Baby schon alles kann:
Nach kurzer Zeit erkennt es Vater und Mutter wieder. Es reagiert auf jede Berührung. Außerdem empfindet schon ein Neugeborenes Freude, Angst, Ärger und natürlich

Auch Neugeborene können ihre Gefühle schon zeigen

Schmerz. Was es fühlt, können Eltern an seiner erstaunlich differenzierten Mimik, an seinen Bewegungen ablesen.

Beeindruckend auch, wie sehr sich ein Baby selbst um die Zuwendung seiner Eltern bemüht. Schon auf dem Bauch seiner Mutter strengt es sich an, das wackelige Köpfchen in die Richtung zu drehen, aus der die Stimme der Mutter kommt. Es kann ihre Stimme, die es schon im Mutterleib so oft gehört hat, aus allen anderen Stimmen herauskennen. Wenn es sich wohl und geborgen fühlt, schmiegt es sich an Mutter oder Vater, öffnet die Fingerchen und entspannt sich. Man hat lange nicht erkannt, wieviel schon Neugeborene dafür tun, um Nähe zu ihren Eltern zu schaffen.

Signalsprache – auch ohne Worte beginnen Eltern und Kind sich zu verstehen

Ein komplizierter Austausch von Zeichen zwischen beiden beginnt. Kaum sichtbar für Außenstehende, schwingen kleinste Signale hin und her. Jedes Neugeborene ist schon ein soziales Wesen, setzt viel Kraft darein, mit anderen in Kontakt zu kommen.

Die Signale des Babys erreichen nicht nur die Mutter, sondern auch den Vater. Er läßt sich von der Hilflosigkeit seines Kindes rühren. Sicherlich sind Väter ihrem Baby erst einmal weniger nah als Mütter, besonders wenn die Mütter stillen; trotzdem bleibt ihnen noch viel Spielraum. Jedem Baby tut es nur gut, wenn sich Vater und Mutter gleichermaßen um es kümmern.

Väter, die keine Randfigur für ihr Kind sein wollen, sondern eine Hauptperson, haben es schwerer als Mütter. Sie können sich nicht an Vorbildern orientieren, sondern müssen selbst ihren Platz in einem Bereich finden, den jahrhundertelang Frauen für sich beanspruchten. Vielleicht gehen viele Männer erst einmal auf eine gewisse innere Distanz, weil sie unsicher sind: »Keine Ahnung, wie ich ein Neugeborenes halten soll. Wenn unser Kind größer ist, kann ich mehr damit anfangen!«

Sie bringen sich um die Chance, mitzuerleben, wie aktiv ein Säugling dafür sorgen kann, daß er das bekommt, was er ganz dringend braucht: viel Zärtlichkeit, viel Zuwendung. Mit seinem ganzen Wesen kann er ausdrükken: »Ich bin auf euch angewiesen!« Vor allem in seinen Augen spiegelt sich diese Hilflosigkeit. Der erste Blick ihres Kindes beeindruckt Eltern so stark, daß sie ihn nie vergessen.

Auch Neugeborene können sich schon ausdrücken

Wenn sich Mütter und Väter ganz auf das Baby einstellen, entwickeln sie Antennen für die feinen Signale, durch die sich ihr Kind verständlich machen will. Sie lernen, sich mit ihm ohne Worte in Verbindung zu setzen. Zu Anfang jedoch ist es schwer, die Bedürfnisse des neugeborenen Babys zu verstehen, häufig herrscht noch ein großes Rätselraten. »Warum beginnt unser Kind zu weinen? Ist es erschöpft von der Geburt? Oder friert es vielleicht?« Daß sie so schrecklich unsicher sind in dieser Anfangsphase, belastet viele Eltern. Oft denken sie, sie seien die einzigen Mütter und Väter weit und breit, die so wenig Ahnung von einem Baby und seinen Bedürfnissen haben. Irrtum: Die Mütter und Väter, die sich gleich ganz und gar mit ihrem Kind vertraut fühlen, sind in der Minderzahl.

Sehnsüchtig erwartet: das erste Lächeln

Manche Neugeborene, selbst Frühgeborene lächeln gleich nach ihrer Geburt, aber das ist selten. Wenn Babys, gerade erst geboren, lächeln können, besteht kein Zweifel: Lächeln ist angeboren.

Das erste Lächeln. Für Eltern drückt es Wohlbehagen aus, pure Seligkeit

Ob dieses erste Zucken und selige Mienenspiel allerdings wirklich schon als Lächeln zu bezeichnen ist, darüber streiten die Experten.

Für die einen ist es nicht viel mehr als ein mimisches Zeichen ohne Ausdruck, ein zufälliges Zittern der Muskulatur im Gesicht, ein Reflex des Nervensystems.

Für die anderen hat das »Engelslächeln« durchaus mit Wohlfühlen zu tun, denn warum lächelt ein Neugeborenes nie, wenn es friert oder erschrickt, warum lächelt es nie, wenn es Hunger hat oder Schmerzen?

Das erste Lächeln wird auch als Engelslächeln bezeichnet

Fünf, sechs Wochen später wird dieses »Vor-Lächeln«

durch ein »richtiges« Lächeln abgelöst. Das Baby strahlt seine Eltern zum ersten Mal an: »Hallo, ich kenne euch!« Jetzt reagiert es auf Gesichter, die sich über sein Bett beugen, oder auf vertraute Stimmen (Seite 173).
Ganz egal, ob das Lächeln noch ganz unbewußt geschieht oder schon gezielter, Eltern schmelzen dahin, wenn ihr Kind lächelt (zuerst übrigens nur, wenn es schläft). Das erste Lächeln ihres Kindes elektrisiert Mütter und Väter. Es ist das schönste Geschenk, macht glücklich und gibt neue Kraft.

Neugeborene: von Anfang an ureigene Persönlichkeiten

Babys: von Geburt an einmalig, unverwechselbar und schon erstaunlich fit

Weder Mütter noch Väter lassen sich in ein Schema pressen, und auch Neugeborene entsprechen keiner Norm. So wenig, wie sich alle Babys ähnlich sehen, so wenig gleichen sie sich auch in ihrem Verhalten. Manche kneifen nach der Geburt die Augen zusammen, sind unruhig und angespannt. Andere schauen ihre Eltern mit großen Augen an, entspannt und ruhig. Wer ein Neugeborenes in diesen ersten Minuten nach der Geburt beobachtet, spürt seine Kraft und seine Individualität. »Du bist DU – ganz einzigartig. Bist niemand, der erst noch werden muß! Du bist schon eine Persönlichkeit. Unverwechselbar – anders als alle anderen Babys!«
Ein Neugeborenes ist kein unbedarftes Wesen, sondern hat durchaus sein eigenes Köpfchen, individuelle Bedürfnisse, geprägt durch Einflüsse während der Schwangerschaft sowie durch Vererbung. Kaum auf der Welt, macht es sich sofort daran, das Leben zu erobern. Es will wachsen, sich entwickeln, selbständig werden. So abhängig und hilflos ein Neugeborenes ist, bestimmt es sein Leben doch schon mit. Zeigt zum Beispiel deutlich, wann es schlafen oder trinken mag.

Eltern brauchen Einfühlungsvermögen, um ihr Baby zu verstehen

Weil Kinder von Anfang an Individualisten sind, die sich auf ihre ganz eigene Art entwickeln, helfen Normen – »Ein Baby MUSS dies und das können, wollen, machen« – und vor allem gute Ratschläge selten weiter. Besser: genau hinschauen, hinhören, mitfühlen und das Baby so rasch kennenlernen.

Was begreift ein Kind jetzt schon?

Es ist noch nicht so lange her, da nahmen Forscher an, ein kleines Baby sei unausgereift, einfach noch »unfertig« und könne nur wenig. Kaum etwas von der Welt wahrnehmen, kaum etwas »richtig« verarbeiten von den ersten Eindrücken. Erst nach monatelanger Reifung von Gehirn und Nervensystem begänne es langsam, sich ans Denken zu machen. Dieses Bild hat sich inzwischen gründlich gewandelt. Inzwischen wissen die Babyforscher, daß auch schon Neugeborene die Welt neugierig wahrnehmen und neue Eindrücke mit allen Sinnen aufsaugen. Was auf sie eindringt, wird bereits geordnet in »bekannt« – schon im Mutterleib erkennt ein Baby zum Beispiel die Stimme seiner Mutter – und »unbekannt«. Selbst die Fähigkeit, Wahrnehmungen zu verknüpfen, ist bei einem Neugeborenen bereits ausgeprägt. So »wissen« sie etwa, daß das Saugen Folgen hat. Gehirn- und Nervenzellen »funktionieren« also jetzt schon.

Das Gehirn eines Neugeborenen arbeitet blitzschnell und es lernt in rasantem Tempo – viel schneller als früher angenommen. So kann es zum Beispiel schon in der zweiten Lebenswoche bekannte Gesichter von unbekannten unterscheiden

Lange Zeit war man davon überzeugt, daß kleine Babys ihre sinnlichen Wahrnehmungen – etwa Sehen, Hören, Tasten – nicht miteinander verknüpfen können. Neuere Untersuchungen haben hingegen ergeben, daß Babys von Geburt an zwischen ihren sinnlichen Wahrnehmungen hin- und herschalten, daß sie also unterscheiden und kombinieren können, also durchaus schon Verbindungen zwischen Gehirn und Nervenzellen bestehen.

Das Gehirn eines Neugeborenen enthält Milliarden Nervenzellen und ist damit »komplett«. Diese Zellen vermehren sich also nicht mehr, wachsen jedoch – vor allem im ersten Jahr. Die Gehirnmasse verdoppelt sich in diesem Zeitraum.

Die Nervenzellen verästeln sich zunehmend und ver-

Je mehr Eltern und Kind miteinander reden, desto besser ist es auch für seine geistige Entwicklung

knüpfen sich miteinander. Jeder neue Eindruck, den ein Baby aufnimmt, jeder neue Reiz – jedes »Gespräch« mit den Eltern, jedes Streicheln zum Beispiel – führt zu einer neuen Verknüpfung. Jedes Gehirn hat also sein ureigenes Muster, denn es ist geprägt durch die ganz speziellen Gedanken und Gefühle eines Menschen, durch seine Erfahrungen, die alle im Gehirn gespeichert werden.

Ambulante Geburt: nach ein paar Stunden wieder zu Hause

Die Sicherheit einer Klinik und die Gemütlichkeit zu Hause: eine ambulante Entbindung ermöglicht es Mutter und Kind beides zu erleben

Weil das Risiko für Mutter und Kind bei einer Hausgeburt groß ist, gehen viele werdende Mütter zur Entbindung in die Klinik. Weil sie aber der Krankenhausatmosphäre schnell wieder entkommen wollen, verlassen sie die Klinik nach der Geburt schnell wieder – oft schon nach ein paar Stunden. Immer mehr Frauen nutzen das Angebot mancher Kliniken, ambulant zu entbinden.

Voraussetzungen:

- eine unkomplizierte Geburt,
- keine Nachblutungen, keine Schwierigkeiten in den ersten Stunden nach der Geburt,
- ein sensibler Mann und Vater, der Zeit und Lust hat, sich um seine Frau und sein Kind intensiv zu kümmern,
- eine Familie, die Rücksicht nimmt,
- eine Hebamme, die man jederzeit anrufen kann und die regelmäßig vorbeikommt (Kosten übernimmt die Kasse bis zum zehnten Tag nach der Geburt),
- ein Kinderarzt, der Hausbesuche macht,
- ein Frauenarzt, zu dem man einen guten Kontakt hat und der im Notfall kommt, oder
- eine Klinik in der Nähe,
- eine Haushaltshilfe und/oder Unterstützung bei der Versorgung des Babys. (Kann man im Notfall für einen Tagessatz bis zu 70 Mark pro Tag und bis zu zehn Tage lang bei der Krankenkasse beantragen.)

Treten Komplikationen zu Hause auf, nehmen übrigens die meisten Kliniken Mutter und Kind nicht mehr zusammen auf.

Was – wenn das Neugeborene in die Klinik muß?

Wie ich als Vater die Geburt unseres ersten Sohnes erlebt habe

Jacobs Geburt gehört zu den einschneidendsten Ereignissen meines Lebens. Sie brachte mich auf mich selbst zurück mit einer Heftigkeit, auf die ich nicht vorbereitet war. Vielleicht ist es der untrennbare Zusammenhang zwischen diesen beiden geliebten Menschen, Jacob und Cornelia, der mich so beeindruckt hat.

Für meine Freunde war ich nach Jacobs Geburt sicherlich ein unerträglicher Gesprächspartner, denn ich versuchte beharrlich, all die Stunden der Geburt in gleicher Länge zu schildern, um sie mir von der Seele zu reden. Sprach ich gerade nicht von der Geburt, saß ich zu Hause und strich die Wickelkommode, die ich selbst als Baby hatte, neu an, pinselte all die handgemalten Blümchen und Blätter einzeln nach. Erstaunlich, mit welchem Engagement der Verkäufer im Farbengeschäft dem jungen Vater geholfen hatte, die richtigen Farbnuancen zusammenzumischen. Vielleicht hatte er aber auch nur Angst, die Geburtsgeschichte in voller Länge erzählt zu bekommen. Auf jeden Fall zog ich mich mit unzähligen Farbtöpfen in die Wohnung zurück und versuchte, durch handwerkliche Arbeit die Geburt zu verarbeiten. Irgendwie mußte ich mein Gleichgewicht, meinen gewohnten Pragmatismus wiederfinden.

Bei Cornelia hatten nachts die Wehen begonnen. Warum kommen bloß so viele Babys nachts auf die Welt? Als wir die Klinik erreichten, waren alle sehr ruhig – außer mir. Die Wehen wurden immer heftiger. Ich fühlte mich hilflos, denn tatsächlich helfen konnte ich nicht – helfen wie damals, als wir uns kennengelernt hatten und ich in Cornelias kleiner Wohnung Lampen repariert und Tische geleimt hatte. Aber um nichts in der Welt hätte ich Cornelia allein gelassen, in einem Moment, wo sie wirklich Schmerzen hatte. Also stand ich da, hielt ihre Hand und wünschte mir, daß sie nicht solche Schmerzen hätte. Gott sei Dank gab es die Wehenpausen, und da sie auch dann ihre Hand nicht zurückzog, hatte ich das Gefühl, an der richtigen Stelle zu stehen. Immer wieder starrte ich auf eine Maschine, die auf endlosen Papierstreifen die rasenden Herztöne unseres Kindes aufzeichnete bzw. die Schmerzen, die Cornelia erlitt, denn bei jeder Wehe zeichnete sie einen steileren Berg. Ich begann Berge zu hassen. Alles verlief ohne beunruhigende Komplikationen, bis die Preßphase einsetzte. Was dieser zum Allgemeinplatz gewordene Begriff tatsächlich bedeutet, vermag nur jemand zu sagen, der zugesehen hat, wie es der kleine, zierliche Leib einer Frau unternimmt, einen neuen Menschen auf die Welt zu bringen. Bei Cornelia war es nun vorbei mit der »sanften Geburt«: Unaufhörlich forderten sie Arzt und Hebamme auf, zu pressen, noch mehr zu pressen. Merkten sie denn nicht, daß Cornelia bereits längst die Grenze ihrer Kraft überschritten hatte? Doch Jacob kam trotzdem nicht: Sein Kopf wurde zwar sichtbar, so groß, wie wenn man Daumen und Zeigefinger zusammenlegt, doch der Kreis verschwand immer wieder, wollte und wollte nicht größer werden. Plötzlich – ich weiß nicht warum – konnte der Arzt das Köpfchen blitzschnell mit einem Handtuch festhalten und das Kind buchstäblich auf die Welt zerren. Erst als Jacob endlich seiner Mutter zum Trinken an die Brust gelegt wurde und begann, mit gierigen Zügen sein eigenes Leben zu leben, wurde Cornelia und mir klar, daß wir einen Sohn hatten. Doch ganz begreiflich war es uns beiden noch lange nicht. Tagelang beschlich mich die Angst, dieses Kind würde uns wieder genommen. Jedesmal, wenn ich in die Klinik fuhr, um die beiden zu besuchen, nahm ich den Kleinen auf den Arm und redete leise auf ihn ein: »Jetzt bleibst du ein Leben lang bei uns, hörst du?«

2. Kapitel Ausruhen von Geburt und Schwangerschaft in der Klinik

Mein Baby bleibt von Anfang an ganz bei mir

Im Klinikzimmer steht das Bettchen meines Babys Tag und Nacht neben meinem Bett. Ich drehe es so, daß ich das kleine, etwas zerknautschte Gesicht immer sehen kann: Wie wonniglich, wenn uns niemand stört! Daß mich ein Gesicht so zu fesseln vermag – ewig könnte ich dich anschauen, wie satt und rundum entspannt und zufrieden du aussehen kannst. Auf einmal nuckelst du im Schlaf – träumst du, daß du gestillt wirst? Lächeln kannst du auch schon! Ich weiß, es ist kein richtiges Lächeln, nur ein Reflex. Egal, du siehst so verschmitzt dabei aus!

Nach dem Stillen behalte ich dich im Arm, lese ein bißchen, telefoniere, schlafe auch ein oder rede leise mit dir. Es beschäftigt mich, daß du jetzt zu uns gehörst, für immer. Nie wieder zu zweit. Dein Vater kann es auch noch nicht fassen: Seltsam dieses Gefühl, es könnte jemand kommen und uns dich wieder wegnehmen. Wir müssen erst begreifen, was das ist, eine Familie …

Wenn du wach wirst, bin ich immer ein wenig aufgeregt. Was willst du jetzt? Bist du hungrig? Soll ich dich erst wickeln, klitschnaß, wie du bist? Ein Glück, daß wir viel Zeit haben, einander kennenzulernen und daß die volle Verantwortung doch noch nicht ganz bei mir und deinem Vater liegt … Ich fühle mich noch so schrecklich unsicher und bombardiere die Kinderschwester mit Fragen: »Ist es schlimm, daß er so kalte Händchen hat?« – »Nein.« – »Warum gibt er im Schlaf manchmal einen kleinen spitzen Schrei von sich? Warum stößt er sich so mit den Beinen ab, wenn er bei mir liegt?« »Wahrscheinlich durchlebt er im Traum seine Geburt!« – »Kann ich ihn erdrücken, wenn er bei mir im Bett liegt?« – »Nein, keine Angst!«

Was mir nach dem zweiten Tag – oder ist es der dritte? – zu schaffen macht, ist deine plötzliche Unruhe; vor allem nachts schreist du viel. Mit dem Trinken klappt es auch noch nicht richtig. Ich schaffe es nicht, dich zu beruhigen, klingele schließlich verzweifelt nach der Nachtschwester. Ihre Gelassenheit tut mir gut. Sie hilft mir, dich anzulegen, ihre Ruhe überträgt sich auf dich. Dennoch: Die Nächte machen uns zu schaffen. Jeden Morgen die gleiche Erleichterung, wenn die Schwester dich zum Baden abholt: mindestens eine halbe Stunde garantierter Ruhe, und danach wirst du meistens im Tiefschlaf wieder zu mir hereingerollt. Du läßt mir Zeit, mich wieder auf dich zu freuen …

So sprach ich damals mit unserem ersten Baby, so waren meine Empfindungen. Erst bei meinem zweiten Kind brachte ich es ohne schlechtes Gewissen fertig, nachts einige Stunden allein zu bleiben. Ich mußte mich erholen, meine Kräfte hätten sonst nicht ausgereicht. Außerdem wartete diesmal zu Hause bereits ein ungezähmtes Kleinkind auf mich.

Die Schwester versprach mir, mein Baby nicht schreien zu lassen und ihm, wenn es wach würde, einmal in der Nacht ein Traubenzuckerfläschchen zu geben. Sobald es dann doch mal krähte, brachte sie es mir. Diese Regelung hat gut funktioniert. Ich wollte zwar die Nähe zu Constantin, aber ein paar Nachtstunden ganz für mich, die brauchte ich auch. Wer wußte, was für Nächte mich noch zu Hause erwarteten … (C. v. S.)

Rooming-in: Tage, von denen die Familie lange zehrt

Rooming-in macht es möglich, daß sich Mutter und Kind in aller Ruhe kennenlernen – trotz der Hektik in der Klinik

In Geburtskliniken wird heute Rooming-in praktiziert, das heißt, die Mutter darf ihr Neugeborenes bei sich im Zimmer behalten, es selber wickeln, nach Bedarf stillen und zu sich ins Bett nehmen. Nur wenn es gebadet oder vom Arzt untersucht wird, kommt es in das Neugeborenen-Zimmer.

In manchen Kliniken ist das Rooming-in allerdings auf den Tag beschränkt; nachts wird das Baby von Kinderschwestern versorgt. Viele Schwestern sind aber bereit, das Baby der Mutter zu bringen, wenn es hungrig ist; ansonsten wird es mit einem Traubenzuckertrank im Kinderzimmer gefüttert.

Die Vorteile des Rooming-in

- Die Mutter entwickelt schon in der Klinik eine enge Beziehung zu ihrem Kind: Je vertrauter es ihr wird, desto sicherer kann sie mit ihm umgehen, und je ungezwungener sie es ansehen, anfassen und stillen darf, desto mehr entwickelt sie das Gefühl, daß das Baby wirklich zu ihr gehört.
- Das Baby bekommt die Wärme und die Nähe, die es braucht, um sich geborgen und geliebt zu fühlen. Die Erfahrung hat gezeigt, daß Babys, die bei ihren Müttern liegen, seltener schreien und ruhiger sind als diejenigen, die im Neugeborenen-Zimmer liegen – wahrscheinlich, weil sie einfach öfter in den Arm genommen und gestillt werden.
- Das Baby kann nach Bedarf gestillt werden, bestimmt also selbst den Rhythmus, in dem es gefüttert wird; sooft es Hunger hat, wird es angelegt. Das Stillen klappt so viel besser, als wenn man nach einem von der Klinik festgelegten Zeitplan vorgeht. Außerdem regt häufiges Anlegen gleichzeitig die Milchbildung an (Seite 30).
- Geschwister können sich mit dem Neugeborenen schon in der Klinik ein wenig anfreunden. Hierzu noch ein Hinweis: Obwohl ein Kind, das gestillt wird, von seiner Mutter Abwehrstoffe mitbekommt, ist es dennoch anfälliger für Erkrankungen als ein älteres Kind. Deswegen sollten Geschwister oder Erwachsene, die nicht völlig gesund sind, lieber zu Hause bleiben – auch, wenn sie nur einen Schnupfen oder Husten haben –, zumal man nie mit absoluter Sicherheit weiß, ob sich hinter der Erkältung nicht eine andere Krankheit versteckt. Hält man sich daran, ist die Ansteckungsgefahr bei Rooming-

Nicht selten raten Säuglingsschwestern in der Klinik zum Zufüttern, wenn das Stillen nicht auf Anhieb klappt. Es erfordert einiges an Kampfgeist, sich nicht beirren oder überreden zu lassen, sondern beim Stillen zu bleiben

in-Babys durchaus geringer als bei anderen. Harmlose Umweltkeime schaden dem Säugling nicht, im Gegenteil, die Berührung mit ihnen steigert sogar seine Abwehrkräfte. Er hat ja von der Mutter Antikörper gegen viele Krankheiten mitbekommen, einen ausreichenden Schutz, der etwa bis zum sechsten Lebensmonat anhält.

- Seitdem das Rooming-in eingeführt ist, leiden junge Mütter seltener an Wochenbett-Depressionen, haben Forscher herausgefunden (Seite 61). Haben sie ihr Kind von Anfang an bei sich, bekommen sie von ihm die Wärme, nach der sie sich jetzt besonders sehnen.

Keine Nachteile?

Die Nachteile, die früher gegen das Rooming-in ins Feld geführt wurden, sind heute widerlegt, so das Argument, daß eine Mutter nach einer Geburt zu erschöpft sei, um sich auch noch um ihr Baby kümmern zu können. Selbst wenn sie entkräftet ist, freut sie sich im allgemeinen, wenn ihr Baby in seinem Bettchen neben ihr liegt. Braucht sie Ruhe, kann sie das Kleine ja jederzeit den Kinderschwestern übergeben und einige Stunden ungestört schlafen. Auch von anderen Säuglingen im Zimmer fühlen sich Mütter nur selten gestört. Am besten funktioniert das Rooming-in aber natürlich im Ein- oder Zweibettzimmer.

Ihre Bedürfnisse sind entscheidend

Oft ergeben sich Kommunikationsprobleme zwischen der jungen Mutter und den Säuglingsschwestern

Auch heute noch geben Säuglingsschwestern jungen Müttern oft das Gefühl, sie seien nicht in der Lage, sich »richtig« um ihr Kind zu kümmern, verunsichern also mehr, als daß sie Zuversicht vermitteln. Um so wichtiger, daß junge Mütter sich auf sich selbst besinnen, ihrem Instinkt, ihren Gefühlen, ihrem Körper vertrauen und nicht unbedingt den Klinik-Regeln.

Jetzt Stärke zu beweisen, fällt allerdings vielen schwer, denn erschöpft von der Geburt, aufgewühlt von überwältigenden Gefühlen reagiert manche Mutter überempfindlich und verletzt, wenn das Klima auf der Säuglingsstation rauher ist als im Kreißsaal. Sie leidet unter Heimweh. Kein Wunder, denn wer gerade ein Baby zur Welt gebracht hat, sehnt sich nach Zuwendung und Anerkennung. Belehrungen und Zurechtweisungen kann jetzt keiner gebrauchen.

Gelingt es aber, ein entspanntes Verhältnis zu den Schwestern aufzubauen, zeigen sie sich eher bereit, auf die Bedürfnisse der unerfahrenen Mutter einzugehen, sie unaufdringlich zu unterstützen, zu beraten und dennoch selbst bestimmen zu lassen, wann und wie lange sie ihr Kind bei sich haben will.

Unerfahrene Mütter fühlen sich schnell überfordert. Sie sollten sich nicht scheuen, die Säuglingsschwestern um Rat zu fragen

Wichtig ist es auch, sich in der Klinik viel Ruhe zu gönnen, damit ein sanfter, störungsfreier Start für Mutter und Kind gewährleistet ist. Die Zeit zu Hause wird unruhig genug. Deshalb ist es durchaus legitim, sich vor Telefonaten abzuschirmen oder Besucher auf später zu vertrösten. Kinderlose Freunde können sich oft nicht vorstellen, daß eine junge Mutter gar nicht das Bedürfnis hat, ständig besucht zu werden – um so wichtiger ist es, ihnen dies ohne Umschweife zu sagen.

Junge Mütter wollen sich zuerst auf ihr Baby konzentrieren und nicht auf immer neue Besucher

Zuerst klappt das Stillen bei mir überhaupt nicht

Niemals hätte ich mir vorgestellt, wie schwierig es ist, ein Baby zu stillen. Da sitze ich nun unbeholfen in meinem Bett und presse ungeschickt den Kopf meines Kindes an mich; seine Nase drückt gegen meine mächtig angeschwollene Brust, voller Verzweiflung sucht es nach der Milchquelle. Sein Gezappel wird immer hektischer. Ich versuche, ihm die Warze in den Mund zu schieben, doch vergeblich. Die Brust ist zu prall, die Warze ganz abgeflacht. Das Baby heult herzzerreißend, mir bricht der Schweiß aus. Mir gelingt das Stillen einfach nicht. Also hole ich mir das »Saughütchen«, das mir die Kinderschwester bereitgelegt hat, und drücke es auf die Brustwarze. Endlich bekommt das Baby etwas, das es fassen kann, endlich trinkt es. Wir werden beide ruhiger, aber ich bin enttäuscht und mutlos; ich möchte richtig stillen und nicht so ein blödsinniges Gummiteil zwischen mich und mein Baby schieben müssen (Seite 57).

Während der Schwangerschaft hatte ich wie fast jede Frau befürchtet, meine Milch könnte nicht ausreichen. Nun sammelt sich immer mehr an – aber sie fließt nicht. Das erste Anlegen hat so gut funktioniert, doch nun habe ich das Gefühl, Steine vor mir herzuschleppen. Ich weiß ja, daß sich das gibt, wenn das Baby saugt, doch was ist, wenn es gar nicht dazu kommt, weil der arme kleine Kerl die Milchquelle nicht erreichen kann? Bange Gedanken hämmern in meinem Kopf. Habe ich schon einen Milchstau? Vielleicht bald eine Brustentzündung? Wird es doch nichts mit dem Stillen? Entnervt versuche ich alles, was ich mir angelesen habe: Brust ausdrücken, Umschläge auf die glühende Brust, abpumpen. Welch ein maßloser Aufwand! Auch die Schwestern haben kein Allheilmittel; wenigstens helfen sie mir, die richtigen Handgriffe zu meistern. Als die Brust schon eine Stunde nach dem Abpumpen wieder hart wird wie ein Fußball, packt mich verzweifelte Wut: Stillen soll das Natürlichste von der Welt sein? Für wen? »Jede Frau kann stillen«, steht in den klugen Büchern geschrieben. Das ist doch eine Mär! Trotzdem lege ich Jacob wieder und wieder an …

Am Tag der Entlassung aus der Klinik, ist es tatsächlich soweit: Mein Baby schnappt zu, erwischt die ganze Warze; ein kurzer, stechender Schmerz, dann durchströmt eine wohlige Wärme meinen ganzen Körper. Die Milch fließt.

In den ersten Zügen des Babys steckt noch die atemlose Gier des Heißhungers, sein kleiner Körper zittert vor Erwartung. Dann fängt es sich, trinkt gleichmäßig, ohne Hast. Nach vielen Mühen haben wir zueinander gefunden. Endlich haben wir das, was man eine Still-Beziehung nennt, und ich fühle eine innige, beschützende Zärtlichkeit: Du bist so winzig in meinen Armen, nistest dich so selbstverständlich darin ein, als ob sie nur für dich gemacht wären. Mit einem Mal erfüllt mich ein unbekanntes Gefühl der Dankbarkeit dafür, daß mein Körper all das hat, was du brauchst, um zu leben und zu gedeihen. Ich bin selig, daß uns minutenlang nichts voneinander trennt. (C. v. S.)

Erst nach Tagen bildet sich die »richtige« Milch

Vom Tag der Geburt an bereiten sich die Milchdrüsen der Frau darauf vor, Milch für die Ernährung des Neugeborenen zu liefern. Zwischen dem dritten und fünften Tag ist es dann soweit: Die Milch »schießt« ein, die Vormilch geht in die reife, kalorienreiche Muttermilch über. In den darauffolgenden Wochen nimmt die Milchproduktion dann ständig zu.

Manche Frauen, die ihr Baby von Anfang an häufig anlegen konnten, nehmen den Zeitpunkt des sogenannten Milcheinschusses gar nicht richtig wahr, weil er stufenlos und ohne besondere Schmerzen vor sich geht. Andere spüren ihn sehr deutlich: Die Brust ist heiß und prall, die Haut spannt, die Venen sind infolge der gesteigerten Durchblutung deutlich zu sehen. Es kommt auch vor, daß die Brust regelrecht schmerzt und die Körpertemperatur leicht ansteigt. Beunruhigend ist das alles nicht, nur unbehaglich. Wenn die Milch richtig fließt, verschwinden die Beschwerden meist von selbst.

Gerade beim Stillen wird Müttern klar, wie dringend ihr Baby sie braucht, wie hilflos es ist. Dieses Gefühl verstärkt die Bindung. Mütter genießen dieses Gebrauchtwerden meist sehr

Doch damit sie fließt, muß das Kind durch sein Saugen die Milchproduktion kräftig anregen: Erst wenn es trinkt, setzt die Hypophyse, eine kleine Drüse an der Unterseite des Zwischenhirns, die darin gespeicherten Hormone frei. Das Hormon Prolactin sorgt für die Produktion der Milch; Oxytocin bewirkt, daß die Milch in die Vorratskammern der Brust gepreßt wird. Es ist auch dafür verantwortlich, daß die Brustwarzen größer werden, damit das Baby leichter trinken kann.

Noch eines: Es besteht kein Grund zur Beunruhigung, wenn in den ersten Tagen nach der Geburt die Milch nur spärlich fließt; das Kind leidet deswegen keinen Hunger. Viele Babys sind in den ersten Tagen gar nicht in der Lage, kräftig zu trinken; sie müssen sich erst von den Strapazen der Geburt erholen. Auch die Umstellung des Organismus auf das Leben außerhalb der Gebärmutter beansprucht sie derart, daß ihnen für die Nahrungsaufnahme nur wenig Energie übrigbleibt. Sie nuckeln nur schwach alle drei oder vier Stunden, wenden sich dann von der Brust ab und schlafen weiter. Normalerweise kann ein Baby von seinem körpereigenen Vorrat an Zucker, Fett und Flüssigkeit so lange zehren, bis die Milch einschießt.

In manchen Kliniken werden Säuglinge schon in den ersten Tagen nach der Geburt mit geringen Mengen fertiger Babynahrung gefüttert (Seite 30 und 105). Dagegen kann jede Mutter Einspruch erheben. Denn auch Babys, die sehr schmächtig wirken, wenig wiegen und in dieser Zeit keine Anstalten machen, heftig saugen zu wollen, verändern sich etwa zur Zeit des Milcheinschusses und werden zu kräftigen Säuglingen, die von allein die richtige Saugkraft entwickeln. Grund zur Sorge besteht erst, wenn das Neugeborene mehr als sieben bis zehn Prozent seines Geburtsgewichts abnimmt (Seite 100).

Still-Rhythmus: Trinken nach Bedarf

Bestimmt das Baby selbst, wann, wie oft und wieviel es trinken mag, entwickelt es sich meistens prächtig. Manche trinken dann jedoch nicht ausreichend. Deshalb wichtig: das Gewicht regelmäßig überprüfen

Wenn irgend möglich, wird das Baby schon am ersten oder zweiten Tag nach der Geburt jedesmal angelegt, wenn es sich hungrig meldet. Manche Säuglinge schlafen viel in der ersten Zeit, andere verlangen schon von Anfang an häufig nach der Brust, oft sogar alle zwei Stunden. Das ist deshalb nicht ungewöhnlich, weil Muttermilch schneller verdaut wird als Flaschenmilch, so daß gestillte Babys in kürzeren Abständen hungrig werden. Diesen Zwei- oder Drei-Stunden-Rhythmus behalten viele Babys mehrere Wochen lang bei, doch ihre Hungerkurve verläuft jeden Tag ein bißchen anders. Am besten ist es, sich ganz den Bedürfnissen des Babys anzupassen und vor allem in den ersten Lebenswochen keinerlei Zeitplan festzulegen. Es ist einfach quälend für ein Baby, wenn eines seiner stärksten Bedürfnisse, das Trinken, um den Hunger zu stillen, nicht möglichst schnell befriedigt wird. Warum es jetzt schon in ein star-

res Schema pressen? Zumal dies auch gar nicht gelingen wird, denn ein Baby schreit, wenn es trinken will – egal, welcher Zeitplan aufgestellt worden ist.
Natürlich fällt es manchmal schwer, den wenig berechenbaren Wünschen des Babys nachzukommen – zumal die meisten Erwachsenen darauf angewiesen sind, ihren Alltag zu planen und überschaubar zu gestalten. Babys nehmen darauf keine Rücksicht, können das gar nicht. Ein Trost ist, daß auch nach Bedarf gefütterte Säuglinge nach einigen Wochen in der Regel einen einigermaßen gleichmäßigen Rhythmus entwickeln. Vielleicht hilft es Eltern auch, sich vor Augen zu führen, daß Babys, deren Bedürfnisse ernstgenommen werden, sich wohl fühlen und auch deshalb gut gedeihen. Ein Baby wird nämlich – trotz manch gegensätzlicher Meinung – nicht verwöhnt und unersättlich, wenn man auf seine Wünsche eingeht, sondern einfach nur zufrieden.

Einige Kinder tun sich allerdings auch nach Wochen noch schwer, aus eigener Kraft einen Rhythmus zu finden. Sie wachen nachts oft auf und schreien viel

Das Füttern nach Bedarf hat weitere Vorteile:

- Die Babys verlieren nach der Geburt weniger Gewicht und nehmen schneller wieder zu als Babys, die nach einem starren Vier-Stunden-Rhythmus gefüttert werden.
- Die Vormilch wird eher zur reifen, kalorienreichen Muttermilch, wenn das Baby früh und häufig trinkt.
- Häufiges Anlegen schont die Brustwarzen. Denn Babys, die jeweils vier Stunden warten müssen, bis sie wieder gestillt werden, ziehen in ihrem Heißhunger manchmal so fest an der Brustwarze, daß es schmerzt. Oder sie sind so aufgeregt, daß sie gar nicht mehr in der Lage sind, gleichmäßig zu trinken.

Ist genug Milch vorhanden, wird das Kind beim Stillen auch richtig satt. Das heißt: Die Pausen zwischen den Fütterungen werden automatisch länger (Voraussetzung ist natürlich, daß nicht zugefüttert wird, Seite 30). Die Folge: Langsam beginnt sich ein Stillrhythmus einzupendeln.

Zufüttern mit der Flasche? Oft der Anfang vom Ende

Er wird sich dagegen nur schwerlich einpendeln, wenn das Baby zusätzlich zu seinen Brustmahlzeiten noch Extrarationen mit der Flasche bekommt. Warum soll sich das Baby an der Brust anstrengen, wenn das Saugen aus der Flasche viel bequemer ist? Die Folge: Es saugt weniger kraftvoll, weniger gierig an der Brust. Verringert sich aber die Nachfrage nach Muttermilch, fällt damit auch das Angebot gleich spärlicher aus.
Zum Glück stillen die meisten Mütter ihr Baby nach Bedarf. Der starre Vier-Stunden-Rhythmus wird nur noch selten praktiziert.

Wie wird das Baby angelegt?

Vor dem ersten Stillen haben manche Frauen richtige »Prüfungsangst«

Stillen will gelernt sein. Es dauert, bis für das Baby ein Hochgenuß daraus wird. Nicht die Geduld verlieren!
Es ist gar nicht einfach, auf Anhieb die richtige Körperhaltung zu finden, um dem Baby die Brust so zu geben, daß es ruhig und gleichmäßig saugen kann. Daher ist es völlig normal, wenn sich eine Mutter beim ersten Baby zunächst ungeschickt anstellt, denn sie muß das Stillen ja erst lernen.

Entspannen, locker bleiben. Sonst fließt die Milch nicht. Beim Anlegen mit der Hand nachhelfen

Jede Still-Haltung, in der sich Mutter und Kind wohl fühlen, ist gut. Die häufigsten Positionen:
- Auf der Seite liegend, das Baby auf einem Kissen so neben sich betten, daß es ohne Mühe die Brustwarze erreicht. (Vor allem nach einem Damm- oder Kaiserschnitt bietet sich diese Haltung an.)
- Bequem in einem Sessel mit Armstützen sitzen, die Beine hochlegen und das Baby auf den Arm legen, Kopf in Brusthöhe. Wichtig: Den Rücken abstützen und den Arm, auf dem das Baby liegt. Er ermüdet sonst sofort. Das Baby sollte nicht zu flach, sondern leicht erhöht liegen, damit es besser schlucken kann.

Beim Anlegen die Brustwarze zwischen Zeige- und Mittelfinger halten und etwas herausdrücken, so daß sie ein wenig nach oben steht. Dann mit den gespreizten Fin-

gern die Brust etwas zurückdrücken: So findet das Baby die Warze schneller und kann sie gut fassen; gleichzeitig bleibt seine Nase frei zum Atmen.
Wichtig: dafür sorgen, daß das Baby die ganze Brustwarze im Mund hat – nur so entsteht ausreichend Druck auf die Milchkanäle.
Wenn das Baby Schwierigkeiten hat, die Brustwarze zu finden: Seine Wange leicht mit der Brustwarze anstupsen. Reflexartig öffnet es dann den Mund, sucht die Brust und schnappt meistens von selbst nach der Warze.

Ein Trick: Die Wangen des Babys streicheln, damit es seinen Mund öffnet

Die Brustwarze sollte in der Mitte des Mundes liegen, nicht seitlich oder zu weit unten. Durch eine einseitige Saugbelastung können nämlich an einer empfindlichen Brustwarze Schrunden entstehen (Seite 57). Außerdem schluckt das Baby dabei mehr Luft und kann Blähungen bekommen.
Am besten ist es, bei jeder Mahlzeit beide Brüste zu geben, denn so wird auch die Milchbildung in beiden Brüsten angeregt.
Manche Experten ermuntern Mütter, das Baby nur an einer Brust anzulegen und ihm die zweite nur anzubieten, wenn es noch Hunger zeigt.

Wie lange wird das Baby angelegt?

Wie lange das Kind trinkt, hängt am Anfang der Stillzeit davon ab, wie abgehärtet die Brustwarzen sind. Bei empfindlichen Brustwarzen sollte das Baby nicht mehr als fünf bis sieben Minuten an jeder Seite trinken. Die Erfahrung zeigt, daß Säuglinge nach fünf bis zehn Minuten meist ohnehin nicht mehr trinken, sondern nur noch nuckeln.

Wie lange soll eine Stillmahlzeit dauern? Starre Regeln lassen sich dafür nicht aufstellen. Einer der wunderbaren Vorteile des Stillens: das Baby trinkt nur so lange, bis es satt ist

Während der Mahlzeit ändert sich die Beschaffenheit der Milch: Zu Beginn fließt sie dünn, stillt den Durst, danach fließt sie sämiger, nahrhafter und stillt den Hunger. Um die »Hauptmilch« zu bekommen, muß sich das Kind beim Saugen mehr anstrengen.
Sobald sich die Brüste an das Saugen des Babys gewöhnt haben, kann das Kind ruhig bis zu zehn Minuten lang

an der ersten Brust saugen. Anschließend kommt es – eventuell nach einer kurzen Pause zum Aufstoßen oder Wickeln –, solange es möchte, an die andere Brust. Dort saugt es dann meistens weniger kräftig, nuckelt gemütlich oder spielt einfach ein wenig mit der Brustwarze.
Bei der nächsten Mahlzeit ist es sinnvoll, die zuletzt gereichte Brust zuerst zu nehmen, weil das Baby daran weniger stark gesaugt hat und diese Brust daher voller ist als die andere. Manche Frauen binden sich zur Erinnerung eine Schleife an den BH-Träger derjenigen Brust, die beim nächsten Stillen zuerst drankommt, doch meistens ist das gar nicht nötig – das Baby wird an die Brust gelegt, die sich härter anfühlt (kein Problem, wenn die Reihenfolge mal durcheinandergerät).

Seelische Belastungen wie zuviel Frust, Anstrengung, Hektik lassen den Milchfluß oft stocken. Das beste »Heilmittel«: viel Ruhe. Ein paar Stunden Rückzug ins Bett und gründliches Ausschlafen wirken oft Wunder

Frauen, deren Brüste besonders prall sind und häufig schmerzen, sollten darauf achten, daß bei jeder Mahlzeit beide Brüste möglichst leer sind, denn ein Milchstau, der die Milchgänge zusammenpreßt, kann, muß aber nicht zu einer Brustentzündung führen (Seite 102). Auch bei Frauen, die nur wenig Milch haben, ist es wichtig, daß das Baby immer ausgiebig saugt.

Weitere Tips zum Stillen

- Manche Babys ziehen die eine Brust der anderen vor. Dieser Vorliebe wird jede Mutter nachgeben, wenn das Kind unruhig ist und nur an seiner Lieblingsbrust trinken will.
- Babys, die schon an der ersten Brust einschlafen, aber noch nicht genügend getrunken haben, kann man zwischendurch wickeln, damit sie aufwachen und wieder bereit sind, weiterzutrinken.
- Sogenannte »saugfaule« Babys, die während des Stillens immer wieder ein Nickerchen einlegen, kann man am Ohrläppchen zupfen oder hinter dem Ohr kitzeln. Wirksam sind auch ein paar Spritzer kaltes Wasser auf die Stirn – durch die Temperaturveränderung wird das Baby wach. Danach dem Baby schnell die Brustwarze zwischen die Lippen schieben!

Stillen: ein sinnliches Vergnügen

Wenn das Baby selig an der Brustwarze nuckelt und zufrieden trinkt, kann das auch für seine Mutter ein Hochgenuß sein.

Die Brustwarzen versteifen sich, die Gebärmutter zieht sich zusammen – für viele Frauen ist das Stillen auch ein sinnliches, erotisches Vergnügen

- »Nachts hole ich unser Kind zu mir ins Bett und stille es im Liegen. Oft schläft es über dem Trinken nach einer Weile ein. Und ich schlafe gleich anschließend ein. Am schönsten ist dann das Aufwachen. Unser Kind kuschelt sich immer noch selig an mich. Restlos glücklich betrachte ich es dann. Die ganze Nacht behalte ich es bei mir. So muß ich nicht aus dem Warmen in die Kälte, wenn es sich wieder meldet und Hunger hat.«
- »Wenn ich morgens mein Baby stille, setze ich mich ans Fenster, spüre die Wärme meines Babys an der Brust, die Wärme der Sonne auf meinem Gesicht und freue mich unseres gemeinsamen Lebens!«
- »Ich bin jedesmal verblüfft, wie heftig mein kleiner Sohn an meiner Brustwarze saugt. Zuerst schmerzt das ein wenig. Danach ist es mir angenehm!«

Nicht nur innige Gefühle haben viele Frauen beim Stillen – »Wie rührend und klein und hilflos ist unser Baby!« –, sondern auch erotische. Manche Frauen scheuen sich vor diesen Empfindungen, nehmen sie kaum wahr, andere genießen sie ausgiebig.
Wer das Stillen genießen kann, nicht nur, um das Baby mit Muttermilch – »mit dem Besten« – zu versorgen, sondern auch sich selbst zum Genuß, schafft beste Voraussetzungen dafür, daß die Milch auch fließt.

Erste Schwierigkeiten beim Stillen

Leider erleben manche Frauen, daß das Stillen trotz aller Bemühungen schwierig bleibt. Bald sind sie so entnervt, daß sie resignieren und am liebsten gleich aufgeben möchten. Häufig fließt die Milch aber nur deshalb nicht, weil die Mutter verzweifelt: Seelische Belastungen sind ein Hauptgrund dafür, daß der Milchfluß-Reflex, der die Milch aus der Brust freigibt, empfindlich gestört wird. Was tun,

... *wenn Selbstzweifel aufkommen?*

Einen Trick, den Kinderschwestern jungen Müttern oft zeigen: Mit der Hand einen Tropfen Milch aus der Brust drücken und das Baby erst anlegen, wenn ihm die Milch schon entgegenfließt

Junge Mütter brauchen dringend die intensive und liebevolle Unterstützung von Kinderschwester oder Hebamme – von Helfern, die Mut machen und mit viel Geduld zeigen, wie man das Baby anlegt. Es ist also wichtig, sich Hilfe zu holen (Seite 47)!
Die kühle Klinikroutine, die nur wenig Raum läßt für die persönlichen Wünsche einzelner Mütter, oder negative Bemerkungen des Klinikpersonals wie: »Sie haben aber sehr wenig Milch!« oder »Mit solchen Hohlwarzen schaffen es die wenigsten«, können natürlich eine niederschmetternde Wirkung haben. Um sich nicht ganz entmutigen zu lassen, hilft es vielleicht, sich klarzumachen, daß sich jede Frau zu Anfang schwertut und daß es überhaupt keine Schande ist, wenn das Stillen nicht auf Anhieb klappt. Im Gegenteil: Jede Frau, die einmal gestillt hat, wird zugeben, daß es zu irgendeinem Zeitpunkt Schwierigkeiten gegeben hat, entweder in der Klinik oder in der ersten Zeit zu Hause – um so nützlicher zu wissen, welche konkreten Still-Probleme auftreten können und wie man mit ihnen umgeht.

... *wenn zu wenig Milch da ist?*

Nicht die Geduld und Hoffnung verlieren! Es dauert, bis sich das Stillen eingespielt hat und zur Selbstverständlichkeit wird

Normalerweise dauert es etwa sechs Wochen, bis sich die Milchproduktion und der Bedarf des Babys aufeinander eingespielt haben. In dieser ersten Zeit kommt es vor, daß die Milch scheinbar nicht ausreicht. Da hilft nur:

- Das Baby möglichst oft anlegen, auch nachts, um die Milchbildung ständig anzuregen. Es nutzt allerdings nur wenig, ein Baby, das schläft, zu wecken, damit es häufiger trinkt. Halbwache Babys saugen nur schwach und lustlos. Da empfiehlt es sich eher, statt dessen Milch abzupumpen.

- Möglichst nicht zufüttern, da das Baby dadurch womöglich seltener und lustloser trinkt (Seite 50).
- Hektik und Aufregung vermeiden.
- Viel trinken (Milch, kohlensäurearmes Mineralwasser, Kräuterteemischung – Kümmel, Fenchel, Brennessel, Anis), Seite 109.
- Die Brust warm halten.

Bitte Streß vermeiden!

... wenn das Baby beim Stillen einschläft?

Es schlafen lassen. Ausnahme: Leidet das Baby unter Neugeborenen-Gelbsucht, muß es besonders viel trinken und deshalb notfalls auch geweckt werden. Die restliche Milch aus der Brust abpumpen.

... wenn die Brust tropft?

Stilleinlagen benutzen. Mit der flachen Hand auf die Brustwarze drücken, damit das Tropfen aufhört. Einlagen aus Seide schonen die Haut besonders. Zwischen den Mahlzeiten feuchte Stilleinlagen austauschen.

... wenn die Brustwarzen zu flach oder hohl sind?

Frauen mit Flach- oder Hohlwarzen können sich helfen, indem sie ihre Warzen immer wieder mit den Fingern herausziehen. Außerdem gilt auch hier wieder: das Neugeborene möglichst frühzeitig und häufig anlegen; so gelingt es dem Baby fast immer, die Warzen selber herauszusaugen. Hat es trotzdem noch Schwierigkeiten, kann man sich in der Apotheke geschmacks- und geruchsneutrale »Schilder« besorgen, die über die Warze gelegt werden und das Saugen erleichtern (Seite 48).

Brusthütchen können eine gute Hilfe beim Stillen sein – nicht nur bei zu flachen oder hohlen Brustwarzen, sondern auch bei empfindlicher Haut und Brustentzündung

Wird das Stillen zur Dauerstrapaze, kann sich jede Mutter dadurch ein wenig entlasten, daß sie die Milch zwischendurch abpumpt und ihrem Kind dann aus der Flasche gibt (Seite 102).
Sehr vielen Babys gelingt es in den ersten Wochen, sich

Nur die Muttermilch, vor allem die Vormilch enthält Immunstoffe der Mutter, die das Baby vor Krankheiten schützen. Sein eigenes Abwehrsystem arbeitet noch nicht perfekt. Daher ist es sinnvoll, wenn ein Säugling wenigstens in den ersten Tagen nach der Geburt gestillt wird

ohne weiteres von der Brust auf die Flasche und wieder auf die Brust umzustellen. Bei manchen allerdings kommt es zu einer Verwirrung des Saugreflexes. Saugen sie zu häufig und über längere Zeit an der Flasche, sind sie nicht mehr bereit, das sehr viel anstrengendere Trinken an der Brust auf sich zu nehmen. Was tun? Natürlich ist es gut, das Baby in so einem Fall häufiger anzulegen, damit es wieder lernt, kräftig zu saugen. Doch tut sich das Baby dann noch immer allzu schwer, muß jede Frau für sich selbst entscheiden, was sie tut: Weder das Baby noch die Mutter haben etwas davon, wenn beide vor lauter »Kampf ums Stillen« völlig mit den Nerven fertig sind.

Warum manche Frauen nicht stillen wollen oder können

Nicht wenige Frauen möchten mit dem Stillen erst gar nicht anfangen. Häufige Argumente:

- »Ich will mich beruflich schnell wieder engagieren und weiß jetzt schon, daß ich mich in ein paar Wochen regelmäßig von meinem Kind trennen muß. Deshalb fange ich mit dem Stillen gar nicht erst an!«
- »Trotz des Babys will ich mir ein gewisses Maß an Freiheit bewahren, möchte ich mal länger außer Haus sein können, ohne ständig ans Stillen denken zu müssen. Wenn ich weiß, mein Mann gibt dem Kind die Flasche, bin ich ruhig und fühle mich nicht so angebunden.«
- »Für mich ist das kein schönes, sondern ein unangenehmes Gefühl, wenn das Baby an meiner Brust saugt. Und deshalb zwinge ich mich nicht dazu.«
- »Ich möchte nicht wochenlang mit prallen, oft schmerzempfindlichen, tropfenden Brüsten leben. Wenn ich stille, leidet mein Sexualleben darunter!«
- »Während der Schwangerschaft habe ich lang genug auf gesunde Ernährung achten müssen. Jetzt will ich mich wieder auf meine Zigaretten und meinen Wein freuen dürfen!«
- »Meine Brüste haben bereits unter der Schwanger-

Kein Alkohol, keine Zigaretten – daß sie während der Stillpause auf einiges verzichten sollen, mißfällt manchen Frauen

schaft gelitten. Ich fürchte, daß sie durchs Stillen noch mehr an Form verlieren!«
Die meisten dieser Ängste und Vorbehalte lassen sich aus dem Weg räumen. Voraussetzung: Die Frau läßt sich nicht überreden, sondern ist von den Argumenten überzeugt.
Auch medizinische Aspekte können eine Frau am Stillen hindern: etwa schwere Infektionskrankheiten wie Scharlach, Typhus, Diphtherie oder Herz-, Nieren-, Leberleiden und Lungentuberkulose (sofern sie nicht zum Zeitpunkt der Geburt zwei Jahre oder mehr zurückliegt). Ist der gesundheitliche Allgemeinzustand der Frau schlecht, leidet sie beispielsweise an einer Blut- oder Mangelkrankheit, wird aus ärztlicher Sicht oft vom Stillen abgeraten.

Auch Krankheiten halten junge Mütter bisweilen vom Stillen ab. Wichtig: Medikamente sollten während der Stillzeit nur nach Absprache mit einem Arzt eingenommen werden

Auf einmal will ich nur noch heulen

Genau vier Tage nach der Geburt unseres ersten Kindes überkommt mich auf einmal die große Traurigkeit – spätnachmittags, die Sonne brennt vom Himmel. Nun sitzt mein Mann bestimmt schon im Biergarten, so einen Sommerabend läßt er sich nicht entgehen; natürlich haben alle Leute jetzt etwas vor. Nur in der Klinik herrscht schon Stille; Aufschnitt und Käse, das übliche allabendliche Menü, habe ich längst gegessen. Draußen fängt das eigentliche Leben an, hier beschränken sich die Lebenszeichen auf Babygeschrei, das ab und zu aus dem einen oder anderen Zimmer tönt.
Das wäre also nun mein Leben für die nächsten Jahre? Was glaubst du, Baby? Schon wieder haben wir kämpfen müssen, damit du genügend Milch bekommst. Dein Geschrei schallt mir noch jetzt in den Ohren. Vor Erschöpfung bist du eingeschlafen – nicht, weil du satt und zufrieden warst. Es macht mich ganz traurig, daß ich dich jetzt schon enttäuschen muß und daß nichts von alleine klappt. Ich fühle mich so allein gelassen mit all dem, was ich noch nicht kann. Wenn du wüßtest, wie hilflos ich bin, würdest du bestimmt davonlaufen und dir eine Vollblut-Mutter suchen – eine, die sich auskennt.

Entnervt rufe ich zu Hause an. Ich hab's doch gewußt, er ist unterwegs, aber natürlich nicht zu mir. Der ist fein raus. Nur ich, ich sitze hier fest ... Ach, Babylein, an uns denkt keiner ...

Als die Nachtschwester den Kopf zur Tür hereinsteckt, versuche ich, sie irgendwie festzuhalten: »Noch so eine Nacht, das schaffe ich nicht. Das Baby ist überhaupt nicht zu beruhigen. Mit dem Stillen klappt es noch nicht, ich komme einfach nicht zurecht.« »Klingeln Sie, wenn das Baby aufwacht!« und schon ist sie weg.

Wie einfach war alles, als du noch in mir warst, Baby. Mein Bauch warst du, mein Leben war deines. Nun liegst du neben mir und bist auf Gedeih und Verderb auf mich angewiesen. Deine Abhängigkeit drückt mir auf der Seele.

Niemand hat mir beigebracht, Mutter zu sein. Was nutzen mir mein Studium, mein Beruf? Wozu all die Erfahrung der letzten 36 Jahre? Alles für die Katz. Mein Baby hat nichts davon. Ich muß von vorne anfangen, und das in der Mitte meines Lebens. Von wegen Mutterinstinkt – nichts klappt von allein!

Erst bei meinem zweiten Kind geht es mir so gut, daß der Heultag ausbleibt: »Constantin, wir beide sind entspannt, wir kuscheln uns aneinander, als ob wir seit Jahren nichts anderes getan hätten. Es ist so beruhigend, kein Anfänger mehr zu sein.«

Ausgerechnet am vierten Tag nach Constantins Geburt geraten mein Mann und ich uns in die Haare. Als er eine Stunde später als verabredet in die Klinik kommt, fahre ich ihn an: »Wieso kann man sich nie auf dich verlassen? Jetzt haben wir zwei Kinder, da muß Schluß sein mit der Schlamperei!« Ich bin außer mir, werfe ihm vor, wie rücksichtslos er ist, fühle mich verlassen und mißachtet.

Am nächsten Tag beginnt die Milch zu fließen, es geht mir gut, und ich muß über den gestrigen Tag grinsen: War es doch die Hormon-Umstellung, die mir zu schaffen gemacht hat? (C. v. S.)

Warum die Tränen fließen

Die Traurigkeit nach der Entbindung hat seelische und hormonelle Gründe

Wenn sich eine Mutter am dritten, vierten oder fünften Tag nach der Geburt ohne ersichtlichen Grund plötzlich niedergeschlagen fühlt oder einfach gereizt und überempfindlich ist, spricht man von der sogenannten Wochenbett-Depression, die etwa 50 bis 70 Prozent aller jungen Mütter durchleben, schätzen Experten. Der gängige Ausdruck ist irreführend, denn

- erstens sind diese »Heultage« keine echte Depression, sondern eher eine Stimmungsschwankung,
- zweitens wird unter Wochenbett eine längere Phase, nämlich der etwa sechs Wochen umfassende Zeitraum von der Geburt bis zur Wundheilung und Rückbildung der Gebärmutter verstanden.

Die akute, plötzliche Traurigkeit hält aber meistens nur einen Tag lang an, was nicht bedeutet, daß sie im Augenblick des Auftretens nicht sehr schmerzhaft sein kann. Die Gründe dafür liegen in der neuen, noch nicht bewältigten Lebenssituation:

- Die Frau fühlt sich allein gelassen mit der Verantwortung für ihr Baby und zweifelt überdies zutiefst an ihren Fähigkeiten als Mutter. Häufig möchte sie auch aus der unpersönlichen Klinikatmosphäre heraus, ist aber gleichzeitig erschöpft und fühlt sich völlig überfordert. Vom Partner, der nicht ahnen kann, daß sie jetzt besonders viel Anteilnahme braucht, sieht sie sich mißverstanden, ohne wirklich erklären zu können, warum ihr nur noch zum Heulen zumute ist. Diese »Vierte-Tag-Depression« wird am stärksten von Frauen erlebt, die ihr erstes Kind bekommen – vermutlich, weil sie sich als Mutter besonders unsicher und verloren fühlen.
- Die »Heultage« haben nach Meinung der Ärzte auch hormonelle Ursachen. Neun Monate lang hat die Plazenta den Körper mit Hormonen versorgt. In dem Moment, in dem sie ausgestoßen wird, stellt sich auch der Hormonhaushalt allmählich wieder um. Die Östrogene, die von der Plazenta (Mutterkuchen) produziert wurden, um die Schwangerschaft aufrechtzuerhalten, ver-

ringern sich. Auch das Hormon Progesteron, das beruhigend wirkt und der Frau besonders über die Belastungen in der Schwangerschaft und während der Geburt hinweghilft, wird weniger. Nach der Geburt muß sich der Organismus also erst daran gewöhnen, ohne die steuernde, anregende und gleichzeitig ausgleichende Funktion der Plazenta auszukommen. Außerdem hat die Frau sehr viel Blut verloren, der Uterus zieht sich zusammen, innerhalb von wenigen Tagen verliert sie zwischen elf und vierzehn Pfund – eine Umstellung, die Körper und Seele verkraften müssen.

Die Tage nach der Geburt: Für die junge Mutter eine hochsensible Phase. Meist leidet sie unter Stimmungsschwankungen

Kein Wunder, wenn sie jetzt gefühlsmäßig labil und hypersensibel ist. Kommen noch weitere Belastungen hinzu, wie eine schmerzende Dammnaht oder eine unangenehm gespannte Brust kurz vor oder während des Milcheinschusses, sind die »Heultage« allzu verständlich. Auch wenn der Frau ihr Kind an einem solchen Tag fremd vorkommt und sie sich mit der Mutterrolle schwertut, ist das kein Grund, sich zu beunruhigen: Sie liebt ihr Baby deswegen nicht weniger. Widersprüchliche Gefühle sind bei einer so großen Lebensumstellung nur normal.

Nicht »still« leiden, sondern versuchen, mit dem Vater des Kindes über die eigenen Empfindungen zu sprechen

Sinnvoll ist es, den Partner auf diese »typischen« Stimmungstiefs vorzubereiten, damit es ihm leichter fällt, sich darauf einzustellen, liebevoll zu reagieren und die junge Mutter in ihrer neuen Rolle zu bestärken.

Aber nicht nur die Frau, sondern auch der Mann wird vielleicht in der kommenden Zeit Gefühlsschwankungen erleben, die ihm neu sind: Auch er muß sich mit der Vaterrolle erst anfreunden.

Noch eins: Die normalen »Heultage« dürfen nicht verwechselt werden mit einer Wochenbett-Depression. Hält die Verzweiflung an, leidet die Mutter dazu unter Schlafmangel, fehlt ihr jeder Antrieb, das Leben mit Kind zu meistern, freut sie nichts mehr, interessiert sie nichts mehr – bleibt das schwarze Loch also, sprechen Experten von einer postnatalen (nachgeburtlichen) Depression. In diesem Fall ist eine ärztliche Behandlung unumgänglich.

U 2: die große Basisuntersuchung

Früher verbrachten Mütter nach der Geburt ihres Babys fast eine Woche in der Klinik. Während dieser Zeit fand in der Regel die zweite Vorsorgeuntersuchung (U 2) statt – meistens am fünften Tag.

Heute verlassen die jungen Mütter mit ihrem Baby die Klinik spätestens nach drei Tagen. Die U 2 findet also nicht mehr automatisch in der Klinik statt, sondern bei einem niedergelassenen Kinderarzt. Die Mütter müssen sich selbst um einen Untersuchungstermin kümmern. Viele Kinderärzte befürchten, daß dieser wichtige Untersuchungstermin in etlichen Familien verpaßt oder hinausgeschoben wird, und das darf nicht sein, denn bei der U 2 wird zum ersten Mal

- eine gründliche Untersuchung vorgenommen,
- überprüft, ob der Winzling den Start ins Leben gut verkraftet hat. (Deshalb ist es so wichtig, daß die Untersuchung termingerecht stattfindet!)

Nur ein Kinderarzt oder ein speziell geschulter Mediziner ist in der Lage, gesundheitliche Störungen zuverlässig und vor allem frühzeitig zu erkennen.

Alles – Augen, Ohren, Hals, Nase, Haut, Herz, Lunge, Bauchorgane, Muskeln, Knochenbau – wird nun Punkt für Punkt untersucht. Das Gewicht, die Größe, die Reflexe werden überprüft. Außerdem wird Blut abgenommen (aus der Ferse). Dazu werden Tests gemacht zur Früherkennung schwerer Krankheiten (zum Beispiel Stoffwechselstörungen). Je früher solche Krankheiten erkannt und behandelt werden, desto besser für eine gesunde Entwicklung des Säuglings.

Während der Kinderarzt das Baby untersucht, ergibt sich eine Gelegenheit, mit ihm über die Probleme zu sprechen, die sich in den ersten Tagen angesammelt haben. Ein Tip: Vorher zu Hause in aller Ruhe nachdenken, die Fragen aufschreiben und den Zettel mitnehmen. Oder wichtige Beobachtungen in einem Tagebuch notieren.

Ist die Untersuchung abgeschlossen, bekommen sie das erlösende »Alles in Ordnung« zu hören, können Eltern endgültig aufatmen: Das Baby hat die Strapazen der Geburt gut überstanden

Das Thema Impfen ist für viele ein heißes Eisen. Wichtig ist, daß sich Eltern frühzeitig gründlich informieren und entscheiden, denn die ersten Impftermine rücken rasch näher

Erster Impftermin

Bei der U 2 weist der Arzt auf die Tuberkuloseschutzimpfung hin. Die Ansteckungsgefahr ist gering, die Impfung deshalb nur für besonders gefährdete Kinder zu empfehlen (in Gebieten mit hoher TBC-Häufigkeit).

Vorsorge gegen Rachitis

Für den Knochenaufbau braucht jeder Säugling Vitamin D. Es entsteht:

- wenn genug Licht an die Haut kommt,
- wenn das Baby gestillt wird, denn Muttermilch enthält Vitamin D.

Viele Kinderärzte verschreiben Vitamin D vorsorglich, um irreparable Schäden am Skelett zu vermeiden. Vom 10. Lebenstag an soll das Baby ein Vitamin-D-Präparat einnehmen. Die La Leche Liga argumentiert dagegen, voll gestillte Kinder gut ernährter Mütter seien ausreichend mit Vitamin D versorgt. Bei (durch Vorsorgeuntersuchungen) gut überwachten Babys kann im Sommer meist auf Vitamin D verzichtet werden.

Stimmen die Reflexe?

Die Reflexe – für Laien undurchschaubar, was der Arzt bei der Vorsorgeuntersuchung eigentlich überprüft

Bei der Basisuntersuchung prüft der Kinderarzt nicht nur die Organe und bespricht Impf- sowie Vorsorgemaßnahmen, sondern beschäftigt sich auch gründlich mit den Reflexen des Neugeborenen. Zum Beispiel:

- Macht es schreitende Bewegungen, wenn man es hoch hält? (Schreitreflex)
- Reißt es Arme und Beine hoch, spreizt es die Finger, wenn man es in die Arme fallen läßt? (Mororeflex)

Was sind Reflexe?

Die meisten Eltern schauen bei diesen Tests ratlos zu. Was soll das? Warum muß mein Kind jetzt schon schreiten können? Warum muß es sich erschrecken?

Diese Vorsorgeuntersuchungen sind wichtig, weil dabei Schäden des zentralen Nervensystems erkannt werden können. Stellt der Arzt solche Störungen früh fest, kann er auch früh mit der Behandlung beginnen, etwa mit einer speziellen Gymnastik. Je eher das Neugeborene behandelt wird, desto größer ist seine Chance, gesund zu werden. Die meisten Reflexe, die ein Baby jetzt zeigt, verlieren sich später wieder, meistens im vierten oder fünften Lebensmonat.

Die meisten Reflexe sind wichtig, oft lebenswichtig: Saugen, Atmen, Schlucken, Schreien, Niesen, Gähnen, Husten, Blinzeln, Würgen

Nicht nur ratlos, sondern auch staunend schauen Eltern oft bei diesen Untersuchungen zu. So hilflos und winzig der Neuankömmling auch wirkt, verfügt er doch bereits über unterschiedliche Reaktionsmuster – zum Beispiel reagiert er auf ganz unterschiedliche Reize.

- Der Reiz: Die Sonne scheint dem Baby ins Gesicht (Reiz von außen). Die Reaktion: Es blinzelt.
- Der Reiz: Das Baby spürt Hunger (Reiz von innen). Die Reaktion: Es schreit.

Außerdem zeigt ein Neugeborenes Reaktionsmuster, die zwar jetzt nicht mehr gebraucht werden, jedoch während der Schwangerschaft ihren Sinn hatten – etwa der Schreitreflex. Hält man einen Säugling am Oberkörper fest, setzt er einen Fuß vor den anderen – so, als würde er laufen. Dieser Reflex ist kein Schreiten, wie lange von Entwicklungsforschern angenommen, sondern eine typische Bewegung aus der vorgeburtlichen Phase: Im Mutterleib mußte sich das Ungeborene so von der Gebärmutterwand abstoßen.

Mit Hilfe von Reflexen reagiert ein Neugeborenes auf die Umwelt – aber nicht nur, denn manche seiner Reaktionen sind schon gezielter

Andere Reflexe ergeben heute keinen Sinn mehr, stammen aus einer früheren Entwicklungsphase des Menschen. Bei einem Druck auf die Handfläche greift ein Säugling zu. Dieser Greifreflex ist wahrscheinlich aus der Zeit übriggeblieben, als die Babys von ihren Müttern herumgetragen wurden und sich festklammern mußten.

Wie kommt dieses Zusammenspiel aus Reiz und Reaktion zustande?

1. Schritt: Das Baby nimmt einen Reiz wahr. Es wird zum Beispiel am Fuß gekitzelt.
2. Schritt: Die Nerven nehmen dieses Signal auf und leiten es an das zentrale Nervensystem weiter.
3. Schritt: Das Signal kommt im zentralen Nervensystem an, löst die Reaktion aus. In diesem Fall: Das Baby krallt die Zehen zusammen.

Das Gehirn eines Neugeborenen: von Anfang an erstaunlich perfekt

Dieses Hin und Her wiederholt sich unendlich oft in einer Stunde, an einem Tag. Je mehr Signale das zentrale Nervensystem erreichen, desto besser kommt es in Gang; die Nervenbahnen – die Verbindungen zwischen Reizquelle und Zentrale – funktionieren immer besser, das System arbeitet zunehmend perfekter. Alle Stränge verknüpfen sich miteinander.

Noch sind die meisten Bewegungen eines Säuglings fahrig

Zu Beginn des Lebens ist in vielen Bewegungen des Neugeborenen noch keine Ordnung auszumachen. Zufällig, fahrig, wenig zielgerichtet wirkt vieles. Erst durch fortwährendes Üben, ewiges Wiederholen dieses Spiels aus Reiz und Reaktion wird das Baby ganz langsam Schritt für Schritt lernen, seinen Körper zu beherrschen. Im Augenblick ist es erst einmal wichtig, in der Flut von Reizen nicht zu ertrinken. Ununterbrochen wirken Signale auf das Kind ein: Bilder, Geräusche, Berührungen. Und ununterbrochen reagiert es darauf: blinzelt, wendet den Kopf ab, zuckt zusammen. Wird ihm der Tumult allerdings zu viel, schaltet es einfach ab, macht die Augen zu, schläft ein. Ein Neugeborenes ist also nicht jedem Reiz hilflos ausgeliefert, sondern kann sich selbst schützen, wenn ihm das Ganze zu anstrengend wird. Es läßt nur diejenigen Reize an sich heran, die es verarbeiten kann und die ihm für seine Weiterentwicklung nützen.
Wird ein Baby allerdings permanent einer Fülle von Reizen ausgesetzt, funktioniert dieser Schutzmechanismus manchmal nicht mehr. Die Folge: Das Kind wird nervös, unruhig und quengelig.
Strapaziert durch die Geburt, reagieren viele Neugebo-

rene in den ersten Lebenstagen übrigens manchmal nicht ganz »vorschriftsmäßig« – ihre Reflexe sind beeinträchtigt. Diese Verschiebungen geben sich in den meisten Fällen aber schnell wieder, sobald es sich erholt hat.
Sind die Reflexe eines Neugeborenen intakt, kann man gewiß sein, daß sein Nervensystem normal entwickelt ist.

Mit allen Sinnen die Welt wahrnehmen

Daß ein Neugeborenes seine Mutter intensiv wahrnimmt, sich bei ihr entspannt und wohl fühlt, sieht jeder, der die beiden anschaut. Was nimmt der Winzling darüber hinaus von der Welt wahr, in die er hineingeboren wurde? Sieht er die Gesichter seiner Eltern, wenn er sie mit großen Augen anschaut? Hört er jetzt schon – erst ein paar Tage alt – die Geräusche im Zimmer?
Früher glaubte man, ein Neugeborenes spüre nur Schmerz, Hunger und Kälte. Inzwischen ist nachgewiesen, daß die meisten Sinnesorgane schon vor der Geburt funktionieren, allerdings noch nicht in vollem Umfang. Ein neugeborenes Baby kann

Für Eltern ist ihr Baby nicht nur ein Wonneproppen, sondern auch ein rätselhaftes Wesen. Sie können sich schwer vorstellen, was in ihm vorgeht: Was bekommt es schon mit von uns, von der Welt?

sehen:

Hell und dunkel nimmt es wahr und auch schon seine Umgebung, aber noch schemenhaft, vage. Es sieht ein Gewirr verschwommener Flecken.
Das Gehirn des Babys braucht noch Zeit, um das zu verstehen, was es sieht. Die Verbindung zwischen Augen und Gehirn wird schneller geknüpft, wenn das Baby sehen übt, viele optische Eindrücke sammelt. Bei jedem Säugling zieht sich die Pupille zusammen, wenn er in helles Licht schaut. Manche Neugeborene wenden sich gleich nach der Geburt einer Lichtquelle zu oder fixieren einen Gegenstand, folgen ihm sogar schon ein Stück mit den Augen, wenn er bewegt wird. Die meisten Babys lassen sich jedoch Zeit mit solchen Übungen. Das

Auch das Sehen will trainiert sein

Kind muß erst lernen, seine Augen so zu dirigieren, daß ein klares Bild auf der Netzhaut entsteht. Daher schielt es manchmal in den ersten zwei, drei Monaten. (Verschwindet das Schielen in den folgenden Wochen nicht, sollte man zum Kinderarzt gehen.) Die Sehschärfe entwickelt sich rasch.
Bis zum Ende des dritten Lebensmonats sieht ein Baby schon klarer – vor allem das, was es am liebsten ansieht: die Gesichter von Mutter und Vater. Instinktiv gehen Eltern auf etwa 25 Zentimeter Abstand, denn in dieser Entfernung kann ihr Baby sie am besten sehen.

hören:

In der Gebärmutter ist es alles andere als still. Das Baby hört verschiedene Geräusche und Rhythmen – etwa das Pulsieren der Nabelschnur oder den Herzschlag der Mutter, aber auch Geräusche von außen wie etwa Musik oder Autolärm. Auch die Stimme der Mutter erkennt ein Baby schon bei seiner Geburt und kann sie von anderen Stimmen unterscheiden, obwohl sie jetzt ganz anders klingt.
Bereits im Laufe der ersten Lebenswoche nehmen Säuglinge Lautstärke und unterschiedliche Töne wahr. Sie mögen hohe Stimmen lieber als tiefe, deshalb sprechen Eltern ganz instinktiv in hohen Tönen zu ihrem Baby.

riechen:

Erstaunlich, wie viele Fähigkeiten ein Neugeborenes schon mit auf die Welt bringt

Für schlechte Gerüche haben Neugeborene genauso wenig übrig wie Erwachsene. Sie bringen eine feine Nase mit, wenn sie auf die Welt kommen. Babys, die gestillt werden, also besonders engen und häufigen Hautkontakt haben, erkennen ihr Mütter am Duft wieder.

schmecken:

Was süß schmeckt, mögen Babys. Muttermilch schmeckt süß, süßer sogar als Kuhmilch, vielleicht läßt sich damit die Vorliebe für Süßes erklären. Saures und Scharfes lehnen Neugeborene ab, sie schneiden eine Grimasse, wenn sie es probieren. Sie erkennen wieder, was die Mutter während der Schwangerschaft häufig gegessen hat (zum Beispiel Knoblauch).

tasten:

Über seine Haut hat ein Neugeborenes den intensivsten Kontakt zu Menschen und Dingen. Haut und Tastsinn nehmen empfindsam jedes Streicheln auf (Seite 128).
Alle Sinneserfahrungen, die ein Baby macht, werden im Gehirn gespeichert und mit der Zeit in Wissen und Können umgewandelt. Es ist noch lange nicht erforscht, was ein Neugeborenes eigentlich von Geburt an wahrnimmt und was es erst – ergänzt durch erste Umwelterfahrungen – wahrzunehmen lernt.

Was macht das Baby den ganzen Tag?

Was geht vor im Kopf eines Neugeborenen, was tut sich hinter seiner Stirn? Womit ist es in seinen Wachphasen beschäftigt?

Wenn es nicht schläft, bewegt es sich viel. Ein gesundes Neugeborenes liegt selten still. Abwechselnd streckt es Arme und Beine, strampelt, fuchtelt mit den Armen herum und kratzt sich mit den Fingern durchs Gesicht (was häufig Spuren hinterläßt). Ist es erschöpft von seinen Turnübungen, ruht sich das Kind in der Haltung aus, die es monatelang im Mutterleib einnahm: Arme und Beine, Finger und Zehen – sämtliche Glieder sind gebeugt. Erst im Laufe der kommenden Wochen wird sich diese Haltung lockern.

3. Kapitel
Die erste Zeit zu Hause: Alles ist anders als erwartet

Der Familienrummel macht uns zu schaffen

Die Geburt, drei Tage ausruhen in der Klinik – das alles haben wir hinter uns gelassen. Selig schlafend kommt unser viertes Kind zu Hause an. »Konstantin, wir sind da! Hier wohnst du!

Gleich wird es vorbei sein mit deiner Ruhe, Kindchen! Denn gleich werden dich drei große Brüder in Beschlag nehmen und eine Menge Wind machen. Hoffentlich kannst du dich nach der sanften Klinikstille schnell an unseren Familientumult gewöhnen!«

Ich trage den Korb samt Baby ins Wohnzimmer. Konstantin wacht auf. »Sohn, jetzt bist du allein mit deiner Familie!« Die Familie beugt sich über das Baby. Vater, Mutter, drei Brüder neigen sich über den Winzling. Alle lachen, alle sind begeistert von dem Baby, das ernst und konzentriert zurückguckt.

Nach dem ersten begeisterten und lautstarken Willkommen, nach etlichen dicken feuchten Kinderschmatzeküssen, verlieren die Geschwister schnell das Interesse an dem Neuankömmling. Sie sind viel zu aufgeregt, um jetzt still bei dem Baby zu sitzen und es liebenvoll zu betrachten. Statt dessen »müssen« sie unbedingt auf der Stelle Verstecken spielen und mit Karacho durch die Wohnung toben.

Ich bin kurz davor, sie zu ermahnen, ihnen jetzt mit Sprüchen zu kommen wie: »Seid nicht so laut, Kinder!« oder »Nehmt Rücksicht auf das Baby!« – nein, lieber nicht. Keinem der Kinder steht der Sinn nach stillem, andächtigem Betrachten. Eigentlich doch nachzuvollziehen, daß die Großen erst einmal Dampf ablassen müssen. Widersprüchliche Gefühle, ein Gemisch aus Freude und Eifersucht, brodeln in ihrem Inneren.

Mir fällt auf, daß ich von den älteren Brüdern plötzlich nur als *den Großen* spreche. Wie blödsinnig, denn nur weil zu Hause ein Kleiner auftaucht, werden damit die übrigen Geschwister nicht gleichzeitig groß, sondern bleiben die kleinen Wuselwesen, die sie sind. Ich nehme mir einiges vor: »Laß sie in Ruhe! Spekulier nicht darauf, daß sie dich unterstützen. Fang nicht an, von ihnen permanent Rücksicht und Vernunft zu erwarten, denn sonst haben sie das Baby gleich dicke.«

Die drei Brüder toben weiter wie die Wilden durch die Wohnung und im Gegensatz zu mir, scheint Konstantin der Rummel nicht zu stören. Vielleicht bist du längst an ihr lautes Juchhu gewöhnt? Schließlich hast du bereits vor deiner Geburt, als ich dich noch in meinem dicken Bauch herumtrug, gehört, was bei uns los ist.

Mit dem Baby auf dem Arm wandere ich schließlich durch die Zimmer und zeige ihm die Wohnung – glücklich und gleichzeitig ein wenig benommen. »Hier schläfst du und dort wirst du gewickelt!« Ich freue mich an dem liebevoll hergerichteten Babybett und der aufpolierten Wickelkommode. Alles ist vertraut und trotzdem ein wenig fremd in diesem Moment. Nach der weißen, ruhigen Atmosphäre in der Klinik muß ich mich an das »volle« Leben zu Hause erst wieder gewöhnen. Ich streichle Konstantin, spüre sein warmes Gesicht an meinem und genieße seine Babyhaut, seinen feinen Atem, seinen weichen, leichten Körper. »Komm, wir gehen mal in die Küche!« In der Küche kein Hauch von Durcheinander. Konstantins Vater lacht: »Beim vierten Mal habe ich's geschafft. Keine Windelpakete, keine Wäscheberge, kein dreckiges Geschirr in Massen – nichts da!«

Windelpakete im Flur, Wäscheberge auf dem Eßtisch, Chaos in der Küche hatten mir vor sechs Jahren – nach der Geburt unseres ersten Kindes – die Freude am Nach-Hause-Kommen gründlich vermasselt. Damals türmten sich in allen Ecken Stapel aus Kisten und Kästen. Ich sah eine Wand, ein riesiges Gebirge vor mir, einen Haufen Arbeit auf mich zukommen und hatte das Gefühl, sofort kräftig loslegen zu müssen. Mir fehlte es aber an Kraft. Baby

und Haushalt – überhaupt alles wuchs mir plötzlich über den Kopf und ich heulte verzweifelt.
Konstantin maunzt, zieht jetzt die Beine an, krümmt sich. Sein Vater stellt fest: »Das Kind hat Bauchweh!« Beim vierten Kind haben wir keine Schwierigkeiten mehr, die Zeichen zu deuten, die das Baby von sich gibt. Vor allem wissen wir, was zu tun ist. Konstantin wird, auf dem Unterarm liegend, von seinem Vater im Wiegeschritt durchs Zimmer getragen. Wir sprechen darüber, wie sehr wir bei den ersten Kindern gelitten haben, wenn sie unzufrieden waren und wir nicht wußten, was los war. Ich genieße es, mich jetzt soviel sicherer im Umgang mit unserem Sohn zu fühlen.
Inzwischen weiß die ganze Familie, worauf's in dieser ersten Zeit mit Baby ankommt: keine Hektik aufkommen lassen und Ruhe bewahren.
Konstantin liegt wieder in seinem Korb. Der Korb steht neben mir. Ich beobachte unseren Sohn. »Dafür, daß du erst ein paar Tage alt bist, schaust du schon ganz schön vif in die Gegend!« Auf einmal wird's aller guten Absicht zum Trotz doch hektisch bei uns: Die Kinder haben jetzt Durst. Das Telefon klingelt. Konstantin hat Hunger. »Und er müßte mal gewickelt werden!« Beschwörend murmle ich vor mich hin: »Keiner verdurstet, wenn er einen Moment warten muß. Laß das Telefon klingeln. Und selbst das Baby kann ein Sekündchen warten. Das Wichtigste jetzt: tief durchatmen. Ruhig meine Bahnen ziehen. Bloß nicht hudeln!« (C.N.)

Nach der Geburt dreht sich alles um das Neugeborene. Richtig so. Aber die ersten Wochen nach der Entbindung sind auch für die Mutter eine wichtige Zeit, die sie zur Erholung dringend braucht

Die ersten Tage zu Hause: anstrengend für junge Mütter

In den ersten Tagen und Wochen zu Hause kümmern sich junge Mütter intensiv um ihr Baby. Das Kind steht im Mittelpunkt, bringt sich dauernd lautstark in Erinnerung und kommt selten zu kurz.
Ist es ein unkompliziertes Kind, wird nun einiges von den rosaroten oder himmelblauen Träumen wahr, die sie

sich während der Schwangerschaft ausgemalt hat. Alle sind wirklich selig, beglückt und begeistert von diesem Wunder an Kind.
Nur sind viele Neugeborene am Anfang nicht so unkompliziert und bilderbuchmäßig. Viele Babys fügen sich nicht »reibungslos« ins Familienleben ein, sondern haben ihren eigenen Turnus – ganz anders als in vielen Ratgebern beschrieben und viel anstrengender.

- Sie schlafen zum Beispiel nur in kleinen Portionen, entwickeln partout kein Gefühl für Morgen und Abend.
- Sie melden sich jede Stunde und nicht nur alle drei, vier mit Hungergefühlen und wollen gestillt werden.

Jedes Neugeborene hat seinen eigenen Rhythmus – oft ganz anders als vorausgesagt

Sich selbst nicht aus den Augen verlieren in all dem Trubel

Um die eigenen Wünsche kümmern sich Frauen in den Wochen nach der Entbindung bisweilen zu wenig. Kaum ist der Bauch nicht mehr zu sehen, wollen sie wieder »richtig« loslegen. Im Irrtum ist, wer glaubt, daß sich das sofort machen läßt, denn der Körper muß jetzt eine immense Veränderung verkraften. Der Hormonhaushalt stellt sich um. Die Gebärmutter bildet sich zurück. Das Stillen kommt in Gang.
Selbst wenn sie sich körperlich rasch wieder fit fühlen, ist seelisch noch lange nicht wieder alles im Lot. Was belastet Frauen jetzt vor allem?

- Die rechten Mutterfreuden wollen sich manchmal einfach nicht einstellen. Schuld daran sind oft überzogene Erwartungen vom Glück. Wunderschön und herrlich soll alles sein. Monatelang hat man auf dieses Baby gewartet und jetzt MUSS die Freude einfach riesengroß sein.

Zeigt sich das Leben dann nicht so prächtig, machen sich viele junge Mütter Vorwürfe: »Wieso kann ich diese Zeit nicht genießen?« Die Folge: Nicht selten behalten sie die ersten Tage mit ihrem Baby in schlechter Erinnerung: »Von A bis Z nur anstrengend!« Daß sie nicht allein sind mit ihren Gefühlen, daß es vielen nicht anders geht und daß die Stimmung entspannter sein wird, wenn sich alle

Damit sie Energie sparen, sollten sich Babymütter weitgehend dem Rhythmus ihres Kindes anpassen, zum Beispiel schlafen, wenn das Neugeborene schläft, und nicht mit großer Kraftanstrengung versuchen, die eigenen, eingespielten Lebensgewohnheiten beizubehalten

Familienmitglieder an die neue Lebenssituation gewöhnt haben werden, ist nur ein schwacher Trost.

- Viele junge Mütter sorgen in dieser Phase nicht gut für sich selbst. Gönnen sich keine Erholung, keine Ruhe, um wieder zu Kräften zu kommen. Häufig verweisen sie auf die paar Tage Erholung in der Klinik: »Da hatte ich doch reichlich Zeit für mich!«, und übersehen, daß diese Tage nicht ausreichen, um sich von Geburt und Schwangerschaft zu erholen. Die Folge: Sie leiden unter Erschöpfung, fühlen sich überfordert. Junge Mütter müssen aufpassen, daß sie nicht in eine Spirale geraten, die sich rasch hochschraubt:
- Je anstrengender das Baby, desto angespannter seine Mutter. Sie rennt und trabt ununterbrochen, um seinen Bedürfnissen gerecht zu werden, wird dabei erschöpft und erschöpfter und deshalb immer gereizter.
- Je angespannter die Mutter, desto anstrengender wiederum das Baby, auf das sich die Anspannung seiner Mutter überträgt und das sich deshalb nicht wohl fühlt.

Das Baby mit Freuden genießen – das wünschen sich alle Mütter nach den Anstrengungen der Entbindung. Viele Arbeiten sollten ihnen jetzt abgenommen werden

Wie kommt man aus diesem Teufelskreis wieder heraus?

- Ruhe bewahren, sich nicht verrückt machen und in diesen Strudel ziehen lassen. Die Ruhe überträgt sich auf das Baby – vielleicht nicht umgehend, aber auf die Dauer, denn die eigene Stimmung spiegelt sich im Baby wider. Gelassen bleiben – leicht gesagt. Aber wie macht man das, wenn ein Baby dauernd weint, nachts x-mal aufwacht, ewig unter Bauchweh leidet oder sich andere Anfangsprobleme einstellen?
- Hilfe annehmen. Tatkräftige Hilfe bei den wichtigsten häuslichen Pflichten kann verhindern, daß junge Mütter in den Tagen nach der Entbindung gleich wieder voll ins Alltagsgeschehen einsteigen.

Jeder zweite Mann nimmt sich heute Urlaub für die ersten zwei Wochen nach der Geburt, und zwar nicht nur, um das Baby stolz herumzuzeigen, sondern meist auch, um die Babypflege, um ältere Geschwister und wichtige

Hausarbeiten zu übernehmen. Die nicht so wichtigen Arbeiten werden auf später vertagt.
Häufig helfen auch Freunde und Verwandte.
Nicht wenige junge Familien greifen heute auf professionelle Hilfe zurück. Viele freie Hebammen haben sich auf die Nachsorge junger Mütter spezialisiert. (Die Kosten übernimmt die Krankenkasse.) Bis zum zehnten Tag nach der Geburt kommen sie zwei Stunden am Tag ins Haus, unterstützen die noch unerfahrenen Mütter und Väter: Stehen ihnen bei der Versorgung des Babys mit Rat zur Seite. Nehmen den Eltern die Angst, mit der Verantwortung für das Menschlein ganz allein zu sein und mindern so den Streß.
Die entsprechenden Adressen sind über Kinderärzte, Familienbildungsstätten, Gesundheitsämter und -zentren zu erfahren.

- Eben nicht nur das Baby und seine Wünsche im Blick haben, sondern auch an sich selbst und die eigenen Bedürfnisse denken: »Wie geht es mir eigentlich? Was wünsche ich mir? Womit kann ich mich verwöhnen, was würde mir Freude machen?«

Nehmen sich junge Mütter Zeit für sich selbst, gönnen sie sich viel von dem, was ihnen Freude macht, dann kommen sie eher wieder zu Kräften

Weitere Tips

- Auch wenn sie wegen des Stillens zu Hause eigentlich unentbehrlich ist, sollte die Mutter häufiger zu Freunden gehen. Ein Tapetenwechsel wirkt gerade jetzt Wunder, denn »draußen« fällt es leichter, neue Kräfte zu sammeln.
- Viel schlafen – wenn nicht nachts, dann tagsüber in den Pausen, die das Baby zuläßt.
- Den Körper täglich mit einem angenehmen Öl verwöhnen (speziell für stillende Mütter).
- Schöne Stillbüstenhalter kaufen (auf gute Paßform achten. Zu enge Büstenhalter schnüren die Brust ein und behindern den Milchfluß).
- Warm halten mit dicken Socken und Wärmflasche.
- Lieblingsspeisen und Lieblingsgetränke genießen.

Zuviel Trubel verkraften junge Mütter nicht

Und wenn die erste Zeit mit dem Baby noch so anstrengend ist, sie vor Erschöpfung und Müdigkeit kaum noch aus den Augen schauen können, um nichts in der Welt möchten die meisten jungen Mütter mit anderen tauschen. Das Baby ist alle Anstrengung wert

Kaum sind Mutter und Kind zu Hause, geben sich oft Besucher die Klinke in die Hand. Freunde, Verwandte – alle wollen den Neuankömmling begrüßen. Lieb gemeint, aber in der Regel nicht das Wahre in dieser aufregenden Anfangszeit mit dem Baby. Die meisten Mütter fühlen sich überfordert durch ein ständiges Kommen und Gehen oder Telefongeklingel. Nach dem Trubel in der Klinik sehnen sie sich nach Ruhe, trauen sich jedoch oft nicht zu sagen, daß sie jetzt keine Lust auf Besuch haben,

- weder auf Besucher, die nur erwarten, eine glückstrahlende Mutter zu erleben mit einem süßen Baby im Arm und erstaunt den Kopf schütteln, wenn die Mutter nicht ganz so glücklich strahlt, sondern gestreßt und überfordert ist,
- noch auf Besucher, die das Baby nur eines kurzen Blickes würdigen und gleich danach nichts mehr von Kind und Kegel hören wollen (nicht selten, wenn diese Besucher selbst keine Kinder haben oder Kinder, die längst dem Babyalter entwachsen sind).

Selbst wenn die Anfangsphase mit Kind mehr als anstrengend ist, weil das Stillen vielleicht nicht klappen will, weil nachts von Schlafen kaum die Rede sein kann, überwiegen trotz aller Belastungen bei den meisten Müttern die positiven Gefühle: Sie lieben ihr Baby und sind stolz auf ihr Prachtkind. Das zählt mehr als alle Anstrengung.

Erst zwei Wochen alt, aber schon ein Genießer

In der Anfangsphase mit dem Baby mache ich es der ganzen Familie unnötig schwer, weil ich an liebgewonnenen Gewohnheiten hänge und mich erstaunlich schwertue, davon abzurücken:

- Morgens soll ein nicht zu gehetztes, einigermaßen gemütliches Frühstück für die Familie sein.
- Vormittags will ich ruckzuck das Wichtigste im Haushalt erledigen.
- Mittags möchte ich Zeit haben für unsere älteren Kinder und ihre Belange.

- Abends will ich Zeitung lesen.

Was Morgen ist oder Mittag oder Abend, interessiert Konstantin überhaupt nicht. Er denkt nicht daran, seine Uhr nach meiner zu stellen. Seine tickt ganz anders als meine. Meine Vorstellungen vom Tagesplan lassen unser Baby erst recht kalt. Und das ist sein gutes Recht, denke ich. Das ist die eine Seite. Die andere Seite: mein Bedürfnis nach einem weitgehend geregelten Dasein. Mein Empfinden, das Baby, die älteren Kinder, den Haushalt und Elternwünsche nur versorgen und befriedigen zu können, wenn ich ein Programm aufstelle und mich dann einigermaßen an die Vorgaben halte.

Manchmal knurre ich unser Baby von der Seite an, wenn es sich so gar nicht »programmgemäß« verhält: »Kannst du nicht *einmal* wach sein oder schlafen, wenn es *mir* in den Kram paßt?« Das kann es natürlich nicht mit seinen gerade mal vierzehn Tagen. Zum Glück bedarf es nur eines Blickes aus großen runden Babyaugen, um mich zu überzeugen: »Natürlich stehen die Bedürfnisse des Babys an erster Stelle und nicht meine!« Mit diesem Blick kann Konstantin Berge versetzen. Mich fasziniert, wie »fertig« ein zwei Wochen alter Säugling schon ist. Wenn er gähnt, wenn er die Nase kräuselt, wenn er seufzt, gleicht Konstantin einem Menschen mit viel Lebenserfahrung im Gesicht. Auch seine Mimik und Gestik sind erstaunlich ausgeprägt. Für mich ist dieser Winzling kein Bündel unkontrollierter Reflexe, kein Wesen, »das erst noch werden muß«, sondern schon eine Persönlichkeit: einmalig und unverwechselbar. Ein richtiger Typ.

Vor allem ist Konstantin ein Genußmensch. Er macht sich das Leben schön. Zum Beispiel mag er

- nackt im warmen, milden Licht bäuchlings auf dem Wickeltisch liegen, sich recken und strecken und strampeln,
- sich an die Schulter seines Vaters kuscheln und sein Gesicht in die Beuge unter dem Kinn drücken,
- bei mir im Bett liegen, meine Wärme spüren, an meiner Brust nuckeln. Am liebsten würde er in mich hineinkriechen.

Nicht nur wir Eltern lassen uns gerne auf seine Sinnlichkeit ein, auch die älteren Geschwister sind begeistert und schmusen gerne mit ihm: »Der hat so schöne weiche Haut!« Konstantin bringt uns bei, den Alltag zu vertrödeln, den Tag so zu nehmen, wie er gerade kommt. Meine Programmpunkte geraten in Vergessenheit.

- Morgens liegen die Kinder und ich lange im Bett und wir beschließen: »Heute geht dann eben keiner in den Kindergarten!«
- Mittags laufen wir immer noch im Schlafanzug durch die Wohnung und beginnen langsam den Frühstückstisch abzuräumen.

Zum Mittagessen gibt's Quarkspeise. Das läßt sich schneller machen als Kartoffeln.

- Nachmittags tragen wir Konstantin abwechselnd durch die Gegend, weil er unterhalten werden will statt zu schlafen. Und abends um sieben sind wir endlich so weit, allesamt nach draußen zu gehen.

Dieser Schlendrian ist nicht das schlechteste Lebensgefühl, das mir dieses Kerlchen aufzwingt – vor allem eines, das uns allen gut zu bekommen scheint: Konstantin sieht sehr zufrieden aus. Seine Brüder sind ebenfalls guter Dinge. Ich erhole mich sichtlich. (C.N.)

Erziehung: mehr als nur eine Kopfsache

Wie Eltern ihr Kind erziehen, hat viel mit ihrer eigenen Geschichte zu tun

Noch bevor ihr Baby auf der Welt ist, denken viele Eltern in spe darüber nach, wie sie ihr Kind erziehen wollen. Andere lassen diese Frage auf sich zukommen: »Das wird sich schon finden im Laufe der Zeit!« Egal, ob sie Erziehung bewußt planen oder sich entwickeln lassen, immer spielen Faktoren mit, die Eltern nicht unbedingt bewußt sind. Ob sie viel mit ihrem Baby schmusen, reden, spielen oder nicht, ob sie sich in seine Bedürfnisse einfühlen oder kühl darüber hinweggehen, ob sie ihm viel Zeit widmen oder nur ein Mindestmaß an Zuwendung zeigen – alles hängt wesentlich von der Lebenssituation der Eltern ab:

- Von ihrer seelischen Verfassung. So sind Mütter und Väter, die glücklich miteinander sind, über ein gutes Selbstwertgefühl verfügen, eher bereit, dem Baby zuliebe ihr Leben umzukrempeln. Noch leichter fällt es, wenn das Baby ein Wunschkind ist.
- Von ihrer sozialen und wirtschaftlichen Lage. Müssen sich Eltern Sorgen um ihre Existenz machen, fühlen sie sich allein gelassen und isoliert, wirkt sich der Streß, unter dem sie stehen, oft negativ auf das Kind aus.
- Auch die eigene Kindheit wirkt sich aus. Auf einmal sind viele Kindheitserfahrungen – die guten und die schlechten – wieder präsent, greifbarer als in der Zeit ohne Kind(er). Nicht nur das Bewußtsein ist durch diese Erfahrungen geprägt, sondern auch das Unterbewußtsein. Ob sie wollen oder nicht – wenn sie Kinder haben, orientieren sich Mütter und Väter an den eigenen Eltern.

Im Umgang mit ihrem Kind, greifen Eltern, ob sie wollen oder nicht, auf Erfahrungen aus ihrer Kindheit zurück. Plötzlich sind eigene Kindheitserlebnisse wieder ganz gegenwärtig

– Eine Frau, die selbst eine warmherzige Mutter erlebt hat, kann zärtlich mit ihrem Kind umgehen, weil sie viel Liebe bekommen hat. Sie kann auf diesen Fundus zurückgreifen: »Nie vergesse ich, wie gerne ich auf dem Schoß meiner Mutter saß. Wie ich mit ihren Fingern gespielt habe. Ich erinnere mich noch an Schmuseworte, die sie mir ins Ohr geflüstert hat.«

– Ein Mann, der unter einem autoritären Vater gelitten hat, tut sich oft schwer – trotz aller guten Vorsätze –, ein verständnisvoller Vater zu sein. Wenn er unter Druck steht, nicht mehr weiter weiß, kommen ihm vielleicht Sätze über die Lippen, die er aus seiner eigenen Kindheit kennt und die er zu seinem Kind nie sagen wollte: »Immer dieses Geschrei – ich kann mir von einem Säugling nicht auf der Nase herumtanzen lassen. Wenn keiner nach der Pfeife dieses Bürschchens tanzt, wird er schon aufhören zu brüllen!«

Haben sie mehrere Kinder, ist Müttern und Vätern nur selten bewußt, wie unterschiedlich sie mit ihnen umgehen:

- Mit Söhnen anders als mit Töchtern,
- mit dem ersten Kind anders als mit dem zweiten,
- mit einem nervösen Kind anders als mit einem, das die Ruhe selbst ist,

Obwohl Eltern alle ihre Kinder gleich behandeln wollen, gelingt ihnen das kaum, haben Untersuchungen ergeben. So machen sie zum Beispiel feine Unterschiede zwischen Jungen und Mädchen und sind sich dessen meist gar nicht bewußt

• mit einem Säugling, der nicht ganz gesund ist, anders als mit einem, der vor Gesundheit strotzt.

Bei gravierenden Problemen: professionelle Hilfe annehmen

Fühlen sich junge Eltern überfordert, mehren sich zu Hause die Probleme, sollten sie nicht abwarten, sondern Hilfe suchen

Eltern können sich mit aller Liebe auf ihr Baby einstellen, können alles für ihr Kind tun, und trotzdem bleibt manchmal das Gefühl: Ich komme nicht mit meiner Mutter-Rolle oder meiner Vater-Rolle zurecht.
Wer in solchen Schwierigkeiten steckt, wer keine Hilfe bei Freunden und Verwandten findet, sollte sich um einen Termin bei einer Erziehungsberatungsstelle bemühen – je eher, desto besser für Eltern und Kind. Allerdings hindert Schwellenangst viele daran, Hilfe in Anspruch zu nehmen; sie fürchten, als Versager zu gelten. Diese Angst ist unbegründet, denn sicherlich stoßen sie auf Verständnis. Die erste Zeit mit Kind hat ihre Tücken, ist häufig nicht nur rosarot und himmelblau, heiter und unbeschwert glücklich.

Vererbung: ganz der Vater oder ganz die Mutter?

Wem ähnelt das Kind worin? Ein Puzzlespiel, das alle Eltern beschäftigt

Alle Eltern haben dasselbe Lieblingsspiel. Es heißt: »Wem sieht unser Kind ähnlich?« Was erben Kinder eigentlich von ihren Eltern und Enkel von ihren Großeltern? In welchem Maß ist nicht nur das Aussehen, sondern auch das Verhalten durch Vererbung festgelegt?
Vererbung findet nicht zufällig, sondern nach Plan statt, nach einem genauen, sich ewig wiederholenden Entwicklungsprogramm.

Erste Stufe des Plans

Samen und Ei verschmelzen, die erste Zelle eines neuen Lebewesens entsteht. In dieser ersten Zelle – man nennt sie Zygote – stecken bereits sämtliche Erbanlagen, die ein Kind von seinen Eltern mitbekommt. Erbanlagen sind mit Bauplänen zu vergleichen, die den Rahmen vorgeben für die Entwicklung dieses neuen Lebewesens.

Zweite Stufe des Plans

Jede Zelle enthält das gesamte Erbprogramm

Die Zygote teilt sich. Die beiden neuen Zellen teilen sich wieder und wieder, unendlich oft wiederholt sich der Vorgang. Das Kind wächst, entwickelt sich weiter. Nicht nur die Zellen teilen sich, sondern auch die Erbanlagen, die in den Zellen sitzen.

Wo befinden sich die Erbanlagen eigentlich?

Jede Zelle hat einen Zellkern, in jedem Kern sind Chromosomen untergebracht, und auf diesen Chromosomen sitzen die Erbanlagen.

Zurück zur Teilung: Jede Zelle, die sich neu bildet, enthält wieder dasselbe Sortiment an Chromosomen wie die Zelle, aus der sie stammt. In jeder menschlichen Zelle steckt also das gesamte Erbprogramm, bestehend aus 46 Chromosomen. Diese Chromosomen unterteilen sich in:

- 22 Paare von Autosomen, gleichartigen Chromosomen bei Männern und Frauen, und
- zwei Gonosomen (Geschlechtschromosomen), bei Männern ein X- und ein Y-Chromosom, bei Frauen zwei X-Chromosomen.

Eine Ausnahme: Bei der Fortpflanzung teilen sich die Keimzellen nach besonderen Gesetzen. Spaltet sich eine menschliche Keimzelle, geht nur ein Chromosom eines Chromosomenpaares in die Tochterzelle über.

Jedes Neugeborene ist ein Individuum, von Anfang an eine Persönlichkeit, die Respekt verdient

Verschmelzen bei der Befruchtung Samen und Ei, kommen also 23 Chromosomen des Mannes und 23 Chromosomen der Frau zusammen. Jeder bringt seine Erbanlagen ein, und die Kombination der Gonosomen entscheidet darüber, ob ein Junge oder ein Mädchen entsteht. Auf jeden Fall wird dieses Kind kein Abbild der Mutter und keines des Vaters sein, sondern eine Mischung aus beiden.

Der Einblick in den Aufbau der menschlichen Zellen zeigt, daß jeder Mensch einmalig ist; keiner gleicht einem anderen mit seinen körperlichen und geistigen Merkmalen. (Zwillinge sind ein Kapitel für sich.)

Woraus bestehen Erbanlagen?

Es fällt schwer, sich vorzustellen, daß das, was einen Menschen ausmacht, vor allem Chemie ist. Erbanlagen sind Verbindungen (Moleküle) von Eiweißen und Nukleinsäuren. 1953 entdeckten die Nobelpreisträger Crick und Watson, daß die Grundstruktur der Chromosomen zwar nur aus sechs Substanzen zusammengesetzt ist, jedoch durch deren besondere Anordnung unendlich viele Variationen möglich sind. Wie Perlen auf einer Kette sitzen die Moleküle hintereinander und nie – mit Ausnahme eineiiger Zwillinge – gleicht eine Reihung von Perlen einer anderen.

Welche Merkmale vererben Eltern ihren Kindern?

Ein Spiel, das in allen Familien betrieben wird: Was hat das Kind von dir, was von mir, was von den Großeltern geerbt? Natürlich wird immer nach Ähnlichkeiten geforscht

Diese Frage läßt sich nicht präzise beantworten, denn zu viele psychologische und genetische Fragen sind noch offen. Man weiß, daß sich folgendes vererbt:

- körperliche Merkmale (z. B. Form von Nase, Mund, Ohren),
- körperliche Funktionen (z. B. gleicher Bewegungsrhythmus von Mutter und Kind).

Man weiß nicht,

- was das Zusammenspiel von Umwelteinflüssen und Erbe im Detail ausmacht,
- in welchem Maß psychische Merkmale durch Erbfaktoren bestimmt werden.

Die Humangenetik befriedigt nicht nur unsere Neugier – »Ich möchte wissen, woher ich komme« –, sondern hat vor allem wichtige medizinische Aspekte. Heute kennt man die Ursachen vieler Erbkrankheiten, vieler Mißbildungen und kann sie teilweise behandeln.

Auch ein Neugeborenes weiß schon, was es will

Inzwischen WISSEN Eltern nicht nur, daß ihr Sprößling eine Persönlichkeit ist, sondern ERLEBEN es jeden Tag

Nach der Geburt ist jedes Neugeborene für seine Eltern zunächst ein rätselhaftes Wesen: »Keine Ahnung, warum es erst wimmert und gleich darauf aus heiterem Himmel wieder zufrieden strahlt!« Mit jedem Tag lernen sie, sein Weinen oder Strahlen besser zu interpretieren. Inzwischen wissen sie, wie sich ihr Kind gibt, wenn es unter Bauchweh leidet oder Hunger hat. Oder wie es aussieht, wenn es müde ist und einschlafen möchte. Immer sicherer können sie sagen: »Dieses oder jenes ist typisch für unser Kind!«

- »Typisch, daß es langsam trinkt mit vielen Schlafpausen!«
- »Typisch, daß es temperamentvoll und unternehmungslustig mit Armen und Beinen rudert, sobald jemand in seine Nähe kommt!«

Manche Eigenschaften sind bereits zu diesem Zeitpunkt fest in seinem Wesen verankert und werden sich in Zukunft nicht mehr wesentlich verändern, andere verschwinden wieder ganz oder verkehren sich ins genaue Gegenteil. Keiner kann jetzt bereits sagen, wie sich dieses Baby später einmal entwickeln wird.
Frühzeitig sollten sich Eltern bewußt machen und nicht aus dem Auge verlieren, daß ihr Kind nicht »weniger« als ein Erwachsener ist, vor allem keine Miniaturausgabe der Großen. Es ist einfach nicht vergleichbar mit einem Erwachsenen, sondern etwas eigenes, eine ganz besondere Persönlichkeit.

Das Vertrauen des Babys in die Menschheit stärken

Das Zusammenspiel zwischen Erwachsenen und Kind funktioniert von Tag zu Tag besser. Die Eltern entwickeln feinste Antennen für die Signale, die ihnen ihr Kind gibt. Einige Beispiele:

- Das Baby maunzt nachts leise. Instinktiv reagiert seine Mutter darauf. Sie wacht auf, obwohl sie bei jedem anderen Geräusch weiterschlafen würde.
- Das Baby zieht die Beine an, krümmt sich, streckt sich, ist unzufrieden. Sein Vater nimmt es auf den Arm, geht mit ihm im Zimmer umher, wiegt es sanft, macht intuitiv das Richtige: Er bringt sein Kind wieder ins »Lot«, stimuliert auf diese Weise, ohne es zu wissen, sein Gleichgewichtsorgan.

Dieses Ping-Pong-Spiel zwischen Signal-Aussenden und Signal-Empfangen wirkt sich auf alle aus: Mutter, Vater, Kind beeinflussen sich wechselseitig. Dieses Wechselspiel verändert sich ständig, ist die Grundlage der Beziehung zwischen Eltern und Kind – die Basis, die es dem Kind ermöglicht, ein Gefühl für sich selbst entwickeln.

Umsorgen Mutter und Vater ihr Baby zärtlich, festigt sich die Bindung zwischen Eltern und Kind. Wird ein Baby dagegen viel allein gelassen oder läuft zu Hause so nebenher, kann es kein Vertrauen fassen

Im ersten Lebensjahr entwickeln sich wichtige seelische Grundmuster: Vertrauen und Bindung. Zwischen Eltern und Baby wird ein festes Band geknüpft. Ein Band, an dem sich das Kind meist ein Leben lang festhalten kann. Das Baby vertraut seinen Eltern, beruhigt sich oft schon, sobald es ihre Stimmen hört: »Mami und Papi sind für mich da!« Es fühlt sich geborgen und gut aufgehoben. Wie kann es gelingen, dieses Vertrauen zu stärken?

Ein kleines Menschenkind braucht Personen, die es lieben, die sich auf das Kind einlassen, die genau hinschauen und hinhören, die sich einfühlen, die es von Beginn an ernst nehmen, respektieren und auf seine Bedürfnisse eingehen.

Nicht nur seine Eltern, sondern auch weitere Vertraute, die sich zuverlässig um das Kind kümmern, können ihm eine positive Lebenseinstellung vermitteln

Und wenn das nicht von Anfang an gelingt, wenn sich das Einfühlungsvermögen zu Beginn der Beziehung zwischen Eltern und Kind noch in Grenzen hält? Kein Grund zur Sorge. Wichtig ist, daß ein Baby das Bemühen seiner Eltern, daß es ihre Zuwendung spürt. Ihre Einstellung, ihre Haltung nimmt es seismographisch wahr.

Erlebt ein Baby zuverlässige, liebevolle Eltern, wächst sein Vertrauen: »Meine Eltern meinen es gut mit mir!«

Ist zwischen Kind und Eltern eine feste Bindung entstanden, läßt sie sich nicht mehr austauschen. Der Verlust dieses Kontaktes würde beim Kind Angst auslösen.

Diese Bindung, dieses Grundvertrauen kann gestört werden, wenn Mütter und Väter ihre eigenen Wunschbilder auf ihr Kind übertragen. Manchmal haben sie sich bereits während der Schwangerschaft genau ausgemalt, wie ihr Kind einmal sein wird. Entspricht das Baby dann in Wirklichkeit nicht ihren Vorstellungen, ist es ein nervöses, kleines Wesen, das verschreckt auf das Leben reagiert, und nicht der unkomplizierte Wonneproppen, den sie sich erträumt haben, dann sind sie manchmal enttäuscht. Im geheimen oder auch offen ausgesprochen haben Eltern oft ziemlich genaue Vorstellungen von der Zukunft ihres Kindes. Und diese Wünsche sind bisweilen viel anspruchsvoller, als sie sich eingestehen. Häufig werden die eigenen Lebensträume bewußt oder auch unbewußt an die nächste Generation weitergegeben.

Je weniger Erwartungen Eltern an ihr Kind haben, je mehr Freiheit sie ihm von Anfang an zugestehen, desto besser für seine Entwicklung

Meist will es nicht gleich gelingen, diese Wünsche – trotz besserer Einsicht – einfach zu vergessen und das Baby zu nehmen, wie es ist – liebevoll und ohne feste Erwartungen. Hilfreich ist es, sich immer wieder selbstkritisch zu beobachten und zu fragen: »Geht es mir wirklich um das Wohl meines Kindes oder mehr um mein eigenes? Will ich manchmal nicht doch meine Vorstellungen unbedingt verwirklichen? Was hat Vorrang bei mir?«

Noch eins: Oft heißt es, im ersten Lebensjahr brauche ein Kind eine einzige, feste Bezugsperson. Irrtum, sagen heute die Psychologen. Ein Baby kommt damit zurecht, wenn sich mehrere Menschen um sein Wohl kümmern. Schon frühzeitig kann es zwischen ganz engen Vertrauten – Mutter und Vater – und etwas entfernteren unterscheiden. Zu jeder Person entwickelt es sein ganz eigenes Verhältnis. Dreht sich allerdings ein Karussell verschiedenster Personen um das Baby, von Personen, die laufend wechseln, dann zieht es sich zurück und bindet sich an keinen.

Was fehlt dir bloß, Baby, daß du schreist und schreist?

Wenn ich bloß wüßte, was mit dir los ist, Jacob, daß du so oft, so lange und herzzerreißend weinst. Nur wenn du dich eng an meinen Körper schmiegen kannst, bist du ruhig. Immer willst du herumgetragen werden oder an der Brust trinken. Dein Anspruch auf körperliche Nähe überfordert mich manchmal. Dann muß ich dich kurz weglegen oder deinem Vater, der Nachbarin – oder sonst wem – in den Arm legen, um zu spüren, daß es mich auch noch als Einzelmenschen gibt. Neun Monate lang habe ich dich in mir getragen – wie lange willst du dich noch an mich klammern, Tag für Tag, stundenlang?

Abends ist dein Geschrei am schlimmsten. Um deine Blähungen zu lindern, haben wir schon alles mögliche versucht: Fencheltee, Blähungstropfen, Bauchmassieren, Baden – einmal sogar kurz vor Mitternacht. Aber wenn du deine »Brülleritis« hast, läßt du dich nur für Minuten beruhigen. Es kostet viel Kraft, dich zu halten, bis du ermattest und wir alle schlafen gehen können. Doch Sorgen mache ich mir deswegen keine. Ich weiß ja, daß unzählige Babys ihre Schreiphasen haben. Da heißt es eben durchhalten, bis der Sohn und sein Innenleben sich an unsere Welt gewöhnt haben. Erschreckt reagiere ich erst, als du anfängst, auch beim Stillen zu schreien: Du zappelst gierig vor Hunger, ich lege dich an, und der Spuk beginnt. Du machst dich steif und drehst dich angewidert ab. Dabei schreist du – vor Wut? Vor Hunger? Vor Schmerzen? Vermutlich alles gleichzeitig. Auch der Kinderarzt hilft mir nicht weiter. Wenigstens bestätigt er mir, daß Jacob rundherum gesund ist. Fehlt mir vielleicht etwas? Schmeckt ihm meine Milch nicht, daß er so schreit? Muß ich mich anders ernähren? Ich esse daraufhin nur noch Erlaubtes. Wer weiß, ob es nutzt. Manchmal trinkt Jacob genüßlich, doch am nächsten Tag passiert der gleiche Aufstand, wenn er angelegt wird. Vermutlich leidet er dann an so starken Blähungen, daß ihm die Schräglage nicht behagt. Diese Erkenntnis beruhigt mich; es ist so befreiend zu wissen, warum ein Baby schreit. Ab jetzt bekommt er aufrecht sitzend Tee oder abgepumpte Milch, wenn er nicht aus der Brust trinken will; er macht mit und läßt sich anschließend sogar stillen. Noch etwas finde ich heraus – ich stille Jacob zu oft. Weil er so häufig und ohne Unterlaß weint, lege ich ihn immerzu an, die Pausen werden immer kürzer. Da das Saugen beruhigt, nuckelt er meistens bereitwillig, auch wenn er gar keinen Hunger hat. Das hilft uns aber nicht weiter, denn dadurch, daß die letzte Mahlzeit noch nicht verdaut ist, verstärken sich seine Blähungen, und das Geschrei geht von neuem los. Ich brauche lange, um zu erkennen, ob Jacob Hunger hat oder ob er aus anderen Gründen weint, die ich nicht herausbekomme. Es sind auch nicht immer die unseligen Blähungen. Jacob hat eine innere Unruhe, mit der wir leben müssen. Oder sind die Eltern ihm zu unruhig? Zu unsicher?

Dafür spricht, daß Constantin, der Zweitgeborene, von unseren Erfahrungen profitiert. Weil wir eher erkennen, was er braucht, sind seine Bedürfnisse leichter zu befriedigen. Außerdem sind wir häuslicher geworden, kutschieren mit dem Säugling seltener durch die Gegend. Die Regelmäßigkeit, die vertraute Umgebung, scheinen ihm zu bekommen. Es stimmt also doch: Mit dem zweiten Kind läuft alles unkomplizierter.

Fasziniert hat mich immer, daß Jacob zwar ständig aus Leibeskräften geschrien hat, doch im nächsten Moment wieder über das ganze runde Gesichtchen strahlte. Aller Kummer war vergessen. Anders als Erwachsene leben Babys ganz im Hier und Jetzt. Wenn sie weinen, geht es ihnen miserabel, wenn sie lachen, ist vom Elend überhaupt nichts mehr übrig. (C. v. S.)

Die vielen Gründe, warum Babys in den ersten Wochen schreien

An das alte Ammenmärchen, daß kräftiges Schreien die Lungen des Babys stärke, glaubt heute kein Mensch mehr. Jeder Erwachsene, der einen Säugling aus Leibeskräften schreien hört, spürt sofort, daß dem Baby etwas fehlt und daß es Hilfe braucht und nicht etwa brüllt, um seine Eltern zu ärgern. So groß war früher die Angst, den Winzling zu verwöhnen, daß man versuchte, allzu großes Mitgefühl möglichst schnell zu unterdrücken. Wenn das Baby satt und trocken war, sollte es ruhig zetern, bis

Auch wenn sich schreiende Babys oft nur schwer beruhigen lassen, tut es ihnen gut, gestreichelt und gehalten zu werden

es vor Erschöpfung einschlief. Heute reagieren Eltern völlig anders: Hat das Baby vielleicht doch Hunger, obwohl es erst vor einer guten Stunde getrunken hat? Drückt es etwas? Ist ihm vielleicht langweilig? Eltern wollen wissen, was mit ihrem Baby los ist, damit sie etwas für es tun können. Nicht umsonst geht Babygeschrei durch Mark und Bein: Es ist das einzige Alarmsignal, das ein Säugling einsetzen kann, um die Eltern zu aktivieren. Es ist normal, daß ein Baby in seinen ersten Lebensmonaten viel schreit – im Durchschnitt zwei Stunden täglich, meistens am Nachmittag oder Abend.

Selbst Eltern, die schon ältere Kinder haben, fühlen sich oft hilflos und überfordert, wenn ihr Baby schreit und sind erstaunt, wie ungeschickt sie sich mit dem Neugeborenen anstellen. Es ist Balsam für ihre Seele, wenn sie feststellen: Anderen geht es ebenso

In den ersten Wochen ist es etwas schwierig zu erkennen, warum ein Baby weint, weil es – egal, was ihm fehlt – nur gleichbleibend laut und tränenlos schreit, rot anläuft und mit Armen und Beinen wild in der Luft rudert. Es braucht zwei, drei Wochen, bis seine Stimme über unterschiedliche Tonlagen verfügt; es dauert auch etwa ebenso lange, bis Eltern lernen, die unterschiedlichen Schreie ihres Babys zu deuten.

Es hat Hunger: Dann nuckelt das Baby heftig an den Fingern oder der ganzen Faust. Je länger es auf seine Milch warten muß, desto wütender und ungeduldiger wird sein Geschrei. Manche Babys strecken ihren ganzen Körper lang aus und machen sich ganz steif, wenn sie hungrig sind. Ein Baby, das nach längerem Schreien trotz Hunger einschläft, wacht meistens nach kurzer Zeit wieder auf und beginnt von neuem mit seinem lauten, langgezogenen Geschrei. Wichtig: Gestillte Babys haben häufig alle zwei bis drei Stunden Hunger! Muttermilch wird schneller verdaut als Flaschenmilch!

Es möchte saugen: Manche Babys haben ein besonders großes Saugbedürfnis und entspannen sich sofort, wenn sie einen Schnuller bekommen oder kurz an der Brust nuckeln dürfen.

Es erschrickt leicht: In den ersten Wochen können eine ruckartige Bewegung, grelles Licht oder plötzlicher Lärm wie Türenknallen oder eine schrille Hausklingel das Baby so erschrecken, daß es losschreit.

Es will nicht nackt sein: Da ganz junge Säuglinge sich oft unwohl fühlen, wenn sie ausgezogen werden und den Kontakt zum schützenden Stoff verlieren, empfiehlt es sich, eine Stoffwindel oder ein Tuch über die nackten Körperstellen zu legen und nicht alle Kleidungsstücke auf einmal auszuziehen.

Es ist übermüdet: Es kommt sehr oft vor, daß Babys so überdreht und erregt sind, daß sie trotz großer Müdigkeit nicht einschlafen können. Dann zetern sie in einem fort, zappeln und jammern, egal, wie man sie hält und zu beruhigen versucht. Viele Babys drücken ihre Unruhe auch durch eindeutige, durchdringende Spannungsschreie aus. Manchmal bleibt nichts anderes übrig, als das Baby in sein Bett zu legen und abzuwarten, ob es sich nicht in der Ruhe seines Zimmers allmählich entspannt.

Es hat einen wunden Po: Meistens spüren junge Säuglinge gar nichts, wenn der Po gerötet ist. Unangenehm wird es für sie erst, wenn sie lange in nassen Windeln liegen und dadurch richtig wund werden. Dann ist es wichtig, sie häufig zu wickeln oder sogar Stoffwindeln zu benutzen, bis der Po geheilt ist. Übrigens: Babys, die nicht wund sind, stört es nicht, in einem feuchten, warmen Windelpaket zu liegen, es sei denn, die Kleidung ist so bis auf das Hemdchen durchnäßt, daß sie frieren.

Mehr Informationen zum Thema Babypflege auf Seite 123

Es friert oder schwitzt: Die ersten zwei, drei Monate leidet ein Baby immer eher unter Kälte als unter zu großer Wärme, weil es noch nicht in der Lage ist, Wärme zu speichern. Am wohlsten fühlt es sich bei einer Zimmertemperatur zwischen 24 und 30 Grad. Kälte kann bei einem Baby sogar als Weckreiz wirken: Es friert im Schlaf, wacht auf und schreit. Am leichtesten läßt sich feststellen, ob die Temperatur stimmt, indem man dem Baby unterhalb des Nackens zwischen die Schulterblätter faßt: Es sollte sich dort warm und trocken anfühlen.

Es braucht Hautkontakt: Jedes Baby möchte in den Arm genommen und herumgetragen werden. Manche Säuglinge sind geradezu süchtig danach: Sobald sie sich an jemanden kuscheln können, entspannen sie sich und schlafen bald ein. Kaum legt man sie in ihr Bett – egal, wie behutsam man vorgeht –, schrecken sie auf und

schreien. Sie wollen in dem Moment nur das eine: körperliche Nähe und um nichts in der Welt allein gelassen werden!
Es liegt unbequem: Wenn ein Baby mitten im Schlaf anfängt zu jammern, will es vielleicht nur auf die andere Körperseite gelegt werden, um ruhig weiterzuschlafen.
Es hat Bauchschmerzen: Unter Bauchweh leidende Babys schreien manchmal zwei oder drei Stunden lang ohne Unterbrechung. Weil sie beim Schreien ständig Luft schlucken, entstehen immer neue Blähungen: Das Baby krümmt sich vor Schmerzen und zieht die Beinchen zum Bauch, der sich prall und hart anfühlt. Meistens sind die Blähungen abends am schlimmsten. Manche Babys fangen regelmäßig jeden Abend um die gleiche Zeit zu jammern an, beruhigen sich kurz und weinen dann unaufhaltsam weiter. Solche allabendlichen Schreiphasen werden auf die verschiedensten Ursachen zurückgeführt: vor allem auf Blähungen, aber auch auf Unter- oder Überernährung, auf ungenügend entwickelte Darmfunktionen und damit zusammenhängende Verdauungsstörungen und entsprechende Krämpfe.

Babys, die falsch ernährt werden, fühlen sich nicht wohl und weinen deshalb besonders häufig

Ist das Familienleben zu hektisch?

Hektik, die abends in den meisten Familien herrscht, überträgt sich auch auf das Baby: Nach einem langen Arbeitstag sind die Erwachsenen erschöpft und gereizt; doch statt sich auszuruhen, wird in diesem Zustand das Abendessen zubereitet, die letzte Waschmaschine angeworfen und schnell noch dies und jenes aufgeräumt. Das Baby, selber von all den neuen Eindrücken, den vielfältigen Bildern und Geräuschen des Tages überreizt, kann die angestauten Spannungen nur noch durch lautstarkes Brüllen abreagieren.
Bei vielen Babys tritt die abendliche Unruhe erst ab der dritten Lebenswoche auf. Bis dahin sind sie noch in der Lage, sich gegen unliebsame Störungen einfach zu verschließen. Doch dann nimmt ihre Wahrnehmungsfähigkeit immer mehr zu, sie sind offener, aber auch reizan-

fälliger. Ein Trost: Auch wenn alle Beruhigungsversuche, Fencheltee oder Blähungstropfen zunächst wenig fruchten – ein Baby, das sich in den Armen seiner Eltern ausgiebig ausschreien durfte, schläft danach meistens um so länger. Und nach etwa drei Monaten verschwindet der Spuk mit den abendlichen Schreiphasen wieder, manchmal sogar schlagartig von einem Tag auf den anderen.

Das Baby krümmt sich, schreit verzweifelt: Es leidet unter Blähungen – alle Eltern kennen das. Was hilft dagegen noch außer Fencheltee (Seite 93 und 119)?

Das Kind schreit beim Stillen

Ein Baby, das gerade unter Blähungen leidet, ist manchmal außerstande, aus der Brust zu trinken, auch wenn es hungrig ist. Kaum wird es angelegt, schreit es herzzerreißend oder bäumt sich während und nach dem Trinken auf und weint. Es ist sinnlos, das Baby weiterzufüttern, denn es schluckt dann immer mehr Luft, und seine Beschwerden verschlimmern sich bloß. Besser ist es zu versuchen, das Baby erst zu beruhigen.

Es verträgt die Flaschennahrung nicht

In seltenen Fällen schreien Babys, während sie aus der Flasche trinken, weil sie gegen eine bestimmte Milchnahrung allergisch sind. Bei einem solchen Verdacht ist es wichtig, sich mit dem Kinderarzt wegen einer Änderung der Milchmischung zu beraten.

Es findet sich in der Welt noch nicht zurecht

Nicht immer ist es Eltern möglich, zu erkennen, warum ihr Baby weint. Es ist unausgeglichen, unruhig, jammert häufig; niemand weiß so recht warum. Da können Eltern nur mutmaßen: War die Geburt so schwer, daß sie dem Baby immer noch zu schaffen macht? Oder war die Mutter in der Schwangerschaft unruhig und litt unter Ängsten, die ihr Baby in irgendeiner Form noch spürt? Vielfältige Untersuchungen haben gezeigt, daß auch solche Ursachen ein Baby in den ersten Lebenswochen beeinflussen können.

Wichtig zu wissen ist auch, daß Jungen es zu Anfang meistens schwerer haben als Mädchen: Sie sind zarter und anfälliger für Störungen. Im statistischen Durchschnitt betrachtet, sind weibliche Säuglinge physisch wesentlich abwehrkräftiger, halten Streßsituationen besser aus, sind ruhiger und schlafen länger. Auch der Verdauungsapparat ist bei kleinen Mädchen in der Regel ausgereifter. Kein Wunder, daß Jungen als Babys häufiger unter starken Blähungen leiden und mehr schreien.

Wenn ein Baby jetzt weint, bleiben seine Augen noch trocken. Erst mit etwa vier, fünf Monaten laufen die ersten Tränen

Jedes Neugeborene bekommt in den ersten Lebenswochen seine Schreianfälle, jedes braucht seine Zeit, um sich an das Leben und an den Tag-Nacht-Rhythmus außerhalb des Mutterleibes zu gewöhnen. Etwa mit drei Monaten – wenn ungefähr die Zeit der Blähungen und Koliken vorbeigeht –, werden Babys in der Regel friedlicher und ihre Reaktionen immer verständlicher. Es wird zwar immer wieder Zeiten geben, in denen ein Baby unruhig und weinerlich ist, zum Beispiel wenn es zahnt, wenn es beginnt, seine Ängste bewußter zu spüren, oder einfach, weil es sich langweilt und neue Anregungen braucht. Doch meistens nehmen Eltern solche Phasen gelassener hin als die Schreianfälle des Neugeborenen.

Je vertrauter Mutter, Vater und Baby werden, desto entspannter verläuft auch ihr Zusammenleben und desto weniger lassen sich Eltern aus der Fassung bringen, wenn ihr Baby weint.

Wenn ihr Baby weint, leiden Eltern mit und spüren das oft körperlich. Ihr Puls rast. Ihr Adrenalinspiegel und Blutdruck steigen. Statt das Baby zu trösten, werden sie aufgeregt, ungeduldig. Die Spannung, unter der sie stehen, überträgt sich auf ihr Baby

Weinen: Wie läßt sich das Baby trösten?

Nichts ist so nervenaufreibend wie ein Baby, das nicht aufhört zu schreien oder das unentwegt vor sich hinjammert, egal, was die Eltern unternehmen, um es zu besänftigen. Nach einiger Zeit geraten sie an den Rand der Verzweiflung und würden am liebsten davonlaufen – ohne das Baby natürlich. Kein Baby ist so unsensibel, daß es nicht den Zorn und die Ungeduld der Eltern spürt und dadurch noch gereizter wird. Deshalb ist es am besten, sie geben diesem Impuls – wenigstens kurzfristig – tatsächlich nach und drücken das weinende Bündel einem anderen Erwachsenen in den Arm oder legen es einen Moment in sein Bett, bis sie einmal tief durchgeatmet und sich selber wieder gefangen haben.

Ruhe bewahren, nachdenken, nicht gleich loslegen

Erst wenn die Eltern ohne Hast überdenken können, was dem Baby fehlt, gelingt es ihnen, sich wieder auf das Kind einzustellen. Es hat wenig Sinn, das Baby aus lauter Ratlosigkeit hektisch zu beschmusen, wenn es überreizt ist und nichts als Ruhe braucht.

Als nächstes stellt sich die Frage, *wie* das Baby das bekommt, was es braucht – hilft ein warmes Bad oder leise Musik, damit es sich entspannt? Im Laufe der kommenden Wochen und Monate werden Eltern immer wieder ausprobieren, worauf ihr Baby reagiert. Nicht jeder Versuch funktioniert gleich gut, und die Bedürfnisse des Kindes bleiben nicht immer gleich. Jedes Kind verlangt eine ganz individuelle Behandlung. Deswegen ist es so wichtig, das Baby zu beobachten, um seine Eigenheiten kennen und seine Mitteilungen verstehen zu lernen.

Gesunde Babys schreien abends vermehrt. Es macht einem Kind jetzt noch Schwierigkeiten, mit sich und der Welt in Einklang zu kommen. Sein Nervensystem, mit allen Sinnen auf Empfang geschaltet, ist nicht in der Lage, alle Eindrücke zu verkraften oder abzuschalten: Licht, Lärm, Menschen. Die Folge: das Baby ist überreizt und weint

Verschiedene Möglichkeiten, einen Säugling zu beruhigen

- Das Baby anschauen, anlächeln und ihm mit den Augen sagen: »Ich habe dich lieb!«
- Für eine ruhige Atmosphäre sorgen.
- Das Kind hoch nehmen, herumtragen, sanft hin- und herwiegen. Auch wenn es nicht gleich mit dem Schreien aufhört, spürt es die körperliche Nähe und Wärme, die es braucht, um sich beschützt zu fühlen. Außerdem beruhigt die gleichmäßige rhythmische Bewegung, die ein Erwachsener instinktiv einhält, wenn er mit einem Baby auf- und abgeht. Untersuchungen haben gezeigt, daß der Bewegungsrhythmus beim Gehen den Schaukelbe-

Instinktiv heben Erwachsene die Stimme, wenn sie ihr Baby trösten. Babys, die sich schon richtig in Rage geschrien haben, reagieren allerdings manchmal kaum noch auf elterliche Beruhigungsversuche

Erstaunlich, wo der winzige Körper die Kraft für stundenlanges Gebrüll hernimmt. Bitte, einen kleinen Schreihals nicht allein lassen, wenn er brüllt. Er braucht die Erfahrung: »Egal, was ich tue, ich werde immer geliebt – auch wenn ich brülle!«

wegungen entspricht, die das Baby im Mutterleib erlebt hat. Manche Babys mögen jetzt schon aufrecht gehalten werden, damit sie über die Schulter gucken können. Andere lassen sich gerne auf dem Unterarm liegend herumtragen.

- Das Kind im Tragesack am Körper tragen. So hat die Mutter die Arme frei, und das Baby beruhigt sich genauso, wie wenn es auf dem Arm gehalten wird.

Wichtig: Das Kind nicht zu lange so herumtragen. Seine Rückenmuskulatur ist noch zu schwach. Für den Anfang sollte eine Viertelstunde ausreichen. Oder das Baby in einem Tragetuch liegend transportieren.

- Dem jammernden Baby ein Lied vorsingen. Der langsame Rhythmus alter Wiegenlieder ist weitgehend mit der Bewegung einer Wiege identisch. Auch sanfte Musik, das Summen des Staubsaugers oder der Waschmaschine haben eine einlullende Wirkung.
- Das überreizte und übermüdete Baby, das auch nach längerem Herumtragen nicht zur Ruhe kommt, behutsam in sein Bett legen. Häufig schlafen Babys am liebsten in ihrem Bett ein. Das Zimmer sollte möglichst schwach beleuchtet sein. Auf einem nicht fusselnden Lammfell, das extra für kleine Kinderbetten zugeschnitten ist, fühlen sich Babys warm und geborgen. Oder gemeinsam mit dem Kind unter die Decke kriechen. Körperwärme wirkt Wunder.

Weitere Tips

Falls das Baby bereits in einem größeren Gitterbett untergebracht ist, kann man eine schützende und auf das Baby beruhigend wirkende Kuhle so herstellen: Rechts und links unter die oberen Ecken des Lammfells – oder auch unter das Tuch, auf dem der Kopf des Babys liegt – jeweils eine zur Rolle gefaltete Stoffwindel legen. Aber: Darauf achten, daß sich das Kind diese Windeln nicht über den Kopf zieht. Auch die Berührung mit dem gepolsterten Kopfende des Bettes gibt ein Gefühl der Sicherheit.

Hört das übermüdete Baby in seinem Bett nicht gleich zu schreien auf, nicht sofort wieder herausnehmen! Ein paar Minuten abwarten – manche Babys müssen sich noch ausweinen, bis sie sich in den Schlaf fallen lassen. Andere beruhigen sich erst, wenn man sie nach einigen Minuten wieder hochnimmt: Wie erlöst entspannen sie sich im Arm des Erwachsenen und lassen sich dann ohne Protest ins Bett zurücklegen.

- Das Baby in ein weiches Tuch einwickeln. So wird's gemacht: Den Hinterkopf des Babys auf den oberen, langen Rand des Tuches legen, denn die Ecken nacheinander relativ straff um die Schultern des Kindes schlagen. Die Arme bleiben angewinkelt, die Hände frei, damit es nach Lust und Laune saugen kann. Den unteren Zipfel des Tuches unter die Füße schieben.

Dieses Einmummeln, das dem festen Einwickeln unserer Urgroßeltern nahe kommt, gibt vielen Säuglingen ein Gefühl der Geborgenheit und hilft ihnen, sich zu entspannen. Kinder, die beim Einschlafen so zucken, daß sie davon aufwachen, beruhigen sich meistens sofort, wenn sie auf diese Weise in eine Decke gerollt werden.

- Schreit das Baby, weil es Bauchweh hat, hilft es, das Kind auf den Schoß zu legen und dabei Arme, Beine und den Bauch sanft zu massieren. Auch eine in ein Tuch gewickelte Wärmflasche auf dem Schoß oder im Bett beruhigt.
- Das Baby in Ruhe wickeln: die sanften, vertrauten Handgriffe besänftigen es.
- Das Baby im Auto spazierenfahren (aber keine Dauereinrichtung daraus machen!). Auch eine Runde im Kinderwagen, und sei es durch die Wohnung, kann Wunder wirken. Für sehr nervöse Babys lohnt sich die Anschaffung einer Baby-Hängematte. Ein Wäschekorb, mit zwei Seilen an Haken in der Decke befestigt, tut es aber auch. Noch eine weitere Möglichkeit: Das Baby in einem Schaukelstuhl in den Schlaf wiegen.

Ein Kind, das stundenlang brüllt und sich partout nicht beruhigen will, treibt seine Eltern zur Verzweiflung und zerrt an ihren Nerven. Etwa 15 Prozent aller Kinder schreien in den ersten drei Lebensmonaten täglich länger als drei Stunden

Wenn ein Baby schreit, will es sich meistens mitteilen: »Ich fühle mich nicht wohl, kümmert euch um mich!« Manchmal ist es kribbelig und will die Spannung, unter der es steht, mit Brüllen einfach nur loswerden

Welche »klassischen« Fehler machen Eltern?

Oft verlieren Eltern die Selbstbeherrschung, wenn ihr Baby schreit und schreien und brüllen zurück: »Gib endlich Ruhe!« Wutausbrüche sind Alarmzeichen. Streß legt die Nerven blank. Ein Gegenmittel: Hilfe suchen bei der Betreuung des Babys!

Natürlich kommt es vor, daß alle Bemühungen, das Baby zu besänftigen, nicht fruchten. Es schreit trotzdem immer wieder und mit großer Ausdauer. Nur allzu verständlich ist es dann, daß Eltern sich unsicher fühlen. »Was machen wir bloß falsch, daß wir einen solchen Schreihals haben?« Aus lauter Ratlosigkeit tun sie leicht des Guten zu viel. Ängstlich und übereifrig überhäufen sie ihr Kind mit immer neuen Liebesbeweisen, auf das geringste Zeichen von Mißbehagen reagieren sie mit krampfhaften Beruhigungsritualen, ohne zu wissen, was wirklich erforderlich ist. Sie haben nur das eine im Sinn: alles zu tun, damit das Baby nicht wieder schreit. Da sie mit dieser Einstellung kaum auf die eigentlichen Bedürfnisse des Babys eingehen können, erkennen sie auch nicht, was es braucht; der Säugling wird auf die Dauer bloß hektischer.

Tagebuch führen – eine mögliche Lösung?

Ein Tip: Das Baby genau beobachten und Tagebuch führen

In England wird seit Jahren mit Erfolg folgendes »Heilmittel« von Kinderärzten empfohlen: Die Eltern führen ganz genau Tagebuch: notieren, was das Baby, was sie selbst tun, beschreiben in Stichworten ihre Empfindungen. Auch wenn das Protokoll-Führen zusätzlich Zeit und Kraft kostet, die Methode führt oft zum Erfolg: Die Eltern werden so zur Ruhe gezwungen. Auf diese Weise läßt sich verhindern, daß sie in wilden Aktionismus verfallen, aber es gibt ihnen dennoch gleichzeitig das Gefühl, etwas tun zu können. Haben sie eine Weile Protokoll geführt, ist aus den Aufzeichnungen meist abzulesen, wann das Baby schreit und wie lange, wann es sich beruhigen läßt und wann nicht. Mit Hilfe dieses Tagebuches lernen Eltern ihr Kind besser kennen und können in Folge dieser Beobachtungen gezielter auf seine Bedürfnisse eingehen.
Außerdem überfordern sich die Eltern gelegentlich selber – manchmal ist es schlicht unmöglich, ein Kind zu

beschwichtigen. Eltern sind weder Zauberer noch allmächtig. Wenn sie für ihr schreiendes Baby alles getan haben, was sie können, dürfen sie sich auch mal den Luxus einer Pause zum Verschnaufen und Durchatmen gönnen. Eltern, die ständig ihre Belastbarkeitsgrenze überschreiten, schieben ihr Baby gefühlsmäßig beiseite. So sehr ein Kind die liebevolle Zuwendung seiner Eltern braucht, um zu gedeihen, so sehr müssen Mütter und Väter auch an sich denken, um diese Liebe überhaupt großzügig spenden zu können. Wer sich aufopfert, entwickelt Wut. Nicht, daß man nicht auch einmal wütend sein darf auf sein Kind – in menschlichen Beziehungen bleibt das nicht aus. Aber wenn man sich auch selber gelegentlich verwöhnt, verfliegt die Wut viel schneller.
Tröstlich ist vielleicht, daß sogar die reizbarsten »Heulbabys« meistens kerngesund sind – nicht nur körperlich, sondern auch seelisch. Es ist falsch, zu glauben, daß die »braven« Babys, die selten weinen, viel schlafen und kaum Ansprüche stellen, die Norm sind. Denn es gibt keine absolut gültige Norm. Daher ist es wichtig, sich von den Freunden mit den »lieben« Babys nicht einschüchtern zu lassen, sich nicht mit Selbstzweifeln zu quälen und das eigene Baby anzunehmen, wie es ist. Patentrezepte im Umgang mit einem Baby gibt es nicht. Jedes Baby ist anders. Jedes hat seine eigene Persönlichkeit. Auf die müssen Eltern sich einstellen.

Experten vermuten, daß »Schreibabys« Schwierigkeiten mit dem Tag-Nacht-rhythmus haben. Oft hilft ihnen ein immer nach dem gleichen Schema gestalteter Tagesablauf. Sie brauchen feste Schlaf-, Still- und Spielzeiten – anders als unproblematische Kinder. Regelmäßigkeit hilft ihnen, einen Rhythmus zu finden

Zu Hause habe ich auf einmal Schwierigkeiten beim Stillen

Julian wird unruhig, schmatzt vor sich hin – ein sicheres Zeichen, daß er Hunger hat. »Nur noch ein Momentchen, dann bekommst du zu trinken.« In der Klinik hat das Stillen prima geklappt. Ob es zu Hause auch klappen wird? Jetzt, bei unserem Zweitgeborenen weiß ich doch, worauf's ankommt. Diesmal werde ich das Stillen geschickter angehen. Wenn Millionen Frauen ihre Babys auf diese Weise satt bekommen, warum ich eigentlich nicht? Ich muß mir so ausdrücklich Mut machen, weil meine Stillversuche bei unserem ersten Kind nach vier Wochen aus Mangel an Milch ein

klägliches Ende fanden. Und das soll nicht wieder geschehen: Diesmal wird das Stillen wirklich anders laufen!
Bequem throne ich in einem Sessel mit hoher Rückenlehne und stabilen Armstützen, bin ausgeruht und guter Dinge, habe mich gesund ernährt und reichlich getrunken. »Na dann, Julian, trink schön!« Julian trinkt zwanzig Minuten lang und schläft ein. Wer sagt es denn: Alles bestens, unser Baby scheint satt zu sein! Das scheint aber nur so. Nach einer Stunde weint Julian. Keine Wiegeschritte, keine Schmusespiele – nichts hilft. Unser Baby hat eindeutig Hunger, glaube ich zu wissen. »Kein Problem, mein Kerlchen. Verlegen wir die nächste Mahlzeit einfach vor!« Und das machen wir von nun an dauernd. Julian hat Hunger, wenn er eigentlich keinen Hunger haben dürfte, weil er doch gerade erst – vor einer halben, vor einer Stunde – gestillt wurde. Ich will das Stillen von Mal zu Mal hinauszögern, schaffe es nie, lege ihn immer wieder an, weil ich sein Weinen nicht ertragen kann. Darf er saugen und trinken, ist er auf der Stelle hochzufrieden.
Sein zwei Jahre älterer Bruder ist keineswegs zufrieden. Ich habe kaum noch Zeit für ihn. Dauernd ist Stillzeit, dauernd wimmle ich ihn ab: »Schau mal, wie zufrieden Julian trinkt!« Das interssiert den Älteren kein bißchen. Er quengelt in den höchsten Tönen. Ich weiß, wie sehr es ihm auf die Nerven geht, daß ich immer in diesem Sessel klebe und immer mit dem Baby auf dem Arm. Ich versuche den Großen mit Geschichten-Erzählen bei Laune zu halten: »Es war einmal eine Mutter, die hatte den kleinen Bruder im linken Arm, den sie zu stillen versucht, und den großen im rechten, dem sie Geschichten erzählte …« Mit der Zeit verlieren alle drei die Lust an diesem sich ewig wiederholenden Ritual. Das Baby wird grantig, weil es nicht satt wird, denn ich komme mit der Milchproduktion nicht nach.
Der Zweijährige wird sauer, weil das dauernde Geschichten-Erzählen fade wird. Meine Laune läßt zu wünschen übrig. Ich meine, langsam auf dem Sessel festzuwachsen: »Wie viele Stunden am Tag sitze ich hier?«
Nach den ersten Tagen daheim bin ich nur noch ein Häuf-

chen Elend, trinke literweise Stilltee, der mir nicht schmeckt, bin verzweifelt – »Wieder die üblichen Schwierigkeiten beim Stillen!« – und habe das Gefühl, daß Julian die letzten Kräfte aus mir heraussaugt. Mit Engelszungen rede ich auf mich ein: »Nur Geduld! Wenn sich ein vernünftiger Rhythmus einspielt, wird das Baby satt. Die Phasen zwischen den Mahlzeiten müssen sich verlängern!« Tun sie aber nicht!

Julian und ich werden zunehmend gereizter: Weil wir kaum schlafen, werden wir von Tag zu Tag unleidlicher. Ängstlich beäuge ich Julian: »Ist das Kind nicht viel zu dünn?« Sicherheitshalber will ich das Baby wiegen. Mit der verflixten Babywaage komme ich nicht klar. Auch das noch! Mein Selbstwertgefühl, im Augenblick sowieso nicht das beste, sinkt in den Keller. Nun bin ich auch noch zu blöd, um ein Baby zu wiegen.

Ratlos umkreise ich diesen ewig hungrigen Julian: »Jetzt bloß nicht zufüttern. Das wäre der Anfang vom Ende!«

Strenge ich mich nur minimal an – einmal Treppe wischen reicht schon –, fließt die Milch anschließend überhaupt nicht mehr. Ich kenne die Ursache für mein Dilemma: »Viel zu verkrampft, angespannt – laß doch mal locker!« Leichter gesagt als getan.

Als ich fix und fertig bin, greife ich schließlich doch – allen guten Vorsätzen zum Trotz – zur Milchflasche: Nicht nur Muttermilch, unser Seelenfrieden ist mir viel wert. Also lande ich doch wieder da, wo ich schon einmal war. Aus dem Stillen wird auf Dauer nichts. (C.N.)

Stillen: nicht nur sinnvoll, sondern auch praktisch

Wer stillt, hat die Nahrung immer dabei, wenn sich das Baby meldet, weil es Hunger hat

Daß das Stillen nicht nur gut für das Baby und ein sinnliches Vergnügen für die Mutter sein kann, sondern auch praktisch ist, merkt man erst zu Hause. Es spart Zeit: kein Wasserkochen für die Flaschennahrung, kein Aufwärmen, Abkühlen, Anrühren, kein Auskochen von Flaschen und Sauger.

Außerdem ist Muttermilch kostenlos und steht zur Verfügung, wenn man sie braucht. Eine Mutter, die stillt, ist zwar an ihr Kind gebunden, kann aber dafür so lange unterwegs sein, wie sie Lust hat – die Milch trägt sie immer mit sich, und zwar in der richtigen Temperatur, Menge und auch zur rechten Zeit. Sie muß sich nicht mit Fläschchen, Thermosflasche und sperrigen Kartons voll Fertignahrung abschleppen. Quengelt ihr Baby, läßt es sich mit einigen Schlucken aus der Brust beruhigen. Außerdem ist es auch viel einfacher, ein gestilltes Baby nach Bedarf zu füttern, als ein Kind, das die Flasche bekommt. Da Flaschennahrung jedesmal frisch zubereitet werden soll, erfordert es natürlich einen besonders großen Aufwand, immer dann Milch parat zu haben, wenn das Baby Hunger bekommt. Nur allzu häufig geschieht es, daß das Kind viel früher hungrig ist als erwartet, daß sämtliche Flaschen unausgewaschen in der Küche herumstehen, das Wasser nicht abgekocht ist oder noch nicht wieder abgekühlt.

Stillen: Wenn sich die Probleme häufen

Ein Baby gedeiht gut, wenn Gewicht und Körperlänge stetig zunehmen. Nimmt das Baby nicht zu, ist es ungewöhnlich blaß, ist die Haut matt, sicherheitshalber mit dem Kind zum Kinderarzt gehen!

»Wie merke ich, ob das Baby genug Milch bekommt, wenn ich stille?« Je unsicherer eine Mutter ist, desto mehr klammert sie sich an Meßwerte, Gewichtstabellen und Babywaage. Ihrem Gefühl und Instinkt mißtraut sie. An diesem Punkt laufen die Gedanken nicht selten in eine falsche Richtung. Die Folge: Mutter und Kind geraten Schritt für Schritt unter Druck – in eine Situation, aus der sie allein nur schwer wieder herausfinden. Probleme beim Stillen sind dann vorprogrammiert.

- *Wenig hilfreich:* Das Baby vor jeder und nach jeder (Still-)Mahlzeit auf die Waage legen und sein Gewicht regelmäßig mit dem Normbaby einer Tabelle vergleichen.

Besser: Das Kind einmal die Woche wiegen. (Das Gewicht notieren.) Es aber regelmäßig wiegen, denn der eigene Augenschein täuscht manchmal: Der Säugling ist zwar munter, nimmt dennoch nicht ausreichend zu. Nimmt das Baby dagegen zu und wächst es, besteht kein Grund zur Sorge.

- *Wenig hilfreich:* Das Baby permanent umkreisen, nicht aus den Augen lassen und ängstlich beobachten. Steht die Mutter dauernd unter Druck, wird das Streßhormon Adrenalin freigesetzt und verhindert, daß das Stillhormon Oxytocin wirksam wird. Die Folge: Die Milch fließt weniger reichlich. Die Stillschwierigkeiten sind da.

Besser: Um innere Ruhe bemüht sein und um ein Stückchen Lässigkeit und eine Portion Optimismus.

Ein weiteres Beispiel dafür, wie schnell das Stillen zum Problem werden kann und wie sich die Schwierigkeiten zu einer Spirale hochschrauben:

Erster Schritt: Das Baby wird gestillt. Nach einem Momentchen mag es nicht mehr trinken. Die Mutter beendet das Stillen. »Du mußt ja nicht trinken!«

Zweiter Schritt: Sie wandert mit dem Kind auf dem Arm durchs Zimmer. Nach einer Weile legt sie es in sein Bettchen.

Dritter Schritt: Das Baby mag nicht in seinem Bettchen liegen. Es weint. »Hast du doch noch Hunger? Schließlich hast du vorhin nur kurz getrunken. Davon kann keiner satt werden!« Das Baby wird erneut angelegt und nuckelt lustlos vor sich hin.

Vierter Schritt: Die Mutter nimmt ihr Baby von der Brust. Es weint erneut.

Wieder geraten Mutter und Kind unter Druck: Das Baby weint. Seine Mutter regt sich auf, die Milchproduktion verringert sich. Die Anspannung überträgt sich auf das Kind.

Schwierigkeiten kann es auch geben, wenn »Stillen nach Bedarf« mit »Stillen als Beruhigungsmittel« verwechselt wird. Stillt eine Mutter ihr Kind, sobald es weint, verringern sich die Abstände zwischen den Stillmahlzeiten. Die Folge: Der Säugling leidet bisweilen unter Bauchweh und schmerzhaften Blähungen.

Wichtig beim Stillen: Gelassenheit. Hier können Väter segensreich wirken, damit aus der Anfangszeit wirklich »Flitterwochen« mit dem Baby werden. Zeigen sie sich fürsorglich, einfühlsam und liebevoll, profitieren davon Mutter und Kind: Das Hormon, das die Milch fließen läßt, wird dann nicht vom Streßhormon verdrängt

Sobald das Baby nahe bei seiner Mutter ist, ihre Wärme spürt, entspannt sich der kleine Körper meist

Milchstau und Brustentzündung

Wenn sich die Probleme zuspitzen, besonders wichtig: Unterstützung durch eine erfahrene Hebamme, die ins Haus kommt. Oder Informationen von Stillgruppen oder auch Teilnahme an solch einer Gruppe (Seite 104 und 156)

Aus zwei Gründen kann es zu der sehr unangenehmen und schmerzhaften Brustentzündung kommen:

- Die Milch staut sich über längere Zeit in der Brust.
- Die Brustwarzen sind durch das Stillen überreizt und wund. Die Gefahr einer Brustentzündung besteht meistens nur in den ersten zwei, drei Wochen, bis der Milchfluß richtig in Gang gekommen ist. Deswegen ist es gerade in dieser Zeit wichtig, alles zu tun, um sich vor einer Entzündung zu schützen.

Beim Milchstau helfen nahezu die gleichen Maßnahmen wie beim gestörten Milcheinschuß:

- Häufiges, aber kurzes Anlegen, denn je kürzer die Pausen zwischen den Stillzeiten sind, desto leerer wird die Brust.
- Nach dem Stillen darauf achten, daß die Brüste nicht mehr prall sind; sonst etwas Milch abpumpen, bis die Spannung nachläßt. Wichtig: Pumpe und Milchbehälter sollten steril sein, Hände und Brust vorher waschen. Abgepumpte Milch hält sich im Kühlschrank bei vier Grad etwa zwei Tage.

Das stimuliert den Milchfluß

Gestillte Babys trinken ungern aus der Flasche. Deshalb die Milch möglichst selten abpumpen. Die Milch fließt leichter, wenn Mütter ihr Baby beim Abpumpen bei sich haben

Es heißt zwar immer, die Brust muß nach dem Stillen leer sein, doch das ist irreführend: Bei einer stillenden Frau ist die Brust nie völlig leer.

- Zwischen den Stillzeiten ab und zu Milch aus der Brust ausstreichen, damit die Brust weicher wird. Besonders gut funktioniert das unter der warmen Dusche. Und beim Stillen die Brust mit der freien Hand leicht von der Achselhöhle zur Warze hin massieren.
- Kalte Umschläge oder Quark-Umschläge machen, wenn die Brust sich sehr heiß anfühlt. Warme Umschläge kurz vor und auch während des Stillens helfen, den Milchfluß anzuregen.

Was tun, wenn die Beschwerden anhalten?

Die Gefahr, daß sich die Brust tatsächlich entzündet, besteht erst, wenn die Beschwerden – also eine übervolle, schmerzende Brust – zwei bis drei Tage lang anhalten. Meistens sorgt das Saugen des Babys schon dafür, daß der Milchstau nicht von Dauer ist. Leider ist das Stillen gerade bei praller Brust oft schmerzhaft. Die Warze ist dann abgeflacht, und entsprechend schwierig ist es für das Baby, sie zu fassen: Es saugt zunächst nur an der Brustwarze, ohne den Warzenhof mit zu erfassen. Deshalb wird nur sehr wenig Milch freigegeben. Die Folge: Das Baby saugt um so kräftiger, was noch schmerzhafter sein kann. Empfindliche Brustwarzen können so immer wieder kleine Risse bekommen und wund werden. Früher empfahl man den Frauen, dann vorübergehend mit dem Stillen aufzuhören und so lange auf Flaschen überzugehen, bis die Brüste geheilt waren. Doch gerade dadurch kann es erst recht zu einer Brustentzündung kommen, da sich die Milch ja immer länger in der Brust staut. Heute versuchen die meisten Frauen, wenn es allzu schmerzhaft ist, trotz gereizter Brustwarzen weiterzustillen. So heilen die Warzen leichter und gewöhnen sich allmählich an das regelmäßige Saugen. Man kann zusätzlich noch einiges tun, um die Heilung zu unterstützen:

- Das Baby nicht zu lange trinken lassen; fünf bis sieben Minuten an jeder Brust sind genug, sonst werden die Brustwarzen zu sehr aufgeweicht und angegriffen (Seite 53).
- Kurz vor dem Stillen etwas Milch ausdrücken; wenn das Baby dadurch nicht so kräftig saugen muß, wird auch die Brust weniger gereizt.
- Die Brustwarzen nach dem Stillen immer an der Luft trocknen lassen, Milch und Speichel nicht abwaschen, denn sie wirken heilend und keimtötend.
- Die Brust nie mit Seife waschen!
- Die Brust mehrmals täglich ein paar Minuten lang mit Infrarotlicht oder auch nur einer normalen Glühbirne bestrahlen. Die Wärme wirkt heilend!

Ruhe bewahren und nicht ängstlich und verunsichert nur noch an die Schwierigkeiten beim Stillen denken

- Den Schorf auf wunden Brustwarzen weder entfernen noch versuchen, ihn aufzuweichen. Schorf ist nämlich ein Teil des Heilungsprozesses und stört das Baby beim Trinken überhaupt nicht. Solange der Schorf nicht vereitert ist, kann das Baby ruhig weitergestillt werden.

Auch wenn der Arzt Antibiotika oder Schmerzmittel verschreibt, muß das kein Grund sein, das Baby nicht mehr zu stillen, da es Medikamente gibt, die dem Baby nicht schaden.

Wenn die Brustentzündung zu Fieber und Kopfschmerzen führt oder auch, wenn die Brust bei jedem Anlegen wieder neu schmerzt, ist das auf Dauer nur schwer auszuhalten. Es ist nicht der Sinn des Stillens, daß es für die Mutter zu einer ständigen Qual wird.

Stillen: nicht zu schnell aufgeben, Hilfe annehmen

Hin- und hergerissen zwischen widersprüchlichen Gefühlen sind junge Mütter bisweilen nicht ausgeglichen genug, um geduldig zu warten, bis sich das Stillen einspielt. Viele geben aus Ungeduld voreilig auf

Die meisten Frauen versuchen mit Stillproblemen allein fertig zu werden. Stillen ist für sie eine intime Angelegenheit – ihre ureigenste Sache. Wer soll da schon helfen? Oft können junge Mütter genau erklären, warum sie Schwierigkeiten beim Stillen haben und trotzdem fällt es ihnen schwer, diese Fehler zu vermeiden. Viele leiden unter ähnlichen Schwierigkeiten:

- Weil sie sich ihrer alleinigen Verantwortung für diesen Winzling von Baby bewußt sind und diese Sorge sehr ernst nehmen, bestimmt häufig Angst ihr Denken. Es fällt ihnen schwer, einigermaßen locker zu bleiben und nicht ganz so schwer an dieser Verantwortung zu tragen.
- Weil sie die eigenen Gefühle und die Bedürfnisse des Babys nicht unter einen Hut bekommen, geraten sie in einen Strudel widersprüchlicher Gefühle und damit unter Druck.

Einerseits ist die junge Mutter glücklich über ihr wunderbares Baby, genießt seine Nähe und Wärme und will ihm ihre Liebe zeigen. Andererseits ist sie wütend, gereizt, weil der Winzling ihre kostbare Muttermilch nicht »vorschriftsmäßig« trinken mag, nie satt zu werden scheint und ewig quäkt. Sie ist am Ende ihrer Kraft, weil er dauernd weint und macht sich nicht selten Vorwürfe: »Typisch, daß ich das Stillen nicht auf die Reihe bekomme!« Oft ist sie voller Selbstmitleid: »Kaum auszuhalten, was ich in diesen Tagen durchmache!« Kommen etliche widerstreitende Gefühle zusammen, verschärft sich der Konflikt. Die Folge: Manchmal erlahmt der Wille, noch länger um Harmonie zu kämpfen. »Wenn aus dem Stillen ein einziges großes Problem wird, passe ich eben! Ich weiß nicht, woher ich die innere Ausgeglichenheit und Geduld nehmen soll, die anscheinend Voraussetzung ist, damit die Milch ausreichend fließt!« Wird das Stillen zu einer Daueranstrengung geben viele Mütter auf mit der Begründung: »Eine zufriedene Mutter ist wichtiger für das Baby als eine stillende, die mit ihren Nerven am Ende ist!« In der Küche stehen ein paar Flaschen bereit und eine Tüte mit Säuglingsnahrung. Gäbe man dem Baby jetzt eine Flasche, wäre Ruhe – ein verführerischer Gedanke. Es kostet Stehvermögen, auf das Zufüttern (Seite 50) zu verzichten, wenn man gerade stundenlang mit einem unzufriedenen Baby auf dem Arm, durch die Wohnung getigert ist, sich ausgelaugt von häufigen Stillversuchen fühlt und nur ein Restchen Hoffnung bewahrt, daß sich das Stillen vielleicht doch noch einspielen könnte. »Ab und zu zufüttern, was soll das schon ausmachen? Wenn das Baby beim Stillen nicht satt wird, wenn es dauernd weint und mir nichts mehr einfällt als *Hunger*, dann ist die Stillerei doch kein Vergnügen, sondern nur noch Anstrengung!« Immer wieder geraten Mütter an diesen heiklen Punkt, sind vor Erschöpfung nahe dran aufzugeben. »Ich will nicht mehr! Ich kann nicht mehr!«

Wer das Stillen nicht aufs Spiel setzen will, muß jetzt durchhalten und sich Mut machen: »Nicht aufgeben! Nach spätestens sechs Wochen normalisiert sich das Stillen. Dann fließt genug Milch, dann reagiere ich nicht mehr überempfindlich auf kleinsten Streß!«

Vor allem ungeduldige Frauen haben oft ihre Schwierigkeiten beim Stillen. Sie können nicht entspannt abwarten, bis sich das Stillen eingespielt hat

Weitere typische Stillprobleme

Jeder Fall liegt anders. Tips, die den einen Müttern helfen, lösen bei den anderen die Probleme noch lange nicht. Patentrezepte gibt es nicht

Problem 1: In der Klinik hat das Stillen nicht gut geklappt. Kann man es zu Hause erneut versuchen?
Es ist nicht zu spät, das Stillen zu Hause erst richtig in Gang zu bringen. Das Zufüttern mit fertiger Babynahrung muß schrittweise eingeschränkt und das Baby oft angelegt werden, jedoch nicht häufiger als alle zwei Stunden, sonst bekommt es leicht Blähungen.

Problem 2: In den ersten zwei Wochen gab es keine Probleme, jetzt schreit das Baby beim Stillen.
Manchmal läßt sich das Kind »überlisten«: Es nimmt die Brust, wenn es das Stillen kaum mitbekommt, zum Beispiel im Halbschlaf.

Problem 3: Das Baby verliert an Gewicht, saugt kraftlos. Es wirkt kümmerlich.
Es ist in diesem Fall sicher sinnvoll, dem Säugling die Kraftanstrengung ein paar Tage lang zu ersparen und sich selber die nervliche Belastung. Vielleicht fällt es dem Baby leichter, abgepumpte Milch aus der Flasche zu trinken. Es darf sich aber nicht an den Sauger gewöhnen, sollte also immer wieder angelegt werden. Wenn das Baby nicht trinken will: Den Kinderarzt um Rat fragen.

Problem 4: Manchmal wird das Stillen plötzlich schwierig. Das Baby scheint nicht mehr satt zu werden, weint viel, macht einen unzufriedenen Eindruck.
Mit seinen unzulänglichen Mitteln will das Kind vielleicht darauf aufmerksam machen, daß es mehr Nahrung braucht als bisher. Säuglinge wachsen nicht langsam und gleichmäßig vor sich hin, sondern haben Wachstumsschübe. Mit solch einem Schub vergrößert sich der Hunger. Dann möchte das Baby häufiger angelegt werden und so seiner Mutter mitteilen: »Ich brauche mehr Milch!« Nach einer kurzen Umstellungsphase paßt sich normalerweise das Milchangebot an die plötzlich erhöhte Nachfrage an.

Was können Mütter tun, wenn Stillprobleme zunehmen?

Erste Regel: Alle Tabellen, Richtlinien und Programme nicht zu wörtlich nehmen. Es reicht, sie im Hinterkopf zu haben oder in der Schublade.
Zweite Regel: Die Babywaage nur ab und zu gebrauchen – sicherheitshalber, zur Kontrolle (Seite 100).
Dritte Regel: Sich selbst genau beobachten. Ernähre ich mich gesund? Trinke ich ausreichend? Wie geht's mir eigentlich? Gönne ich mir genug Erholung? Aus den Stillzeiten ein Verwöhnprogramm machen: Für gemütliches Licht am Stillplatz sorgen, für Obst und Getränke, angenehme Musik (Seite 108).
Vierte Regel: Das Baby genau anschauen. Macht es einen »runden« Eindruck, obwohl es viel weint, obwohl es oft unzufrieden ist, dann besteht kein Grund zur Sorge. Ist die Situation nicht eindeutig, macht das Baby einen weniger rosigen Eindruck – woher sollen Eltern dann die Sicherheit nehmen, zu sagen: »Wird schon alles in Ordnung sein.«

Manche Säuglinge bevorzugen eine bestimmte Brust. Ein Tip: Die Stellung beim Stillen ändern, also im Sitzen stillen, wenn vorher im Liegen gestillt wurde, oder umgekehrt

Manchmal ist der Kinderarzt ein guter Ratgeber bei Stillproblemen. Es lohnt also, einen Kinderarzt zu suchen, der sich Zeit für Mutter und Kind nimmt und sie gründlich berät, oder sich einer Stillgruppe anzuschließen (Seite 156). Die Unterstützung einer solchen Gruppe kann wichtig werden. Im Rahmen einer Stillgruppe treffen sich erfahrene Mütter mit weniger versierten, um ihnen mit Tips und Ratschlägen zum Thema Stillen zu helfen. Stillgruppen verfügen über vielfältiges Informationsmaterial zu allen Fragen, die mit der Ernährung sowohl des Babys wie der Mutter zu tun haben, aber auch zu anderen Themen wie Babypflege, kindlicher Entwicklung usw. Bei den Zusammenkünften der Stillgruppen wird über alles mögliche geredet – auch darüber, wie man einen Babysitter findet, oder über eventuelle Konflikte in der Partnerschaft, seitdem das Baby da ist u. ä. Die Atmosphäre in einer solchen Gruppe ist meistens ungezwungen: Die Mütter nehmen sich Zeit füreinander, haben ihre Babys bei

Gemeinsam mit anderen Frauen, die ihr Baby ebenfalls stillen, lassen sich Probleme eher bewältigen. Oft hilft schon eine Aussprache

sich und können sie nach Bedarf stillen, herumtragen, wickeln. Im übrigen besteht ja auch die Möglichkeit, sich telefonisch miteinander in Verbindung zu setzen, um das eine oder andere zu bereden.

Ernährung beim Stillen: von jedem etwas

Wer gut für sich selbst sorgt, sorgt damit auch gut für sein Baby. Junge Mütter dürfen nicht nur Gebende sein, sondern sollten sich auch liebevoll um die eigenen Person kümmern

Obwohl sich wahrscheinlich jede Frau nach der Entbindung danach sehnt, schnell wieder in die »alten« Röcke zu passen, sollten stillende Mütter keine Abmagerungskur machen. Schließlich müssen sie von ihren Kalorien einige an ihr Baby abgeben. Wer sich vernünftig ernährt, muß seine Eßgewohnheiten während der Stillzeit nicht wesentlich verändern.

Essen

- Viel Gemüse. Kohl und Zwiebeln können (müssen aber nicht!) Blähungen beim Baby verursachen, wenn auch die Mutter darunter leidet. Spargel, Sellerie, Knoblauch, Blumenkohl und Lauch beeinträchtigen den Geschmack der Milch, was manche Säuglinge stört.
- Viel Obst. Zitrusfrüchte und Tomaten vermeiden, wenn das Baby empfindlich ist und schnell wund wird.
- Der Appetit auf Fisch, Fleisch und Milchprodukte hält sich meist in Grenzen. Der Körper benötigt jetzt auch weniger Eiweiß als während der Schwangerschaft. Eiweiß in großen Mengen muß also nicht sein.
- Das Fett nicht ganz vergessen (ungesättigte und ungehärtete Öle, Margarine, Butter).
- Kohlenhydrate sind jetzt wichtig (für die Gehirnentwicklung des Babys).

Beim Kochen darauf achten, daß die Nährstoffe und Vitamine erhalten bleiben. Je naturbelassener ein Nahrungsmittel, desto mehr Nähr- und Wirkstoffe sind darin enthalten.

Vorsicht, wenn Familienmitglieder unter Allergien lei-

den. Bei Babys werden Allergien auf Nahrungsmittel häufig durch Tomaten, Eier, Kuhmilch, Soja, Getreide, Zitrusfrüchte, Gewürze, Nüsse, Vitamine oder Schokolade verursacht.
Wer sich in der Stillzeit matt und müde fühlt, sollte prüfen, ob er sich wirklich ausgewogen und ausreichend ernährt. Vor allem Vegetarier müssen darauf achten, daß sie mit allen wichtigen Nähr- und Wirkstoffen versorgt werden.

Trinken

Jeder hat einen anderen Bedarf an Flüssigkeit. Wer stillt, hat mehr Durst als sonst und trinkt auch automatisch mehr. Wichtig ist, daß man über den Tag verteilt immer wieder Flüssigkeit zu sich nimmt. (Ein Richtwert: Möglichst drei Liter Flüssigkeit pro Tag trinken!) Mineralwasser und Früchtetee eignen sich besonders. Der Milchfluß läßt sich mit Hilfe von Malzbier, Malzkaffee, Milchbildungstee und alkoholfreiem Bier steigern.
Alkohol geht teilweise über die Milch auf das Baby über. Gegen ein wenig Sekt oder Wein wenden viele Mediziner nichts ein, andere schon. Und bitte nicht rauchen (Seite 163). Kaffee sollte man in den ersten drei Wochen nur mit Vorsicht genießen. Auch Tee in der Anfangszeit nur in Maßen trinken.

Weil sie nicht länger auf liebe Gewohnheiten verzichten mögen, geben manche Frauen das Stillen schnell wieder auf (Seite 58)

Jetzt auf manches verzichten?

Wer stillt, macht die Erfahrung, daß sich die Ernährung auf die Muttermilch auswirkt. Heißt das eigentlich, das eine Frau während der Stillzeit auf bestimmte Nahrungsmittel verzichten sollte, wenn bei ihrem Kind ein Allergie-Risiko besteht? (Kommen in der Familie Allergien vor, das Thema frühzeitig mit dem Kinderarzt besprechen.)
Wenn sich Mütter während der Stillzeit und auch schon davor an spezielle Diäten halten, ist das in manchen Fällen für das Baby von Nutzen (zum Beispiel bei Neurodermitis). Das Wichtigste: Nicht nach eigenem Gusto

allein drauflos doktern, sondern nur in Absprache mit einem Arzt oder einer Beratungsstelle für Ernährung eventuell auf bestimmte Nahrungsmittel verzichten (Seite 108). Während der Stillzeit ist es besonders wichtig, daß sich eine Frau gesund und ausgewogen ernährt. Verzichtet sie auf eine gemischte Kost, kann sich das negativ auf das Stillen auswirken.

Wenn das Baby Säuglingsmilchnahrung bekommt

Glücklicherweise kann ein Säugling heute auch gesund ernährt werden, wenn seine Mutter ihn nicht stillt – vorausgesetzt die Nahrung wird genau nach Anleitung auf der Packung zubereitet. Ein Löffelchen mehr darf's nicht sein!

Wer nicht stillt – aus welchen Gründen auch immer –, fühlt sich leicht als Mutter zweiter Klasse. Zu Unrecht. Sicherlich ist das Stillen die beste Art, ein Baby zu ernähren. Aber dem Baby Säuglingsmilchnahrung zu geben ist keine schlechte Ersatzlösung, sondern die zweitbeste Möglichkeit – vor allem, wenn man darauf achtet, daß kein schnelles Abfüttern daraus wird, sondern eine zärtliche halbe Stunde für Kind und Mutter.

Wer weiß, warum das Stillen so wichtig ist, kann manches von dem, was sich dabei zwischen Mutter und Kind abspielt, aufs Füttern mit der Flasche übertragen. Auch wenn ein Säugling die Flasche bekommt, kann er an der Brust liegen, Haut spüren, Wärme einatmen, Koseworte hören und zärtliche Blicke wahrnehmen und sich seiner Mutter fast so nahe fühlen wie beim Stillen. Das Flaschegeben kann mit viel Sinnlichkeit verbunden sein. Ein Vorteil dabei: Auch der Vater kann den Hunger seines Babys jetzt stillen.

Wer Säuglingsmilchnahrung kauft, ist überrascht von dem Riesenangebot. Welche Nahrung kommt für ein Baby in Frage? Jede Fertigmilchnahrung enthält alle Nährstoffe, die ein Baby braucht, um gut zu gedeihen. Sie enthält allerdings keine Abwehrstoffe. Die sind nur in Muttermilch enthalten (Seite 31).

Fertige Säuglingsnahrung basiert auf Kuhmilch. Die Kuhmilch wird allerdings umgewandelt: Eiweiß, Mineralsalze, Fette werden reduziert, zum Teil auch ersetzt, durch

Vitamine und Eisen ergänzt, bis das Produkt an die Muttermilch nahezu angepaßt ist (Pre-Nahrung).
Fertigmilch-Präparate für Babys müssen der amtlichen Verordnung für diätetische Lebensmittel entsprechen. Sie werden auf ihren Gehalt, aber auch auf Schadstoffe und Keime untersucht.

Adaptierte Milch

Weil sie der Muttermilch weitgehend entspricht, kann sie auch nach Bedarf gefüttert werden, ohne daß man befürchten müßte, daß der Säugling zu dick wird. Man sollte die Nahrung exakt nach Gebrauchsanweisung zubereiten. Angebrochene Fläschchen sicherheitshalber nicht bis zur nächsten Mahlzeit aufbewahren.

Adaptierte Säuglingsnahrung möglichst nach Verlangen des Babys füttern. Keine Bange: Mit adaptierter Milch kann es auch nicht zu dick werden

Teiladaptierte Milch

Sie enthält neben Milchzucker noch andere Kohlenhydrate, entspricht der Muttermilch also weniger. Sie ist dickflüssiger, sättigt vielleicht mehr, macht aber auch eher dick und wird vom empfindlichen Verdauungsapparat eines Neugeborenen manchmal schwerer verkraftet. Auch diese Nahrung (mit der Zusatzbezeichnung 1) sollte man genau nach Anweisung zubereiten.
Eltern können ihr Baby von Anfang an sowohl mit adaptierter als auch mit teiladaptierter Milch gesund ernähren, wenn sie die auf der Packung vorgegebenen Angaben exakt berücksichtigen. (Die Milchnahrung bitte nicht strecken oder andicken!) Es ist möglich, von adaptierter auf teiladaptierte Nahrung umzustellen oder auch umgekehrt und von einer Marke auf eine andere überzugehen. Durch einen Wechsel bekommt der Säugling keine Verdauungsprobleme! Die Ernährungskommission der Kinderärzte in Deutschland empfiehlt, Fertigmilchprodukte mit abgekochtem Trinkwasser zuzubereiten. (Wurde der Wasserhahn eine Weile nicht geöffnet, die Nahrung nicht gleich mit dem ersten Wasser zubereiten.) Kein enthärtetes Wasser verwenden.

Teiladaptierte Säuglingsmilchnahrung kann dem Baby auch immer dann gegeben werden, wenn es Hunger hat. (Wichtig: das Gewicht kontrollieren!)

Für Babys mit einem Allergierisiko gibt es besondere Säuglingsmilchnahrung. Mit dem Kinderarzt darüber sprechen

Säuglingsmilchnahrung mit abgekochtem Trinkwasser zubereiten – aber nur, wenn die Wasserqualität stimmt

Um immer dann das Fläschchen parat zu haben, wenn sich das Baby meldet, das Wasser auf Vorrat abkochen. Das kochendheiße Wasser zum Abkühlen in den Kühlschrank stellen, so bilden sich keine Bakterien. Ist das Baby hungrig, das Wasser in eine Flasche geben, im heißen Wasser aufwärmen, Pulvernahrung dazugeben und das ganz gründlich schütteln. Die Säuglingsmilchnahrung nicht wieder aufwärmen! Nahrungsreste grundsetzlich wegschütten. Für unterwegs: abgekochtes Wasser in einer Thermosflasche mitnehmen.

Wie ist die Qualität des Trinkwassers?

Läßt die Trinkwasserqualität zu wünschen übrig, können Eltern auf Mineral-, Quell- oder Tafelwasser ausweichen, das mit dem Hinweis »geeignet für die Zubereitung von Säuglingsnahrung« gekennzeichnet ist. Die Wasserqualität läßt sich beim Wasserwerk erfragen. Mineralwasser vor Gebrauch länger kochen, damit die Kohlensäure entweicht.

Wieviel Milch sollte das Baby täglich trinken?

Als Faustregel gilt: In den ersten drei Monaten braucht ein Baby pro Tag etwa ein Sechstel seines Gewichtes. Diese Regel ist jedoch nicht wörtlich zu nehmen; manche Babys kommen mit weniger aus, andere verlangen mehr. Wichtig ist allein, ob das Baby wächst und gedeiht.

Die nötige Ausrüstung für »Flaschenkinder«

Gebraucht werden etwa sechs Flaschen und zwei bis drei Sauger.

Zu den Flaschen:

Es gibt 150-Gramm- und 250-Gramm-Flaschen. Dem Baby ist es gleich, ob es seine Milch aus einer *Kunststoff-*

oder aus einer *Glasflasche* trinkt. Die Kunststoffflasche hat einige Vorteile:

- Sie geht nicht zu Bruch und wiegt wenig.
- Weil Kunststoff gut isoliert, bleibt die Nahrung länger warm. (Wer die Temperatur prüfen will, läßt ein paar Tropfen Milch innen aufs Handgelenk tropfen.)

Das Auskochen überstehen Kunststoff-Flaschen genausogut wie Glasflaschen; sowohl die einen als auch die anderen werden jedoch mit der Zeit unansehnlich.

Zu den Saugern:

Weil ihnen das häufige Sterilisieren nicht bekommt, sollten die Sauger etwa alle zwei Monate ausgewechselt werden. Das Saugerloch muß nach oben zeigen. Oft ist es entweder zu groß oder zu klein. Ein Tip, wie man die richtige Größe herausfinden kann: Wird die Flasche schräg nach unten gehalten, sollte die Nahrung langsam heraustropfen.

Mit einer über einer Flamme erhitzten Nadel läßt sich das Loch im Sauger vergrößern. Sauger mit großem Loch haben Nachteile:

- Das Baby trinkt zu schnell. Das Flaschegeben ist also rasch beendet und damit auch der zärtliche Kontakt zwischen Mutter und Kind.
- Das Baby wird nicht richtig satt oder schluckt zuviel Luft beim Trinken. Die Folge: Es ist unzufrieden, weil es nicht in Ruhe trinken kann, leidet schnell unter Bauchweh.

Zum Reinigen von Flaschen und Saugern

Beim Reinigen auf Hygiene achten. Weil sich in Ritzen und Rillen Milchreste sammeln. Flaschen und Sauger sofort nach dem Füttern heiß ausspülen

Weil Babys noch nicht an Keime gewöhnt sind und ihr Abwehrsystem noch nicht perfekt funktioniert, reagieren sie empfindlich auf Krankheitserreger. Deshalb ist auf Hygiene zu achten:

- Flasche und Sauger sofort nach jeder Mahlzeit heiß ausspülen. Die Flasche mit einer Extra-Flaschenbürste putzen, denn dann setzen sich in den mühsam zu reinigenden Ecken Milchreste gar nicht erst fest. Den Sauger in heißem Wasser mit etwas Salz ausreiben. Beim Putzen besonders auf die Rillen und Rinnen achten, wo sich hartnäckige Milchreste sammeln.

- Flasche und Sauger in viel Wasser fünf bis zehn Minuten lang auskochen (Praktisch: der Dampfkochtopf). Sterilisieren im chemischen Kaltbad ist nicht zu empfehlen.
- Die saubere Flasche und den sauberen Sauger auf ein ausgekochtes, heiß gebügeltes Tuch stellen und mit einem zweiten Tuch abdecken.

Werden Sauger und Schnuller sorgfältig gepflegt, behalten sie ihre Form. Und das ist wichtig, denn ein gut geformter Sauger (Schnuller) bringt das Baby dazu, auch richtig zu saugen und damit können sich Kiefer, Gaumen und Zähne gut entwickeln. Zahnärzte warnen vor dem Dauernuckeln (Seite 165)!

Zusätzlich zur Milch noch Tee?

Babys, die gestillt oder mit Säuglingsmilchnahrung ernährt werden, benötigen im Normalfall in den ersten Lebensmonaten keinen zusätzlichen Tee

Egal, ob ein Baby gestillt wird oder fertige Babymilch bekommt – Tee und Teeflasche gehören zur Grundausstattung. Wann muß, darf oder soll ein Neugeborenes zusätzlich zur Milch noch Tee trinken?

Normalerweise stillt es mit Milch nicht nur seinen Hunger, sondern auch seinen Durst. Aber es gibt Ausnahmen von der Regel:

- Ist es draußen oder im Zimmer außergewöhnlich warm, braucht ein Säugling eine Extraportion Flüssigkeit.
- Hat das Baby Durchfall oder Fieber oder wirkt es matter als gewöhnlich, sollte man ihm Tee anbieten. Mangel an Flüssigkeit wird bei einem Säugling schnell lebensgefährlich, denn Babys trocknen rasch aus. Deshalb muß man darauf achten, daß sie dann Tee oder auch abgekochtes Wasser zu sich nehmen.
- Ist das Baby unruhig, zieht es die Beine an und

krümmt sich, dann hat es wahrscheinlich Bauchweh, und dagegen hilft oft Fencheltee (Seite 119).

- Zwischen zwei Mahlzeiten können Eltern ihrem Baby das Warten mit einer Portion Tee verkürzen. Dieser Trick funktioniert leider nicht immer.

Als Tees eignen sich Fenchel-, Pfefferminz- und Kamillentee. Der Tee sollte ungesüßt sein, damit er den Durst auch wirklich löscht und damit sich das Kind nicht an Süßes gewöhnt. Wird aus dem Baby ein Kleinkind, spielt Tee als Durstlöscher eine größere Rolle.

Es kann also richtig und gut sein, daß Babys ab und zu Tee aus der Flasche trinken. Probleme gibt es später mit den Zähnen, wenn sich Kinder an das Teenuckelfläschchen gewöhnen und es *dauernd* als »Trostmittel« zur Verfügung steht. Heute sind Kindertees als Verursacher von Zahnschäden seltener ein Thema, denn sie werden inzwischen mit entsprechenden Warnhinweisen verkauft, die Wirkung zeigen.

Nur ungesüßten Tee geben. Babys bitte gar nicht erst an das Nuckelfläschchen gewöhnen, das bei jedem kleinsten Kummer gleich als »Tröster« zur Verfügung steht

Das Bäuerchen – wirklich unverzichtbar?

Das Warten auf das angeblich unverzichtbare Bäuerchen wird leicht zu einer leidigen Geduldsprobe: Mit dem Baby über der Schulter wandern Mutter oder Vater federnden Schrittes auf und ab und klopfen und klopfen auf den krummen kleinen Rücken, bis der erlösende Rülpser endlich herausplatzt. Häufig bedarf es dieser lästigen Prozedur überhaupt nicht, denn wenn ein Baby entspannt saugt, schluckt es meist keine Luft beim Trinken. Nur Babys, die sehr hastig trinken und dabei viel Luft schlucken, sollten wenigstens einmal aufstoßen. Meistens brauchen sie auch nicht lange dazu: Die Luftblase in ihrem Bauch ist so groß, daß sie schnell nach oben drückt. Wenn man es läßt, schläft manches Kind gleich nach dem Stillen oder dem Fläschchen friedlich ein – ganz ohne Bauchdrücken. Am besten liegt es dann in Seitenlage, falls doch noch etwas Milch hochkommt (Seite 163).

Eltern müssen nicht endlos auf das ersehnte Bäuerchen warten. Manchmal geht's auch ohne

Bleibt das Baby nach dem Trinken wach, ist das Bäuerchen sowieso überflüssig – beim Spielen mit dem Baby kommt die Luft irgendwann hoch, ohne daß man sich darum bemühen muß.
Als Faustregel bleibt: Jedes Bäuerchen tut dem Baby gut. Bleibt es aus und wirkt das Baby ruhig, ist es auch in Ordnung.

Spucken: Ein Milchsee landet auf dem Teppich

Das Baby spuckt – für unsichere Eltern ein Grund, sich Sorgen zu machen

Hat das Baby viel Milch ausgespuckt, meldet es sich bei der folgenden Mahlzeit einfach ein wenig früher. So lange es nicht abnimmt, besteht kein Grund zur Sorge

Manche Babys vertragen die Milch nicht oder leiden unter einer Verdickung des Ausgangsmuskels am Magen (Magenpförtner). Ein Magenpförtnerkrampf läßt sich heute mit Hilfe von Ultraschall ohne Schwierigkeiten erkennen

Kommt am Ende der Mahlzeit nicht Luft, sondern in hohem Bogen ein Schwall Milch aus dem Magen des Babys, erschrecken Eltern meist mehr als ihr Kind: Die kostbare Milch – oft mühsam eingetrichtert – scheint vergeudet. Wer ein trinkfaules Baby hat, ist jetzt am Boden zerstört: »Kostbare Nahrung ist verschwendet!« Dazu kommt bei vielen unerfahrenen Eltern eine gewisse Unsicherheit: So viel Milch im hohen Bogen, ist das überhaupt noch Spucken oder schon Erbrechen? Der Milchsee wirkt meist größer als er ist. Viele Kinder spucken regelmäßig – besonders häufig gestillte Babys.
In der Regel sind sie trotzdem satt und nachfüttern ist nicht nötig. Tips, wie sich das Spucken oft vermeiden läßt:

- Darauf achten, daß das Baby wenig Luft schluckt (zum Beispiel Sauger mit kleinem Loch benutzen).
- Während der Mahlzeit dem Baby kleine Pausen gönnen – möglichst mit Bäuerchen.
- Das Kind nach der Mahlzeit nicht abrupt hoch nehmen, sondern erst mal auf ein Kissen legen (Schräglage) und nach einer Weile hoch nehmen.

Erbricht das Baby die Milch mehr als dreimal täglich in großen Mengen, krampfartig oder macht es noch lange nach dem Spucken einen erschöpften Eindruck und nimmt ab, dann sollten Eltern den Kinderarzt informieren.
Ein Tip: Milchflecken sind schwer zu entfernen. Deshalb beim Stillen oder Flaschegeben T-Shirts tragen, die sich gut waschen lassen oder ein Spucktuch unterlegen.

Noch sind die Verdauungsorgane anfällig

Die Verdauung des Babys – für unerfahrene Eltern oft ein Grund, sich Sorgen zu machen. Meist überflüssige Sorgen

Daß ein Baby leicht Durchfall bekommt und daß Durchfall keine harmlose Angelegenheit ist, wissen Eltern, und auch, daß Verstopfung recht schnell qualvoll für ein Baby sein kann. Deshalb ist die Verdauung des Babys ein Thema, über das sie sich den Kopf zerbrechen: »Ist dieser grüngelbe Brei in der Windel ›normal‹ oder müssen wir schleunigst zum Arzt?« Oder: »Kann man kleine feste Kügelchen noch als normalen Stuhlgang bezeichnen?« Wer unerfahren ist, tut sich bisweilen schwer zu beurteilen, wo »normal« aufhört und »nicht normal« anfängt.
Manche Babys haben die Windel nach jeder Mahlzeit voll, andere nur alle paar Tage. Solange das Baby dabei froh und munter ist, wächst und gedeiht, besteht erst einmal kein Grund zur Aufregung.

Einige wesentliche Orientierungspunkte

- Gestillte Kinder haben meist einen mild riechenden gelblichen Stuhl, oft ziemlich flüssig, manchmal auch grün oder grün gefleckt. Wenn der Stuhl in den ersten Wochen schleimig sein sollte, hat das meist eine harmlose Ursache: Das Baby reagiert überempfindlich auf Speisen, die seine Mutter zu sich genommen hat.
- Gestillte Kinder, die zusätzlich Babynahrung trinken, haben normalerweise einen festeren Stuhl, der dunkler ist und schärfer riecht.
- Babys, die nur die Flasche bekommen, haben Stuhl, der sich in Farbe und Geruch von dem älterer Kinder wenig unterscheidet.

Durchfall

Manche Babys haben täglich und recht häufig flüssig erscheinenden Stuhl in den Windeln – das ist noch nicht unbedingt ein Grund zur Sorge, solange sich Farbe und

Durchfall ist bei einem Baby eine ernsthafte Erkrankung, meist ein Hinweis auf eine Infektion

Geruch nicht verändern und es dem Kind gutgeht. Klingen die Darmgeräusche des Babys dagegen ganz anders als normalerweise, sollten Eltern ihr Kind genau beobachten. Wenn der Stuhl dünn, wäßrig, explosionsartig abgeht sowie übelriechend, grün oder schaumig glänzend wie Fett und dauernd in der Windel ist, sollten Eltern umgehend mit einem Arzt sprechen. Manchmal hat das Baby außerdem noch Fieber oder Blut im Stuhl und/oder macht einen matten Eindruck.

Verstopfung

Es ist meist normal, daß gestillte Säuglinge tagelang nichts in der Windel haben

Gestillte Kinder haben eigentlich nie Verstopfung. Manchmal hat es den Anschein, als müßten sie sich schrecklich quälen, wenn der Stuhl kommt. Sie werden puterrot und unruhig. Dahinter muß nicht unbedingt Schmerz stecken; allein ihr Unbehagen, ihre Anstrengung drücken Babys oft schon so dramatisch aus.

Flaschenkinder neigen eher zu Verstopfung, meistens verursacht durch Ernährungsfehler (zum Beispiel falsche Dosierung des Pulvers bei der Zubereitung der Säuglingsmilchnahrung). Zu harter Stuhl besteht aus kleinen fahlen Kugeln, die recht hart sind. Eine Messerspitze Milchzucker in der Nahrung mildert das Problem meistens schon. Auf keinen Fall darf man ein Erwachsenen-Klistier einführen, dabei wird das Baby leicht verletzt. Fertigklistiere für Säuglinge können ohne Bedenken gegeben werden. Manchmal hilft es auch, dem Baby ein Thermometer einzuführen.

Treten immer wieder Verstopfungen auf, den Kinderarzt um Rat fragen.

Blähungen kennen alle Babys

Unter Bauchweh leiden fast alle Säuglinge in diesen ersten Lebenswochen mal. Die Erklärung: Ihr Magen-Darm-Trakt ist noch besonders anfällig.

Jeder kann sich vorstellen, daß ein Säugling mit aller Kraft versucht, die Luft wieder loszuwerden, die quer

sitzt und ihn quält. Er zieht die Beine an, krümmt sich, schreit vor Schmerzen – ein Bild des Jammers.
Verbunden mit Blähungen sind manchmal *Dreimonatskoliken.* Diese Bauchschmerzen treten nicht etwa gegen Ende des dritten Lebensmonats auf, sondern plagen das Baby im ersten Vierteljahr und geben sich danach plötzlich wieder.
Warum manche Säuglinge besonders stark, andere weit weniger unter diesem quälenden Bauchweh leiden, weiß man nicht. Eine Vermutung: Nervöse, aktive Säuglinge haben eher damit zu tun – trinken hastiger, schlucken mehr Luft – als die ganz ruhigen Vertreter. Leiden sie unter Koliken, schreien Babys oft stundenlang und bringen sich selbst und ihre Eltern damit zur Verzweiflung: »Was können wir bloß dagegen tun?«
Wichtig: Trotz allen Mitleidens, vor allem Ruhe bewahren. Eltern, die aus der Fassung geraten, können ihr Baby nicht mehr besänftigen, denn ihre Anspannung überträgt sich auf den Säugling.

Schreit ein Säugling schrill und verzweifelt, sind oft Blähungen die Ursache, für Mütter und Väter am aufgeblähten Babybauch zu erkennen

Was hilft?

- Fenchel-, Kümmel- oder Kamillentee ohne Zucker anbieten (Seite 114). Oder bei der nächsten Mahlzeit die Säuglingsmilchnahrung mit dem Tee mixen.
- Das Baby herumtragen, wiegen und schaukeln. Es zwischendurch in Bauchlage auf den Unterarm legen. Dabei seinen Bauch mit der Hand vorsichtig kneten.
- Es saugen lassen – am Finger, am Schnuller.
- Es auf den Rücken legen, seinen Bauch sanft mit den Händen massieren. Eine ausgestreckte Hand auf den Nabel legen und den Bauch sachte mit Fingern und Handballen kneten. Das fördert die Durchblutung. Die Beine des Babys vorsichtig beugen und strecken. Auf diese Weise können angestaute Gase leichter entweichen.
- Es auf den Bauch legen, den Rücken sanft reiben und streicheln. Die eine Hand ein wenig auf der rechten Seite unter das Kind schieben, die andere auf der linken Seite. Dann die Flanken des Kindes leicht bewegen.

Wenn sein Bauch massiert wird, beginnt manches Kind zu weinen. Oft aus naheliegendem Grund: Die Hände sind zu kalt. Deshalb die Hände vor dem Massieren mit einigen Tropfen Öl warm reiben. Babys mögen Blickkontakt beim Massieren (Seite 127)

- Manchmal helfen feuchtwarme Bauchwickel.
- Für Mütter, die stillen: Überlegen, was Blähungen verursachen könnte (Seite 108).
- Das Baby langsam füttern, beim Trinken viele Pausen machen.

Wenn die Schmerzen gar nicht verschwinden, mit dem Arzt über das Bauchweh und (oder) die Blähungen sprechen. Ohne Absprache mit ihm nicht die Nahrung umstellen, verdicken oder verdünnen.

Schluckauf hört sich schlimmer an, als er ist

Dieses harte Schlucken beunruhigt Mütter und Väter mehr als das Baby, das einen Schluckauf meist ganz gelassen hinnimmt

Verursacht wird ein Schluckauf durch das Zwerchfell, das sich zusammenzieht und ausdehnt, ein Zeichen dafür, daß der Atembereich kräftiger wird und wächst. Durch diese Bewegung entweicht Luft. Manchmal entsteht ein Schluckauf auch, wenn's dem Baby zu kalt ist. Babys haben oft mit einem Schluckauf zu kämpfen. Sie fühlen sich dadurch jedoch überhaupt nicht gestört, auch wenn es für Erwachsene quälend wirken mag. Dieses harte, regelmäßige Gaksen erinnert viele Mütter an die Schwangerschaft: »Ich konnte genau spüren, wenn mein Baby mit einem Schluckauf zu kämpfen hatte!«
Wenn das Baby zu saugen beginnt, gibt sich der Schluckauf übrigens.

Niesen: nicht unbedingt ein Hinweis auf Schnupfen

Häufiges Niesen muß bei einem Baby kein Hinweis auf Schnupfen sein, sondern darauf, wie empfindlich es noch ist

Ein zweites Geräusch, das Mütter und Väter in dieser Anfangsphase leicht irritiert: Ihr Baby niest, und zwar dauernd. Mit Schnupfen hat dieses erste Niesen meist weniger zu tun als mit Licht. Kleine Babys reagieren auf Licht äußerst empfindlich. Helligkeit reizt nicht nur die Augen, sondern auch die Nase. Das Niesen hat auch sein Gutes: Es reinigt die Atemwege.

Unser Baby will mehr als »nur« gepflegt werden

Täglich bade ich unseren Sohn, hülle ihn in ein duftig frisches, riesiges Badehandtuch, tupfe ihn trocken, creme, wickle ihn – eine Pflegeprozedur reiht sich an die nächste. Beim Thema Säuglingspflege fühle ich mich fit – nicht zuletzt, weil ich das gesamte Programm vor zwanzig Jahren schon mit meiner Babypuppe durchgespielt habe: Creme verteilen, Taschentuch als Windel drüber... In meiner Rolle als »Pflegerin« fühle ich mich also verhältnismäßig sicher im Gegensatz zu allen anderen Bereichen, die unser erstes Kind betreffen.

Neben der Pflege nehme ich's auch mit der Hygiene äußerst genau. Ich wasche Wäscheberge weg, bügle und lege Stapel von Höschen und Hemdchen sorgfältig zusammen. Ich sauge Staub und putze Staub, wische mit feuchten Tüchern durch die Wohnung und versprühe zum Schluß – hochzufrieden mit der Supersauberkeit – noch Desinfektionsmittel. Machen sich hier noch Keime breit, ist das jedenfalls nicht meine Schuld. Warum der ganze Hygieneaufwand? Ich fürchte, daß unser Baby erkranken, daß es sich eine Infektion – zum Beispiel eine Darminfektion – einhandeln könnte, wenn ich ihm nicht blitzblanke, möglichst sterile Sauberkeit biete.

Mit der Zeit lerne ich, daß dieses ewige Machen und Tun weder dem Baby nützt noch mir – im Gegenteil: Es hindert mich daran, ausreichend Zeit für unser Kind zu haben, um mit ihm zu spielen, weil ich dauernd in Aktion bin. Beim zweiten und dritten Kind läßt mein Eifer schon wesentlich nach: Jetzt gelingt es mir besser, Fünfe gerade sein zu lassen, weil ich mich sicherer fühle. Inzwischen weiß ich, daß ein Baby weniger zerbrechlich und anfällig ist als es wirkt. Beim vierten Baby schieben wir schon eine ganz ruhige Kugel. So bade ich es nicht mehr stur nach Plan, sondern schiebe viele kleine Katzenwäschen ein und gewinne auf diese Weise etliche halbe Stunden zum Schmusen und Kennenlernen. Sauber genug ist unser Baby trotzdem. Und auch die Wohnung muß nicht länger möglichst keimfrei glänzen. Diesmal habe ich Zeit, auch mal die Beine hoch zu legen und die Babyzeit von Herzen zu genießen. Die Keime scheinen unserem Kind nicht zu schaden.

Weil ich inzwischen eine Menge Baby-Erfahrung gesammelt habe, fällt es mir leicht, den Familienalltag ein Stück lockerer zu gestalten. (C.N.)

Hygiene: ernst nehmen, aber nicht zu ernst

Die ganz »normalen« Haushaltskeime verkraftet ein Säugling. Steril muß sein Umfeld nicht sein

Wichtiger als ein pieksauberes Umfeld: Zuwendung, Plauder- und Schmusestündchen mit den Eltern

Nach der Entbindung werden Mütter mit Pflegetips und Badetricks überhäuft. Das Thema Hygiene, Schutz vor Keimen wird häufig großgeschrieben. Allzu enge, strikte Hygiene-Maßregeln der »alten Schule« (jedes und alles desinfizieren) haben früher viel spontane Zärtlichkeit verhindert. Das Baby wurde abgeschirmt, sein Umfeld möglichst steril gehalten.

Glücklicherweise wissen heute viele Mütter: »Je weniger Zeit ich mit unwesentlichen Pflegeaktionen vertue, desto mehr Zeit bleibt mir für wesentlichere Dinge wie das Schmusen mit meinem Kind!« Sie schreiben Hygiene nicht mehr ganz so groß wie in früheren Zeiten in der Säuglingspflege, nehmen sie aber dennoch wichtig.

Natürlich wollen Eltern ihr Baby durch penible Sauberkeit in der Wohnung vor Keimen schützen. Obwohl es von seiner Mutter gegen die ganz normalen »Hauskeime« Antikörper mitbekommt, reagiert es zu Beginn seines Lebens noch höchst empfindlich auf Krankheitserreger, weil sein Abwehrsystem noch nicht mit aller Kraft arbeitet. Mit jedem Tag steigern sich seine Abwehrkräfte jedoch langsam. Wer zu emsig putzt und sterilisiert, verhindert damit, daß sein Kind mit Keimen in Berührung kommt und langsam die Fähigkeit entwickelt, aus eigener (Abwehr-)Kraft mit gesundheitlichen Belastungen fertigzuwerden.

Mit Putz- und Waschmitteln besser sparsam umgehen, auch weil manche Kinder allergisch darauf reagieren. Das Thema Allergie betrifft zunehmend mehr Kinder und Eltern

Was ist wichtig?

- Die Wohnung oft lüften. In abgestandener Luft, in warmen Räumen sammeln sich Keime und Bakterien.
- Haustiere vom Säugling fernhalten.

- Besucher, die krank sind, nicht zu nah an das Baby heranlassen.
- Die Bettwäsche des Kindes häufig wechseln.
- Keine Desinfektionsmittel verwenden.
- Auf Hygiene beim Stillen oder bei der Zubereitung von Flaschennahrung achten (Seite 102 und Seite 112).

Babypflege: ein zärtliches Vergnügen

Das Baby beim Baden und Wickeln bitte nicht schnell abfertigen, sondern sich ihm in aller Ruhe widmen.

Baden: vor allem ein Genuß

Mit den Füßen voran langsam ins warme Wasser gleiten, im Wasser plätschern, entspannen, bewegen und sich ganz leicht fühlen – für die meisten Babys ist Baden ein sinnliches Vergnügen. Jedes (zarte) Reiben, jedes Streicheln und Drücken nimmt ein Säugling intensiv wahr. Es geht beim Baden also in erster Linie um Wohlfühlen und Genießen und dann erst um Waschen und Saubersein. Tägliches Baden, früher häufig empfohlen, halten viele Hautärzte nicht für ratsam. Ein- oder zweimal pro Woche baden genügt.

In den ersten Lebensmonaten ist kaum ein Baby wasserscheu. Im Gegenteil. Im warmen Wasser fühlen sich die meisten Säuglinge in ihrem Element

Der richtige Griff beim Baden

Eltern haben am Anfang beim Babybaden oft ihre Probleme: »Ich traue mich kaum, mein Kind zu halten, weil es so winzig, so hilflos und zerbrechlich wirkt. Hoffentlich rutscht es mir nicht aus den Händen!«

- Das Baby rücklings in die Wanne legen, so daß sein Nacken auf den linken Unterarm von Mutter oder Vater liegt. Das Kind mit der linken Hand an seinem Oberarm festhalten.
- Oder den Säugling bäuchlings mit seinem Oberkörper auf den Unterarm legen und wieder am Oberarm festhal-

Wird ein Kind in den ersten Lebenswochen täglich gebadet, strapaziert das zwar einerseits die empfindliche, zarte Babyhaut, macht vielen Säuglingen andererseits jedoch ein Riesenvergnügen

ten. Wer das Baby umdrehen will, legt ihm während des Wendemanövers beide Hände unter den Bauch.

Weitere Tips zum Baden

Eine Babybadewanne muß nicht unbedingt sein. Das Waschbecken oder eine große Schüssel tut's am Anfang auch

- *Badezeit:* Das eine Kind wird im warmen Wasser schläfrig und matt. Schon beim Abtrocknen fallen ihm die Augen zu. Dieses Baby wird am besten mittags oder abends gebadet, damit es danach gleich weiterschlafen kann. Ein anderes wird in der Wanne kregel und deshalb am besten morgens gebadet (möglichst vor einer Mahlzeit, das muß aber nicht unbedingt sein). Mit vollem Bauch bekommt manchem Baby das Baden nicht gut: Deshalb nach einer Mahlzeit lieber eine Stunde warten.
- *Badezimmertemperatur:* mindestens 22 Grad.
- *Wassertemperatur:* am besten 37 Grad. Mit einem Thermometer kontrollieren.
- *Badezusätze:* Vorsicht ist bei allen Duftstoffen geboten. Selbst Naturprodukte wie etwa Lavendelöl, können das Risiko einer späteren Allergie erhöhen. Klares Wasser reicht für zarte Babyhaut. Denn so wird der sensible, noch nicht perfekt ausgebildete Schutzmantel der Haut nicht angegriffen.

Ein Baby mag keine Unruhe. Es pflegen heißt: in aller Ruhe auf seine Bedürfnisse eingehen, damit es sich in seiner Haut wohl fühlt. Pflegezeit ist Schmusezeit

Hat das Kind sehr trockene Haut, kann man sich ein medizinisches Öl vom Kinderarzt verschreiben lassen.

- *Badehandtuch:* Vor dem Baden auf einer Ablage oder auf dem Boden samt weicher Unterlage ausbreiten. Oder sich ein vorgewärmtes großes Badehandtuch reichen lassen und das Kind darin einmummeln.

Wenn das Baby gewaschen wird

Eine Schüssel mit warmem Wasser auf den Wickeltisch stellen, einen Waschlappen für das Gesicht, einen für den Po bereitlegen. (Erst bei älteren Babys milde Babyseife verwenden.) Das Baby auf ein angewärmtes Handtuch legen.

Zuerst das Gesicht waschen. Eventuell das rechte Augen mit einem feuchten Wattepad behutsam von außen nach innen ausreiben, das linke mit einem zweiten. Dann Hals, Arme, Hände Brust, Bauch, Beine und Füße waschen. Vor allem die Hautfalten, in denen sich gerne Creme- und Schmutzreste sammeln, besonders sorgsam reinigen. Zum Schluß den Po säubern.

- Bei Mädchen nicht die Schamlippen öffnen, sondern nur den Außenbereich waschen, und zwar von der Scheide zum Po putzen, damit keine Keime in die Vagina gelangen.
- Bei Jungen die Vorhaut vom Penis nicht zurückschieben. Sie sitzt noch fest und läßt sich erst in etwa vier Jahren zurückschieben.

Auch die Haare nur mit Wasser waschen, und zwar gegen Ende des Zeremoniells, damit der Kopf nicht kalt wird.

Abtrocknen

Das Baby mit einem vorgewärmten Handtuch nicht trockenrubbeln, sondern vorsichtig trockentupfen oder sanft trockenreiben. Dabei wieder die Falten nicht vergessen.

Nach dem Baden oder Waschen das Kind sanft trockenreiben, um die Durchblutung zu fördern

Viel mehr Spaß hat solch ein Winzling, wenn er nach dem Baden nackt strampeln darf, sich frei bewegen kann – ohne Hemd und Hose und vor allem ohne die lästige Windel. Voraussetzung: Das Zimmer muß richtig schön warm sein und es darf darin nicht ziehen.

Während ihr Kind nackt seine Freiheit genießt, können die Eltern es voller Freude bestaunen: »Wie winzig die Hände und Füße sind, wie lebendig das kleine Wesen ist!« Sie können die letzten Tropfen wegküssen und dem Baby über den Bauch pusten. Manche Kinder mögen gerne noch ein Weilchen nackt auf dem Wickeltisch liegen, andere zeigen Wohlbehagen, wenn sie gleich in ein weiches Tuch gehüllt werden.

Nackend auf einem vorgewärmten Handtuch unter einer Wärmelampe liegen, sich bewegen – die reine Freude für die meisten Babys

Die Haut nach dem Abtrocknen mit einer milden, leichten Lotion eincremen.

Wie wird der Nabel versorgt?

Es dauert nach der Geburt noch ein paar Tage bis der Rest der Nabelschnur abfällt. Keine Sorge: Der »wunde Punkt« verheilt meist gut

Ist die Nabelschnur durchtrennt, wird der Rest abgeklemmt und fällt nach wenigen Tagen ab. Der Nabel darunter ist zuerst noch leicht gerötet, näßt manchmal. In den meisten Kliniken läßt man heute die Wunde offen heilen – keine Kompressen, keine Nabelbinden mehr, eine desinfizierende Lösung auf die Wunde, damit hat sich's.
Wenn der Nabel gut heilt, darf das Baby schon in die Badewanne. Keine Sorge, wenn der Nabel noch ein wenig nachblutet. Mit abgekochtem Wasser wird das Blut weggetupft. Entzündet sich der Nabel jedoch, sollte sich der Arzt die Wunde anschauen.

Wie trägt man ein Neugeborenes?

Liegt das Baby an der linken Schulter seiner Mutter, hört es ihren vertrauten Herzschlag und das gefällt ihm

Das kleine Menschlein kann seinen Kopf noch nicht halten und braucht deshalb eine Stütze. Der Kopf muß also beim Hochnehmen und Ablegen immer gestützt werden. Wie trägt man ein Baby in den ersten sechs Wochen am besten?

- Es auf den Arm nehmen, seinen Kopf auf die Schulter legen und mit einer Hand abstützen.
- Das Neugeborene in Rückenlage in eine Armbeuge legen. Sein Kopf ruht auf dem Oberarm. Den Körper des Säuglings mit dem Unterarm halten.
- Das Baby bäuchlings auf Unterarm und Handfläche legen.

Nase putzen

Muß nicht sein. Die Nase reinigt sich durch Niesen selber. Auf keinen Fall sollte man mit Wattestäbchen in der Nase stochern, denn dabei wird die Schleimhaut leicht verletzt.
Bei Schnupfen außen von oben nach unten an der Nase entlangstreichen, dann löst sich der Schleim häufig ein wenig. Nasentropfen, Nasencremes nur nach Rücksprache mit dem Arzt verwenden. (Niesen siehe Seite 120.)

Ohren säubern

Ohren reinigen sich von selber, also weg mit den Wattestäbchen. Damit wird das Ohrenschmalz nur tiefer in den Gehörgang geschoben und es bildet sich auf Dauer ein Schmalzpfropfen. Außerdem kann es zu Verletzungen des Trommelfells kommen.
Die Ohrmuschel kann man mit einem feuchten Wattebausch reinigen oder mit einem ölgetränkten Wattestäbchen.

Nägel schneiden

Es lohnt sich, eine Nagelschere mit abgerundeten Ecken anzuschaffen. Die Nägel sollten etwa alle acht bis zehn Tage geschnitten werden, sonst zerkratzt sich der Säugling das Gesicht. Fingernägel werden leicht rund geschnitten, Fußnägel gerade (sie wachsen sonst ins Nagelbett ein). Schläft das Baby, kann man seine Nägel am besten schneiden. Die Nägel hinterher leicht einfetten.

Babymassage: Labsal für Leib und Seele

Lange in Vergessenheit geraten, entdecken Mütter nach und nach auch in unseren Breiten wieder, was in anderen Ländern immer Usus war: Sie massieren ihr Baby regelmäßig. Manches Kind hält zunächst wenig von einer Massage, reagiert unruhig, beginnt bisweilen zu weinen. Wird es weiter massiert, versteht es die Botschaft in der Regel: Es beruhigt sich, entspannt sich, genießt die Massage. Es genießt die Fingerspitzen, die Kreise ziehen, die flachen Hände, die über seinen Körper streichen, die Handballen, die leicht auf seine Haut drücken. Das Kind schaut seinem Gegenüber in die Augen und staunt, was mit ihm geschieht. Worte stören nur, jetzt sprechen allein die Hände.
Sie kneten vorsichtig Schultern, Arme, Hände, Brust, Bauch, Beine und Füße, wenn das Kind auf dem Rücken

Ist der Nabel verheilt, können Eltern langsam damit beginnen, ihr Baby zu massieren. Beim Massieren dem eigenen Instinkt und den Signalen des Kindes vertrauen.
Es zeigt, was ihm gefällt und wann es ihm zuviel wird

liegt, massieren später Rücken und Po, wenn es auf dem Bauch liegt, und streicheln zwischendurch zärtlich das Gesicht: Stirn, Nase, Wangen, Kinn.
Wichtig beim Massieren ist,

- daß das Baby nackt ist,
- daß es keinen Hunger hat, sein Bauch aber nicht zu voll ist,
- daß der Raum warm ist (etwa 25 Grad),
- daß die Hände beim Massieren warm und mit Babyöl eingerieben sind,
- daß es nicht länger als fünf, zehn Minuten massiert wird (manchmal hat es allerdings schon früher genug).

Hautkontakt: so wichtig wie Nahrung

Fast so dringend wie Nahrung braucht ein Baby Hautkontakt. Nur wenn es viel gestreichelt wird, viel Liebe und Geborgenheit erfährt, kann es sich gesund entwickeln

Die Haut eines Säuglings ist zart und empfindlich. Kälte, Wärme, Wind, Feuchtigkeit – alles nimmt ein kleines Baby besonders intensiv über die Haut wahr. Kinderhaut ist durchlässiger als Erwachsenenhaut. Die Hornschicht ist noch dünn und der Fettfilm, der die Haut vor Keimen und anderen Belastungen schützen soll, entwickelt sich erst langsam. Auch Berührungen erlebt ein Säugling überdeutlich und mit jeder Faser seiner Haut.
Ein Baby pflegen heißt also nicht nur für Sauberkeit und Frische sorgen, sondern bedeutet wesentlich mehr. Es beim Baden festhalten, vorsichtig mit Wasser beträufeln, später sanft trockenreiben und -tupfen, seine Haut beim Massieren behutsam streicheln und kneten, ihm einen Kuß auf den warmen, nackten Bauch pusten, es auf den Arm nehmen, seine Wärme genießen – alles zusammen sind Momente, die Mutter oder Vater nie vergessen. Momente, die sich auch ihrem Kind fest einprägen und ihm unentbehrlich sind.

Mit jedem neuen Lebenstag festigt sich die Bindung zwischen Eltern und Baby

Für die Erwachsenen sind diese Erfahrungen der Grundstein ihrer liebevollen Beziehung zu ihrem Kind. Das Baby braucht Zärtlichkeit, um sich gesund entwickeln zu können, denn

- jedes Gramm Zärtlichkeit zeigt ihm: »Meine Eltern sind für mich da, sie kümmern sich um mich!« Fühlt es sich geliebt und geborgen, kann es Vertrauen in die Menschen entwickeln (Seite 25),
- jedes Streicheln regt dazu seine Sinne an, ist ein Impuls für die Entwicklung seines Gehirns und Nervensystems (Seite 39).

Wie viele Streicheleinheiten, wieviel Nähe und Körperkontakt braucht ein Baby? Eltern könnten diese Frage beantworten, wenn sie ihr Baby genau beobachten und ihrem Instinkt vertrauen würden, denn Untersuchungen haben gezeigt, daß in allen Müttern und Vätern viel intuitives Wissen schlummert. Viele Erwachsene haben allerdings verlernt, dem eigenen Instinkt, der eigenen Einschätzung zu trauen und entsprechend zu handeln.

Die Haut ist das größte Organ eines Babys. Über die Haut sammelt es erste Tast-Erlebnisse und damit intensive sinnliche Erfahrungen

Dazu kommt, daß viele befürchten, ihr Baby zu verwöhnen, wenn sie es häufig streicheln und liebkosen. Ein kleines Baby kann aber nicht verwöhnt werden (Seite 87).
Solange es im Mutterleib war, wurden seine Bedürfnisse nach Berührung permanent befriedigt: Es war in *engstem* Kontakt mit seiner Mutter und durch das Zusammenziehen der Gebärmutter wurde es massiert. Der Tastsinn des Babys entwickelt sich bereits in der achten Schwangerschaftswoche. Man kann sich also leicht vorstellen, wie wichtig Hautkontakte für ein Baby sind.

Das Wickeln: eine gute Gelegenheit zum Spielen

Windeln waschen oder nach Gebrauch wegwerfen? Der Ökostreit zwischen Wegwerfgegnern und -befürwortern ist noch nicht entschieden. Egal ob Stoff- oder Höschenwindel, beide Arten belasten laut Umweltministerium die Umwelt, und zwar gleichermaßen. Keine Sorte zeigt – aus ökologischer Sicht – eindeutige Vorteile, das haben Untersuchungen ergeben.

Egal ob mit Höschen- oder Stoffwindel – ein Baby sollte möglichst häufig gewickelt werden, um seine Haut zu schonen

Welche Windeln?

Höschenwindeln sind enorm saugstark, so daß das Baby angenehm trocken liegt

- *Höschenwindeln* sind praktisch. Nicht nur das Windelwaschen fällt weg, sondern auch das Wickeln beansprucht weniger Zeit. Ob Höschenwindeln Ursache für Allergien, für Pilzerkrankungen und einen wunden Po sein können, ist umstritten. Die Klebestreifen an den Höschenwindeln reißen leicht ab. Deshalb sollten Ersatzklebestreifen in Reichweite liegen. Gut zu gebrauchen sind Höschenwindeln mit zweifach klebendem Streifen; so kann man die Windel zwischendurch öffnen – etwa um Fieber zu messen. Weder der Klebestreifen noch die Folie von Höschenwindeln sollten mit »Creme«-Fingern berührt werden, sonst ist die Klebewirkung meist dahin.
Selbst kleine Babys kommen mit kleinen Höschenwindeln oft nicht zurecht. Sie brauchen von Anfang an eine größere Nummer oder auch Nachtwindeln für den Tag. Das Kind sollte nie absolut »luftdicht« in der Windel verpackt werden, sonst dringt keine Luft an die Haut; die Haut reagiert gereizt.

Professionelle Windeldienste bieten überall in der Bundesrepublik ihre Dienste an. Sie übernehmen das Windelwaschen und erleichtern Eltern damit die Arbeit

- *Stoffwindeln* erfordern mehr Geschick beim Wickeln. Ihr Vorteil: Sie lassen mehr Luft an den Po. Deshalb keine Kunstoffhöschen, sondern Windelhosen aus Stoff überziehen – zum Beispiel aus naturbelassener Schafwolle, die einen guten Nässeschutz bieten. Die Stoffwindel läßt sich später durch eine Zellstoffeinlage ergänzen.
Stoffwindeln müssen beim Waschen gekocht und gut ausgespült werden. Man kann sie zum Waschen auch außer Haus zu einem Windeldienst geben.

Volle Windel: kein großes Thema daraus machen

Windeln und Wickeln – eine Angelegeheit, die mancher gerne schnell hinter sich bringt. Im Grunde beginnt mit dem Wickeln auch die Sauberkeitserziehung. Gehen Eltern unbefangen damit um, ist das Wickeln für sie eine Selbstverständlichkeit und kein Igittigitt, dann gelingt es ihnen wahrscheinlich auch später in der Töpfchenphase eher, locker zu bleiben. Weder Urin noch Kot eines Säuglings sind unrein oder gar schädlich.

Ein Baby zu wickeln, ist mit ein wenig Erfahrung schnell gelernt – vor allem, weil sich das Kind jetzt bei der Wickelprozedur noch nicht allzu lebhaft bewegt. Das ändert sich später

Der beste Zeitpunkt zum Wickeln

- *Vor der Mahlzeit* sollte ein Baby gewickelt werden, wenn es zum Spucken neigt oder beim Trinken gerne fest einschläft. Der Nachteil: In der Regel muß man sich beim Wickeln jetzt sputen, weil das Baby Hunger bekommt. Das Wickeln findet also auf die Schnelle statt und es ergibt sich keine Gelegenheit zum Schmusen und Spielen.
- *Nach der Mahlzeit* bleibt beim Wickeln meist genug Zeit zum Spielen. Die allermeisten Babys mögen mit nacktem Po auf dem Wickeltisch liegen und ihre Kräfte ausprobieren. Je älter sie werden, desto mehr Spaß haben sie am Strampeln.

Wie wird ein Baby gewickelt?

Ist der Po verschmutzt, ihn zuerst mit einem Zipfel der Windel und einem Papiertuch abputzen, eventuell mit einem Öltuch, danach mit handwarmem Wasser und Papiertüchern säubern (Beine zusammen- und hochhalten). Die Haut nicht trockenrubbeln, sondern -tupfen. Besonders empfindliche Babyhaut aus mindestens 30 Zentimeter Entfernung mit lauwarmer Fönluft trocknen. Das Baby dabei auf den Bauch legen, damit kein Urinstrahl in Kontakt mit dem Fön kommt. Das Kind könnte sonst einen Stromschlag bekommen.

Viele Eltern cremen ihr Baby nach dem Abtrocknen vorbeugend mit Zinksalbe ein, um zu verhindern, daß der Po wund wird. Andere verzichten auf Creme, um die Saugfläche der Windel nicht zu verkleistern. Die allermeisten Babys brauchen jedoch keine Creme beim Wickeln, wenn ihre Haut unter der Windel gesund bleibt. Werden sie oft gewickelt, dann rötet sich ihre Haut in der Regel auch nicht.

Der Po ist wund

Oft ist der Po der wunde Punkt bei einem Säugling. Daß Babyhaut zart und dünn ist, weil ihr Säureschutzmantel noch wenig ausgeprägt ist, macht die Haut anfällig für Bakterien. Deshalb sollten Eltern alles vermeiden, was den empfindlichen Babypo reizen könnte

Manche Babyhaut ist jedoch hochempfindlich. Häufig reagiert die Haut am Po gereizt, wenn sie in Windeln steckt. In dem feuchtwarmen Klima vermehren sich Bakterien und Pilze rasch. Feuchtigkeit und Hitze oder auch Feuchtigkeit und Kälte haben nicht selten Pickel oder Ausschlag (Dermatitis) zur Folge oder die Haut rötet sich und wird wund. Manchmal verursachen auch Nahrungsmittel den wunden Po (etwa Zitrusfrüchte). Das beste Vorbeuge- und Heilmittel: Luft und (indirekte) Sonne. Das Kind deshalb häufig nackt strampeln lassen! Außerdem helfen Bäder mit zugesetztem Eichenrindentee sowie dünnes Einfetten mit Zinksalbe.

Ein Säugling sollte spätestens alle drei, vier Stunden gewickelt werden – abgesehen vom Windelwechsel nach jedem Stuhlgang. Beim Wickeln von Jungen darauf achten, daß der Penis nach unten zeigt, sonst hält die Windel nicht dicht.

Wickeltisch

- Außer Reichweite des Babys, in der Nähe des Wickeltischs, wird eine Ablage gebraucht.
- Eine Wickelunterlage aus Kunststoff ist zwar praktisch, aber auf einem weichen Frotteetuch liegt sich's angenehmer als auf kalter Plastikfolie.
- Eine Wärmelampe überm Wickeltisch schützt kleine Babys vor dem Auskühlen.
- Gutes Licht ist wichtig, ein Lichtschalter mit Dimmer bewährt sich beim Wickeln in der Nacht.
- Spielzeug, damit das Baby was zum Gucken hat.

Anziehen

- Babys wehren sich, wenn ihnen die Hemdchen mit sanfter Gewalt über den Kopf gezogen werden. Besser: Hemden mit weitem Halsausschnitt oder zum Zuknöpfen oder Zubinden.

- Wer farbige Wäsche oder Kleidung kauft, belastet die Umwelt beim Waschen weniger. Weißes ist aufwendiger zu pflegen.
- Wäsche in Pastelltönen sieht selbst nach häufigem Waschen weniger mitgenommen aus als knallbunte.

Der erste Ausflug mit dem Baby – ein kleines Stück Freiheit

Jacob ist ein Sommerbaby. Seitdem er auf der Welt ist, scheint die Sonne immerzu. »Jacob, ich freue mich auf unseren ersten Ausflug nach draußen!« Als es endlich soweit ist, stecke ich Jacob in den Tragesack. Es dauert keine Minute, bis er schlummert! Plötzlich melden sich Zweifel: Ob er nicht zu warm angezogen ist? Er schwitzt doch so leicht! Erkälten darf er sich natürlich auch nicht: Sie sind doch so empfindlich, diese Babys! Oder ist die Sonne vielleicht zu stark für Jacob?

»Raus mit dir!« Mein Mann schiebt mich durch die Haustür. Endlich draußen, lebe ich auf. Ich laufe und laufe und könnte Luftsprünge machen, so unbeschwert fühle ich mich. »Du bist noch so leicht. Als Gewicht spüre ich dich kaum, nur als wärmendes, leicht schnaufendes Kissen auf der Brust. Du siehst zwar nichts von der Welt in deinem Tragesack, aber dein Näschen schaut heraus und atmet laue Luft ein. Wir haben unser beider Bedürfnisse unter einem Hut: Du bist bei mir und fühlst dich geborgen, ich bin endlich beweglich. Nur eine Viertelstunde soll ich mit dir außer Haus gehen, dich auch nicht länger im Tragesack lassen – das ist mir zu wenig. Jeden Tag dehnen wir unsere Spaziergänge aus. Wir sitzen im Café, und ich lese dabei; wenn du hungrig bist, bekommst du zu trinken. Am Anfang kostet mich das Stillen in der Öffentlichkeit einige Überwindung. Oben ohne im Schwimmbad – ja klar, aber stillen? Ich rede mir gut zu, daß es das Natürlichste von der Welt ist, und dennoch verstecke ich die Brust und das halbe Babyköpfchen unter jeder Menge Tüchern. Es widerstrebt mir, so viel Intimität zur Schau zu stellen. Doch mit der Zeit wird das Versteckspiel lästig. Ich stille ungeniert und überall, was soll's – ich denke nicht mehr daran, mich selbst zu zensieren!

Vom Kinderwagen will Jacob zunächst nichts wissen. Unser erster Ausflug damit gehört noch heute zu den Lieblingsanekdoten der Familie: Weil ich einen Großeinkauf plane, fahre ich mit Jacob samt Kinderwagen zum Markt, doch Jacob brüllt von der ersten Sekunde an. Bitterböse Blicke der Passanten – dieses arme Baby, was hat diese Rabenmutter ihm bloß angetan. Ich versuche alles Erdenkliche, um ihn zu beruhigen. Nichts wirkt. Zum Schluß trage ich den verflixten Kerl im rechten Arm, schiebe den Wagen mit der Linken, die Einkäufe stapeln sich im Kinderwagen. Jetzt lachen die Leute.

Reumütig beschränke ich mich wieder auf den Tragesack. Später läßt Jacob auch Fahrten im Kinderwagen zu, er muß nicht mehr an meinem Körper kleben. Mir selbst ist bloß die Angst vor Straßenbahnen und Bussen geblieben, da kommt mir der Kinderwagen wie ein Traktor vor, den ich durch die Gegend wuchten muß. Ein Glück, daß wir ein Auto haben. Außerdem ist das Motorengeräusch noch immer das bewährteste Schlummerlied von allen! (C. v. S.)

Vom ersten Ausfahren zum täglichen Spaziergang

Bei fast jedem Wetter darf ein Neugeborenes nach draußen, sobald es die Entbindungsklinik verlassen hat. Die erste Ausfahrt ist eine Premiere, und viele Eltern haben dabei sogar eine Art Lampenfieber

Schon bald wird sich das Baby auf die tägliche Ausfahrt freuen: Sobald es angezogen ist, wird es vergnügt strampeln. Das zeigt, wie sehr auch Babys frische Luft mögen. Noch ist es nicht soweit. Noch fühlen sich viele junge Eltern unsicher: Was soll, was darf ich einem kaum zwei Wochen alten Säugling eigentlich an frischer Luft zumuten? Läßt es das Wetter zu, kann man einen ersten Ausflug außer Haus unternehmen? Voraussetzung ist natürlich, daß dem Kind nichts fehlt. Im Freien zu sein, trägt sehr zum Wohlbefinden des Babys bei. Trotzdem gibt es ein paar Punkte, die zu berücksichtigen sind:

- Babys reagieren eher ungnädig, falls die Ausfahrt mit zu viel Hektik verbunden ist.
- Die beste Zeit für »Ausflüge«: nach einer Mahlzeit. Frische Luft macht müde. Auch das Schaukeln im Kin-

derwagen oder im Tragesack wird das Baby an selige Zeiten im Mutterleib erinnern und es schnell einschlafen lassen.

- In der kalten Jahreszeit, bei sehr feuchter Luft, bei starkem Wind oder Nebel ist es besser, zu Hause zu bleiben. Aber auch bei großer Hitze sollten Eltern vorsichtig sein, denn ein Säugling kann seine Temperatur in den ersten Lebenswochen noch nicht regulieren und durch starkes Schwitzen ableiten wie ein Erwachsener. Es droht ein Hitzestau, wenn das Kind bei hochsommerlichen Temperaturen zu warm angezogen ist oder zu wenig zu trinken bekommt. Im Sommer sind die kühleren Vormittagsstunden oder der späte Nachmittag ideal, um nach draußen zu gehen. Bei kühlerem Wetter bieten sich die milderen Mittagsstunden an.
- In den ersten Wochen genügt es, mit dem Baby täglich eine halbe Stunde draußen zu sein.
- Für ausreichend frische Luft sorgt an Tagen, die sich nicht für Ausflüge eignen, mehrmaliges Durchlüften des Kinderzimmers (natürlich in Abwesenheit des Babys).
- Licht läßt Pflanzen wachsen – bei einem Baby ist das nicht anders. Das Sonnenlicht ist sogar entscheidend an der Bildung und am Wachstum der Knochen beteiligt. Trotzdem vertragen Säuglinge keine direkte Sonne. Im Kinderwagen, aber auch im Tragetuch soll man ihren Kopf, vor allem ihre Augen vor der Sonne schützen. Man muß sich das vorstellen: Neun Monate im Dunkeln gelebt – nun ist es überall gleißend hell … Selbst wenn das Kind bei starker Sonneneinstrahlung im Schatten liegt, sollte die zarte Babyhaut durch ein Sonnenschutzmittel geschützt sein.

Die ersten Ausfahrten gründlich vorbereiten, damit alles dabei ist, was unterwegs vielleicht gebraucht wird, abgekochtes Wasser zum Trinken, falls das Baby Durst bekommt. Flasche mit Sauger nicht vergessen. Ersatzwindel einpacken, eventuell auch frische Wäsche

Noch eins:

Ein Baby darf im Sommer auch nicht für ein Momentchen allein im Auto gelassen werden. Im geschlossenen Auto können sich schnell für einen Säugling lebensgefährliche Tropentemperaturen ergeben. Der Körper eines Babys besteht zu 90 Prozent aus Wasser (bei Erwachsenen sind es nur 70 Prozent). Das erklärt, warum gerade kleine Menschen so empfindlich auf Temperaturschwankungen reagieren.

Anziehen

Es gibt wohl kaum Eltern, die beim Anziehen ihres Babys nicht in Versuchung geraten, des Guten zuviel zu tun. Die Sorge, das Kleine könnte sich erkälten, haben fast alle. Trotzdem sorgt gerade dieser Umstand mitunter für die ersten Erkältungen: Muß das Baby schwitzen, weil es zu warm angezogen ist, kühlt der Schweiß die Haut; es kommt zu einem »Temperatursturz« zwischen Außentemperatur und dem Baby – ein Schnupfen kann die Folge sein.

Wichtig: Das Baby darf nicht frieren

Normalerweise reicht es, über die Strampelhosen eine Jacke aus Wolle zu ziehen, dazu Wollschuhe und -handschuhe. Bei mildem Wetter genügt eine gefaltete Wolldecke zum Zudecken; bei kühleren Temperaturen nimmt man besser ein Daunenkissen.

An den Füßen des Babys kann man übrigens am besten feststellen, ob es ihm auch nicht zu kalt ist: Sie sollten immer warm, aber nicht heiß sein.

Um das Gesicht seines Babys vor Wind und Wetter zu schützen, cremt man es im Winter dick ein. Experten empfehlen, die Babyhaut mit Vaseline zu schützen.

4. Kapitel
Das schwierige erste Vierteljahr: Gar nicht so einfach, mit einem Baby zu leben

Mit der Geburt des Kindes sind wir als Paar nur noch ein Schatten unserer selbst

Jacob sorgt dafür, daß nichts mehr so ist, wie es einmal war, daß wir ausschließlich als Mutter und Vater durchs Leben gehen und völlig vergessen, auch noch Mann und Frau zu sein. Da er ab dem Spätnachmittag unruhig ist, essen wir abwechselnd zu Abend, sehen abwechselnd Fernsehnachrichten, denn einer von uns ist immer auf »Babyschicht«, während der andere frei hat. Eigentlich erwartet mein Mann, daß er nach einem mühevollen Arbeitstag ein wenig umhegt wird oder wenigstens ausruhen und eine halbe Stunde die Beine hochlegen darf. Doch da hat er Pech. Wenn ich schon den ganzen Tag über in Haus- und Kinderpflege aufgehe, muß er abends zupacken. Da kenne ich kein Pardon. Stellt er sich ungeschickt an, wird er auch noch angefaucht: »Trag ihn doch andersrum. Du weißt doch, daß er sonst so quengelt!« Oder: »Du willst ihn wohl verbrühen, das Badewasser kocht ja fast!« Der verwirrte Vater wird deklassiert zu einer Mischung aus Laufbursche und Seelentröster. Doch obwohl er anstellig ist wie nie zuvor, keine Mühe scheut, um Mutter und Kind zufriedenzustellen, ist sein Lohn dafür nicht gerade üppig. Vor allem der, den er von mir bekommt. Jacob läßt sich gerne beschmusen und lächelt seinen Vater zwischen einzelnen Jammerphasen immer wieder aus zahnlosem Mund liebevoll an. Ich selbst bin weniger freundlich – könnte er nicht noch verständnisvoller sein? Mir Arbeit abnehmen, ohne daß ich darum bitte? Es ärgert mich jedesmal, wenn er nachts seelenruhig weiterschläft, obwohl das Baby brüllt. Er schwört, daß er es nicht hört, obwohl ich mei-

nerseits beschwören könnte, daß sogar ein Tauber davon wach würde.
Wir sind beide gereizt. Bei meinem Mann wächst die Enttäuschung darüber, daß ich von Sex nichts wissen will, mich zwar gern in den Arm nehmen lasse, aber sonst mit Erotik wenig im Sinn habe. Ich bin nicht nur körperlich erschöpft; mein Kind pumpt mich auch gefühlsmäßig so aus, daß ich die Baby-Pausen für mich brauche, um neue Kräfte zu tanken. An ausgedehnte Liebesspiele ist im Moment nicht zu denken. Außerdem würde Jacob doch sowieso dazwischenfunken ... Oder ist das nur eine Ausrede?
Wie auch immer – so anstrengend haben wir uns die ersten Baby-Monate nicht vorgestellt. Hätte uns das jemand beschrieben, wir hätten ihn ausgelacht – was sind das für Affeneltern, die um ihr Kind so ein Brimborium machen. Nun sind wir kleinlaut geworden.
Mir fällt die Umstellung sicher auch deswegen schwer, weil es nach all den Jahren Berufstätigkeit ungewohnt ist, kaum noch allein außer Haus zu können. »Männer sind fein raus«, grollt es das eine oder andere mal in mir. Sie haben ihren Beruf und das Kind obendrein. Worauf verzichtet mein Mann schon? Er kann sich wie immer mittags mit den Freunden in der Stehkneipe treffen, oder er kann sich auch zurückziehen ... In solchen Zeiten tiefen Selbstmitleids packt mich die Sehnsucht nach dem altbekannten Geschmack des Lebens da draußen. Dennoch würde ich meinen Winzling um nichts auf der Welt jemand anderem zur Betreuung überlassen – noch nicht. Es lebe der Zwiespalt!
Aber: Mit jedem neuen Stückchen Freiheit rappeln sich meine alten Lebensgeister wieder hoch. Nun sitzt Jacob, wenn wir essen, endlich fröhlich gurgelnd in seiner Wippe mitten auf dem Eßtisch, anstatt zu zetern. Er schläft abends frühzeitig ein, so daß die strapazierte Beziehung zwischen Mann und Frau zu neuem Leben erwacht. Wir sehen beide besseren Zeiten entgegen, nicht ohne Stolz, unser erstes »Tief« gemeinsam gemeistert zu haben. (C. v. S.)

Durch das Baby verändert sich die Partnerschaft

Ehekrisen folgen nicht gerade selten auf die Geburt eines Babys

Es ist schon schwer genug, als Paar die Zweisamkeit so zu gestalten, daß jeder zufrieden ist. Kommt noch ein Baby dazu, wird aus dem Duett ein wildes Happening ohne Anfang und Ende.

Mit seinem ersten Krähen im Kreißsaal gibt das Baby den Ton an. Von nun an stehen weder die eigenen Bedürfnisse noch die Verbindung zum Partner im Mittelpunkt, sondern die neue Beziehung zwischen den Eltern und ihrem Kind: Aus der Geliebten, dem Partner, dem Ehemann, der Ehefrau sind Mutter und Vater geworden, Eltern und Familie.

Nicht mehr nur Mann und Frau, sondern plötzlich Mutter und Vater sein – es dauert oft lange, sich daran zu gewöhnen. Durch das Baby verändert sich die Beziehung zwischen den Eltern und ihr ganzer Lebensstil

Das bedeutet zunächst einmal, daß Mütter und Väter ihr Leben für viele Jahre aus der Hand geben, denn ein Kind ist Tag und Nacht anwesend, meistens zwischen, neben oder auf ihnen. Immer mehr wird den Eltern bewußt, daß ein Baby ein Rund-um-die-Uhr-Job ist. Der Ablauf des Alltags wird in Regeln eingefaßt, Arbeitsteilung ist alles: Der eine kauft ein, der andere versorgt das Baby. Während die Mutter stillt, räumt der Vater die Küche auf. Oder auch nicht, was ebenfalls nicht gerade zur Gemütlichkeit beiträgt. Ungestörte Stunden der Partner miteinander sind rar geworden. Jeder Planung zum Trotz bricht dennoch regelmäßig das Chaos aus: Eine wichtige Verabredung fällt flach, weil das Baby Durchfall hat und zum Arzt soll. Der Braten brennt an, denn das Baby hat sich den Kopf gestoßen und muß ausgiebig getröstet werden.

Die Folge: Es kommt zu Streitereien zwischen den Partnern. Zu Zank, der doppelt belastet, weil er das Bild glücklicher Eltern mit seligem Baby stört. Diesem Bild möchten aber viele Mütter und Väter eigentlich gerne entsprechen. Die Folge: Es sammelt sich noch zusätzlich Frust und Streß an.

Väter: Viele müssen sich an die neue Rolle erst gewöhnen

Die Mutter, übermüdet und reichlich beschäftigt, kümmert sich weniger als früher um die Belange ihres Partners. Sie erwartet im Gegenteil, daß sie etwas von der Fürsorge, die sie an ihr Kind abgibt, vom Mann zurückbekommt. Doch der Mangel an Zuwendung, den er selber in den vergangenen Wochen zu spüren bekommen hat, macht es ihm immer schwerer, über seinen Schatten zu springen und seiner Frau die nötige Wärme und das erwartete Verständnis entgegenzubringen. Jeder fühlt sich vom anderen allein gelassen.

Nicht selten lösen Babys in ihren Vätern recht zwiespältige Gefühle aus. Zwar sind sie hocherfreut über ihr Wunschkind, fühlen sich nicht selten aber gleichzeitig durch den Neuankömmling zu Hause entthront

Und während sie ihm vermutlich seine Freiheit neidet, wird er nicht selten – auch jetzt noch, nach Wochen – von Eifersucht auf das Baby geplagt:

- Einerseits ist er total begeistert von seinem Kind.
- Andererseits fühlt er sich durch den Wicht erheblich eingeschränkt in seinem Dasein.

Vor allem Väter, die sich auf das häusliche Geschehen kaum einlassen, die weder den Haushalt als ihre Sache ansehen noch mit Babypflege viel im Sinn haben, fühlen sich in dem Trubel um das Baby oft zur Seite geschoben und reagieren entsprechend gereizt. Aufmunternde Worte wie: »Wickel du mal das Baby! Wenn du mithilfst, sind wir eher fertig und haben mehr Zeit für uns!«, nützen da wenig.

Nicht nur weil ihnen die Hauptrolle abgesprochen wird, fühlen sich viele Männer zu Hause jetzt überflüssig und unwohl, sondern weil nur noch über Babybelange gesprochen wird: über Windelgrößen und Flaschensauger, über Nägelschneiden und Bäuerchen machen. Ist das wirklich alles so wichtig und sensationell?

In der Anfangsphase mit Kind schlagen sich viele Paare mit ganz ähnlichen Problemen herum. Sie waren nicht darauf gefaßt, was es im Alltag bedeutet, wenn aus der Zweieine Dreisamkeit wird

Gar nicht einfach für viele Väter, sich in diesen neuen anstrengenden Zeiten auf das Wesentliche zu besinnen: »Klar, daß ein Baby unsere gewohnte, liebgewordene Zweisamkeit umkrempelt oder das eingespielte Familienleben gründlich aufmischt! Aber primär ist doch, daß ich mich über unser Kind freue. Daß ich es liebe!«

Ein neues »Wir«-Gefühl entwickeln

Die Krisenzeit geht eher vorüber, wenn es den Partnern gelingt:

- Zuverzicht und eine große Portion Geduld aufzubringen,
- ein neues »Wir«-Gefühl zu entwickeln, also ein stabiles Gefühl der Zusammengehörigkeit und gemeinsamen Verantwortung für die Familie.

Eine wichtige Voraussetzung dafür ist, daß beide Partner sich als Eltern engagieren, daß sich jeder aber auch zurückziehen kann. Also muß Vertrauen in die Fähigkeiten des anderen vorhanden sein, so daß man ihm sein Kind überläßt, ohne sich einzumischen. Mit Sätzen wie: »Laß mich lieber machen, du hast ja keine Ahnung«, streut man Sand ins labile Familiengetriebe.

- Wichtig ist es auch, fair mit den Schwächen des anderen umzugehen; es tut so gut zugeben zu dürfen, daß man im Moment überhaupt nicht zurechtkommt – und dann in die Arme genommen zu werden! Die meisten Eltern müssen erst lernen, sich gut zu organisieren und gegenseitig Arbeit abzunehmen, damit sie dadurch Zeit füreinander gewinnen. Diese gilt es dann natürlich zu nutzen, und zwar aus dem Wunsch heraus, nicht nur Eltern, sondern auch ein Paar zu sein. Die Abhängigkeiten und Zwänge, die ein Kind schafft, sind zwar objektiv vorhanden, doch häufig redet sich ein Elternteil auf das Wohl und Wehe seines Kindes heraus, um Nähe zum Partner zu vermeiden: »Ich komme nicht mit, das Baby war heute so unruhig!« Dabei brauchen babygestreßte Eltern nichts so sehr wie gemeinsame Freizeit. Manchmal trauen sich die Partner nicht, sich selbst und ihre Beziehung in den Vordergrund zu stellen. Alles muß sich um das Baby drehen. Jedes Gespräch. Jede Aktion. So sind viele Paare nach der Geburt eines Babys kaum wiederzuerkennen. Natürlich ist dagegen in den ersten anstrengenden Monaten mit dem Säugling nichts einzuwenden, doch auf die Dauer hat das Baby wenig von Eltern, die nicht auch ihre eigenen Interessen befriedigen.

Nur noch konzentriert auf ihren Nachwuchs, verändern sich manche Eltern erstaunlich, kaum daß ihr Baby auf der Welt ist. Nichts anderes scheint mehr zu interessieren als der eigene Sprößling. Auf Dauer füllt das nicht aus

Erwiesenermaßen fühlen sich solche Eltern am wohlsten, die sich in ihre Rolle als Mutter und Vater gefunden haben, ohne sich gegenseitig zu verdrängen, und die in der gemeinsamen Bewältigung des ersten »Baby-Katers« auch eine Chance gesehen haben, zu wachsen und sich selber besser kennenzulernen. Die Lust mit dem Baby wird dann mit der Zeit bewußter erlebt als die Last. Zum »Baby-Kater«, den viele Eltern im ersten Vierteljahr nach der Geburt zu überwinden haben, kommen allerdings nicht selten auch sexuelle Schwierigkeiten der Partner hinzu.

Befriedigende Sexualität läßt oft auf sich warten

Sexuelle Schwierigkeiten nach einer Geburt sind nicht selten. Doch darüber wird häufig nicht geredet – manchmal nicht einmal mit dem Partner

Eine erotische Durststrecke bleibt einem Paar mit Baby in den seltensten Fällen erspart. Die Frau ist müde und gefühlsmäßig ausgepumpt. Das Baby absorbiert sie so, daß sie kaum die Kraft hat, sexuell aktiv zu werden. Außerdem sind die äußeren Umstände einer wohligen Entspannung nicht gerade zugetan: Das Baby meldet sich bestimmt, sobald sich die Eltern in den Armen liegen, oder zumindest »lauert« der eine oder der andere darauf, was ebenso störend wirkt und von der Liebe ablenkt. Hinzu kommt, daß bei einer Frau, die stillt, die Milch beim Koitus zu fließen beginnt, die Brust überempfindlich ist und die Scheide durch die Hormonumstellung in der Regel trockener als früher ist.

Es dauert nach der Geburt eines Kindes seine Zeit, bis die Frau wieder dasselbe Bedürfnis nach Sexualität verspürt wie früher – das ist ganz normal

Für viele Frauen sind das Gründe, sich vor der Sexualität in dieser Zeit zu scheuen. Einerseits sind sie bestürzt, daß sie auch noch Wochen nach der Geburt derartig anders reagieren und fühlen als früher. Andererseits ist nach einem langen, innigen Tag mit dem Baby der Wunsch, für sich zu sein, so stark, daß Sex sie schlicht überfordert. Ein Mann kann das nur schwer nachvollziehen und fühlt sich leicht zurückgestoßen und enttäuscht: »Nach der Schwangerschaft, nach der Geburt könnte sich doch nun wirklich unsere Beziehung langsam wieder normalisieren!« Für eine Frau ist es nicht einfach, ihrem Partner zu erklären, was sie empfindet, ohne ihn zu verletzen. Trotzdem sollte sie den Versuch machen, ihre Gefühle auszudrücken, und umgekehrt auch ihr Partner. Auf diese Weise verhindern beide, daß sich ein Berg unausgesprochener Wünsche und Probleme anstaut. Vielleicht ist beiden geholfen, wenn sie wissen, daß es völlig normal und für junge Mütter typisch ist, in den ersten Wochen und auch Monaten nach einer Geburt nur wenig Lust auf Sex zu verspüren. Um so größer ist bei den meisten Frauen der Wunsch nach Zärtlichkeit und Wärme, das Bedürfnis, sich entspannen und gehenlassen zu können. Jede Mutter sehnt sich am Ende des Tages danach, selbst ein wenig Kind sein zu dürfen und umsorgt zu werden. Das heißt natürlich nicht, daß ihr Interesse am Sex erloschen ist. War die Erotik vor der Geburt befriedigend, wird sie es nach einer kürzeren oder längeren Pause auch nach der Geburt wieder sein. Normalisieren sich die Nächte, normalisiert sich auch meistens die Beziehung zwischen den Partnern. Es nutzt keinem von beiden, wenn sie sich aus Sorge um die fehlende Sexualität nur noch mehr voneinander entfernen: Das macht den momentanen, sogenannten Libidoverlust erst recht zum Problem. Beiden ist mehr geholfen, wenn sie sich in den Arm nehmen und versuchen zu akzeptieren, daß diese erste Babyzeit eine Ausnahmesituation darstellt. Sie sind nicht die einzigen jungen Mütter und Väter, die nachts hauptsächlich damit beschäftigt sind, ihr Baby in den Schlaf zu wiegen, anstatt miteinander zu schlafen.

Geduld aufbringen und die Situation so akzeptieren, wie sie ist – das fällt oft schwer

Für »neue« Väter sind Babys keine Frauensache

Natürlich haben nicht alle Väter Probleme, ihre neue Rolle zu akzeptieren. So verlieben sich viele Männer von Anfang an in ihr Baby und kümmern sich intensiv darum, oder die Frauen üben ihren Beruf weiterhin aus, statt ganz zu Hause zu bleiben.

Für Kinder ist es ein Riesengewinn, wenn ihre Väter zu Hause präsent sind und nicht nur Randfiguren, die laufend kommen und gehen

Man sieht sie jetzt öfter, diese Väter, die stolz einen Kinderwagen vor sich herschieben, die ihren Sohn oder ihre Tochter, zärtlich warm an den Bauch gepackt, vor sich hertragen, die sich angeregt mit jungen Müttern über Kindererziehung unterhalten, die ihre Babys genauso perfekt wickeln, baden, an- und ausziehen, wie es die Mutter tut. Sie haben in der Regel auch die Mutter ihres Kindes liebevoll durch die Schwangerschaft begleitet; manche waren sogar in den Kursen zur Geburtsvorbereitung dabei. Sie waren natürlich bei der Geburt anwesend, hielten ihren Frauen die Hand, massierten ihr den Rücken, kamen sich dabei jedoch irgendwie hilflos vor und waren überglücklich, als sie nach überstandenen Strapazen ihren Zwerg endlich im Arm hielten.

Nimmt er sich viel Zeit für sein Baby, entsteht von Anfang an eine feste Bindung zwischen Vater und Kind

Beneidenswert diese Frau, deren Kind einen so engagierten Vater hat! Beneidenswert vor allem das Baby, das von Anfang an eine so intensive Beziehung zu seinem Vater haben kann (Seite 21)!

Denkt man daran, wie in der Generation unserer Großeltern, oft auch noch unserer Eltern das Vater-Kind-Verhältnis ausgesehen hat – es war von körperlicher und seelischer Distanz geprägt –, so kann man über diese »neuen« Väter nur glücklich sein. Für ein Kind ist es wunderbar, wenn sich seine Eltern von Anfang an gleichberechtigt um es kümmern.

Nur – so einfach ist das nicht. Ein Vater, der in dieser ersten Kinderzeit seltener zu Hause ist als die Mutter, der meist frühmorgens geht, abends erst nach Hause kommt, hat es schwerer, eine intensive Beziehung zu seinem Kind aufzubauen. Da Männer in der Regel mehr verdienen als Frauen, werden frischgebackene Eltern nur in seltenen Fällen beschließen, daß der Vater das Baby versorgt, während die Mutter nach wenigen Babywochen wieder berufstätig ist.

Dazu kommt die »alte« Rollenverteilung zwischen Mann und Frau: Auch heute gilt es noch als ungewöhnlich, wenn ein Vater die Kinderbetreuung und -erziehung übernimmt.

Unter den berufstätigen Vätern sind heute viele, die sich

frühzeitig Gedanken darüber machen, wie sie zumindest versuchen können, Kind, Haushalt und Beruf unter einen Hut zu bekommen.

So nehmen sich viele an den Wochenenden und im Urlaub Zeit für ihr Baby. Sie versuchen zu planen, wie man so organisiert, daß weder Vater noch Mutter zu kurz kommen. Völlig selbstverständlich gehen sie mit ihrem Baby um und tun es, soweit es ihre Zeit erlaubt, auch gerne. Sie schmusen mit ihrem Kind oder baden mit ihm zusammen, zeigen sich auch gern allein mit dem Kind in der Öffentlichkeit oder bei Freunden.

Kindern tut es gut, wenn sie nicht nur auf die Mutter fixiert sind. Sie fühlen sich beim Vater genauso wohl und geborgen

Umlernen müssen aber nicht nur die Väter, sondern auch manche Mütter. Von einer unerwarteten Seite her sehen sie neue Konkurrenz auf sich zukommen. Müssen sie sich noch immer im Beruf, im politischen wie im gesellschaftlichen Leben an den Männern messen lassen, so scheint das Problem nun auch innerhalb der Familie anzustehen. Sie brauchen bisweilen eine »Eingewöhnungszeit«, bis sie entdecken, daß diese Entwicklung nicht nur Vater und Kind guttut, sondern auch ihnen selber wieder mehr Freiraum für ihre Interessen gibt. Dann genießen und schätzen sie das Positive an diesen »neuen« Vätern um so mehr.

Nicht wenige Frauen sehen in diesen »neuen« interessierten Vätern auch Rivalen oder Störenfriede, die sich plötzlich in alles einmischen

Andere Frauen sind von Anfang an froh, mit der Verantwortung für die Kinder nicht weitgehend allein gelassen zu werden. Sie fühlen sich nicht als *selbstlose* Mütter und geben gern einen Teil der Verantwortung ab.

In Zukunft wird sich einiges dadurch verändern, daß nicht nur die Mütter, sondern auch die Väter für die Kindererziehung zuständig sind. Bis vor einiger Zeit wurde, wenn es um die Entwicklung eines Kindes ging bzw. wenn es Probleme hatte, vor allem die Mutter-Kind-Beziehung unter die Lupe genommen, denn eine intensive Beziehung hatte das Kind ja vorwiegend zur Mutter, der Vater war ihm kaum vertraut. Er wurde höchstens zur Erziehung herangezogen, wenn die Mutter mit den Kindern nicht mehr fertig wurde. Dadurch, daß sich heute in immer mehr Familien beide Eltern um ihre Kinder kümmern, fühlen sich und sind auch beide

Die Väter werden heute intensiv in die Erziehung miteinbezogen und viele genießen das von Herzen. Sie fühlen sich zuständig für Kind und Kegel verantwortlich. Töchter und Söhne können nur davon profitieren, daß sie sich mit zwei unterschiedlichen Persönlichkeiten, daß sie sich mit weiblichen und männlichen Verhaltensweisen auseinandersetzen. Je engagierter der Vater, desto ausgeprägter ist das Vorbild, an dem sich die Kinder orientieren können, desto weniger werden sie sich ausschließlich auf die Mutter fixieren. Nicht zuletzt haben auch die Väter etwas davon, wenn sie lernen, sich in Kinderseelen einzufühlen.

Alltag mit Kind: Wechselbad der Gefühle

Baden, wickeln, stillen, spielen – auf den ersten Blick vergeht ein Tag wie der andere, aber wirklich nur auf den ersten Blick.

Auf den zweiten ist diese erste Zeit mit Kind ein spannendes Abenteuer: eine Berg- und Talfahrt durchs Wunderland.

Jede neue Regung, die unser Kind zeigt, jede neue Fähigkeit begeistert uns Eltern: Wir kommen nicht heraus aus dem Staunen. Unser Lieblingsspiel, spannend wie ein Krimi, heißt: Auge in Auge mit unserem Filius ganz ohne Worte lange Unterhaltungen pflegen. Fasziniert beobachten wir, wie gezielt unser Sohn uns mit Hilfe von Gesten und Mimik dahin dirigiert, wo er uns haben will. Er bestimmt, wohin unser »Gespräch« führt und nicht etwa wir:

- Auge in Auge mit ihm, hält er unseren Blick eisern fest und studiert unsere Gesichter nachdenklich.
- Wird ihm unsere »Unterhaltung« langweilig, schweift sein Blick mit abwesendem Ausdruck von uns ab. Wir sind abgemeldet.
- Fühlt er sich nicht wohl in seiner Haut, macht er einen stocksteifen Rücken und runzelt die Stirn.

Wie die Detektive versuchen wir seine Signale zu deuten und sind ganz begeistert, wenn wir sie verstehen. (Ebensooft kommt es aber auch zu »Mißverständnissen« zwischen uns.) Aufgeregt registrieren wir jede neue Regung unseres Söhnchens: »Der Knabe studiert uns nicht nur, er beginnt immer häufiger und gezielter, uns nachzuahmen!«

Wir ziehen Grimassen, strecken die Zunge raus, kräuseln die Augenbrauen und das Ganze fasziniert uns: einfach umwerfend und aufregend.
Ausfüllend wie die Unterhaltungen mit unserem Sohn ist für mich aber auch ein zweites Thema: die »guten« Mütter. Gute Mütter lieben ihre Kinder selbstlos. Gute Mütter haben immer Geduld. Immer Lust zu spielen. Immer Freude daran, ihr Kindchen zu umsorgen. Natürlich möchte ich solch eine gute Mutter sein. Aber ich habe nicht immer Geduld. Nicht immer Lust, mit unserem Baby zu spielen. Und auch nicht immer Freude daran, unser Kind zu umsorgen. An manchem Tag will sich das Himmelhochjauchzen einfach nicht einstellen, sondern dann läuft einfach alles schief. Morgens schon kocht mir die Milch über. Dann färbt ein roter Socken die Kochwäsche in der Waschmaschine rosa ein. Danach fliegt mir die Haustür zu und ich stehe ohne Schlüssel draußen. Die Folge: Meine Laune sinkt in den Keller. Folgerichtig ist an diesem Tag auch die Laune unseres Sohnes nicht die beste, denn meine Hektik und mein Ärger schlagen ihm auch aufs Gemüt. Richtig unleidlich ist er heute.
Schlafen will er nicht. Trinken will er nicht. Lächeln will er nicht. Gereizt verdamme ich mein Dasein als Hausfrau und Mutter, um anschließend als Wiedergutmachung mit unserem Sohn in höchsten Tönen zu säuseln. Daß diese Töne nicht stimmen, daß heute nichts zusammenpaßt, nimmt er seismographisch wahr. Er weint. Ich knurre ihn an: »Was ist nun schon wieder?« Ich reiße unser Baby aus seinem Bett, nehme es auf den Arm, drücke es fest an mich, heule, fühle mich total überfordert, hundeelend und flüstere: »Ich hab dich lieb!« Unser Sohn beruhigt sich schließlich schneller als ich. »Warum lasse ich meinen Frust ausgerechnet an einem acht Wochen alten Säugling aus, der auf meine Hilfe angewiesen ist? Wie kann ich ein zwei Monate altes Kind nur so anbrüllen?« Mir hängt dieses Erlebnis lange nach. Die Entschuldigung mit den Nerven, die blank liegen, mit der ich mich zu besänftigen versuche, überzeugt mich letztlich nicht. Mich bedrückt der Gedanke, der Verantwortung für diesen kleinen Kerl von Sohn nicht gewachsen

zu sein, und ich mache mir Vorwürfe: »Die seelische Gesundheit eines Kindes hängt vom Verhalten seiner Mutter ab!« Wie schwere Wackersteine drücken mir solche Sätze aufs Gemüt. Es dauert seine Zeit, bis es mir gelingt, das Tief zu überwinden und aus dem Loch wieder herauszukrabbeln und mir Mut zu machen: »Sicherlich bin ich manchmal keine perfekte Parademutter. Harmonie rund um die Uhr – das kann einfach nicht klappen. Daß ich es liebe, wird unser Baby dennoch spüren – selbst wenn ich manchmal ausflippe. Den Streß wird es verkraften!« In diesem Moment ist mir bewußt, wie froh ich bin, daß die Verantwortung für das kleine Wesen nicht allein auf meinen Schultern lastet, sondern daß unser Sohn einen Vater hat, der ihn mit Hingabe liebt. »Du hast zwei, die für dich sorgen. Das wird reichen!« (C. N.)

Wut auf das Baby und entsprechende Schuldgefühle

Von Herzen gern kümmern sich die meisten Mütter um ihr Baby. Sind sie jedoch monatelang rund um die Uhr eingespannt, fühlen sie sich irgendwann als Opfer und wollen sich Luft machen: »Ich muß auch an mich selber denken!«

Die quälende Unsicherheit der ersten Wochen ist passé. Die allermeisten Frauen sind glücklich über ihr Baby, das inzwischen nicht mehr ganz so zerbrechlich wirkt, und sie widmen sich ihm liebevoll, freuen sich, wenn es zufrieden ist und gut gedeiht. Diese Freuden befähigen sie andererseits, mütterliche Eigenschaften wie Opferbereitschaft und Selbstlosigkeit zu entwickeln.

Die Harmonie zwischen Mutter und Kind gerät jedoch häufig aus der Balance. Trotz aller Mutterfreuden fällt es schwer, von morgens bis abends und auch noch in der Nacht und wochenlang für das Baby dazusein und wenn es noch so rührend klein und hilflos ist. Die Selbstliebe einer Frau kämpft zwischendurch darum, sich zu äußern. Der Egoismus meldet sich: »Jetzt reicht's mir! Ich muß zwischendurch auch an mich selbst denken!« Mütterliche Fürsorge ist kein Naturgesetz.

Jede Frau weiß, daß ihr Ich und die Mutterschaft manchmal nicht zusammenpassen. Daraus entsteht die Angst, keine *gute* Mutter zu sein. Bei der Geburt und während der Erholungstage in der Klinik spüren viele diese Angst zum ersten Mal (Seite 61). Sie steigert sich in den ersten Lebensmonaten des Babys häufig noch, und Schuldgefühle kommen dazu. Sämtliche Probleme mit dem Baby und sämtliche Schwierigkeiten durch das Baby verbuchen die meisten Frauen auf ihrem »Schuld«-Konto. Sie geraten unter Druck und werden leicht aggressiv. Oft richtet sich ihre Wut gegen den Verursacher ihrer Malaise:

- Die Mutter faßt ihr Baby ein wenig fester als nötig an, wenn sie es zum Trösten hochnimmt.
- »Zur Strafe« beruhigt sie es nicht gleich, wenn es weint, sondern läßt es eine Weile warten.
- Sie legt das Baby unsanft gleich nach dem Stillen ins Bett, verzichtet aufs Spielen oder fertigt es beim Wickeln in aller Eile ab.

Viele Frauen schlucken ihre Wut hinunter. Sie kämpfen damit in ihren Träumen:

- »Im Traum verhaue ich mein Kind!«
- »Im Traum werfe ich es aus dem Fenster!«

Egal, ob Frauen ihr Kind in Wirklichkeit oder im Traum »bekämpfen«, sie quälen sich selbst am meisten mit ihrem – aus ihrer Sicht – unverzeihlichen Verhalten. Mehr als erleichtert sind sie, wenn sie erfahren, daß andere die gleichen Konflikte erleben, die gleichen Horrorgeschichten träumen wie sie selber. Mütter sind keine Madonnen mit Heiligenschein, sondern gewöhnliche Menschen, die manchmal aus dem Gleichgewicht geraten. Zum Trost für alle Mütter: Selbst kleine Babys verkraften ein paar Kräche und brauchen keine Übermenschen als Mütter.

Je sicherer eine Frau im Umgang mit ihrem Kind wird, desto geringer ihre Anspannung. Legt sich die Angst, fällt es leichter, auch in Krisensituationen gelassen zu bleiben.

Bleiben die Aggressionen, wächst die Wut auf das Baby, ist das als Alarmzeichen zu werten. Sie zeigen der Mutter, daß sie besser für sich selbst sorgen muß. Wichtig ist es,

- sich auch negative Gefühle einzugestehen, sie nicht unter den Teppich zu kehren. Nur dann kann es gelingen, dagegen anzugehen;

Wenn sie Wut auf ihr Kind haben, leiden Mütter unter einem schlechten Gewissen: »Ein kleines Kind anfauchen – das ist ja wirklich das letzte! Wie kann mir das bloß passieren!«

Ist die Beziehung zwischen Mutter und Kind gut, fühlt sich das Baby normalerweise geliebt und verstanden, kann es einen mütterlichen (väterlichen) Wutanfall verkraften, wenn das SELTEN geschieht und nicht dauernd

- nach der Ursache der Wut zu forschen;
- Hilfe anzunehmen (Kontakt zu anderen Müttern aufnehmen, nach einer Krabbelgruppe Ausschau halten);
- eventuell professionelle Hilfe in Anspruch zu nehmen. Mit dem Kinder- oder Hausarzt sprechen, oft kann er weiterhelfen. Eine Erziehungsberatungsstelle aufsuchen.

Der »Neue«: von den Brüdern geliebt und gefürchtet

Wir dachten, Eifersucht unter Geschwistern würde diesmal kein Thema mehr für uns sein. Langsam – beim vierten Kind – müßten unsere Kinder doch wissen, daß ein »Neuer« mehr Freude als Ärger in die Familie bringt. Irrtum. In den vergangenen acht Wochen haben wir Eifersucht auf ein Baby in sämtlichen Variationen erlebt.

Am meisten leidet unser zweijähriger Sohn unter dem Neuen. Häufig am Tag freut sich Jakob an seinem winzigen Bruder. Das ist sein »Kleiner«. Fürsorglich klingt das, wenn auch etwas gönnerhaft von oben. Das soll es auch sein – aus Sicht des Zweijährigen. Das *Oben* ist ihm lieb und teuer, denn dank des Kleinen ist er in die Kaste der Großen aufgestiegen. Endlich! Jetzt, da wir ein richtiges neues Baby haben, wird wohl keiner mehr wagen, ihn mit seinen zwei Jahren für ein Baby zu halten.

Aus heiterem Himmel, aus dem Nichts ist die Großmütigkeit des Zweijährigen dahin. Auf einmal ist er eifersüchtig auf den Neuling – schleierhaft warum. Da ist – von außen gesehen – keine Ursache auszumachen. Jedenfalls pfeffert er plötzlich Bauklötze, Autos, Schlüssel gezielt und mit voller Absicht Richtung Baby. Die Attacken überraschen ihn selbst am meisten. Er schaut, als sei das aus Versehen geschehen. Irgendwie stimmt das auch – trotz aller Absicht. Ein Zweijähriger kann seine Gefühle nicht beherrschen. Wie eine Welle hat die Eifersucht ihn überrollt und mitgerissen.

Mir gelingt es mit Anstrengung nicht zu schimpfen, sondern ihn auf den Schoß zu nehmen, mit ihm über den kleinen Neuen zu reden, über unsere Familie. Ich erzähle ihm, welchen Unsinn seine Brüder mit ihm getrieben haben, als

er noch ein Winzling war und wie sehr ich damals um ihn gezittert habe.
Immer wieder erkläre ich unseren Kinder, daß ich sie alle gleich lieb habe. Versuche vor allem, es ihnen zu zeigen.
Für die großen Brüder ist unser Baby eine Art kuscheliges Plüschwesen. Sie schleppen es durch die Wohnung. Legen es auf den Teppich. Manchmal kann ich kaum hinschauen.
Ihre Eifersucht auf das Baby zeigt sich versteckter:

- Der Vierjährige braucht auf einmal wieder seinen Daumen zum Einschlafen.
- Der Sechsjährige ficht mit mir einen Machtkampf nach dem anderen aus. Ums Süßigkeiten essen, ums Anziehen, ums Schlafengehen kämpft er mit mir nach dem Motto: Um die Sache geht's mir weniger als darum, daß du dich vor allem um mich kümmerst.

Heimlich habe ich gehofft, daß mich unser ältester Sohn im Alltag unterstützen würde. Mir helfen würde bei unserer Viel-Kinderei, wenn er doch wenigstens ab und zu verläßlich auf das Baby aufpassen würde für ein paar Minuten! Er mag meine Erwartungen nicht erfüllen. Als ich drängle, blockt er erst recht mit einem lauten, deutlichen Nee. Denn im Gegensatz zum Zweijährigen will er kein *Großer* sein und schon gar nicht Mamis netter Helfejunge. Im Gegenteil: Je mehr kleine Brüder um ihn herumwuseln, desto kleiner möchte er wieder sein und ich höre laufend: »Ich bin noch zu klein!« Zu klein, um Milch zu holen. Um allein zur Schule zu gehen. Um das Kinderzimmer aufzuräumen. Oft fällt es schwer, jedem der Kinder nicht nur zu sagen: »Ich habe euch alle gleich lieb und das Gefühl reicht auch für Viere!«, sondern diese Gefühle auch verläßlich zu zeigen. Manchmal gelingt es, manchmal nicht ganz so gut. Schon eher gelingt es mir, gelassen zu bleiben und mir zu sagen: »Auch wenn die Eifersuchtswogen hochschlagen, nur nicht verrückt machen lassen. Die Kinder werden lernen, mit ihren Geschwistern zu leben und kapieren längst, daß hier Platz für alle ist. Die Eifersüchteleien werden sich verwachsen, wenn wir eine einigermaßen stimmige und gute Atmosphäre zustande bringen und es gelingt, die Familie zusammenzuhalten!« (C.N.)

Geschwister: Das Baby ist und bleibt ein Rivale

Alle Eltern wissen, daß ihre Großen das Baby einerseits zärtlich und mit Hingabe knuddeln, daß ihr Heiteitei aber von einer Sekunde zur anderen umkippen kann. Dann kneifen sie den Kleinen hier ein bißchen, zupfen da ein bißchen, machen Blödsinn, und dieser Blödsinn ist oft nicht zum Lachen. Im Gegenteil

Seit zwei oder drei Monaten gehört das Baby nun schon zur Familie. Die Sensation *Wir haben ein Baby* beeindruckt die Geschwister des Säuglings weniger als in den ersten Wochen. Immer häufiger bestätigt sich ihr Verdacht: »Das Baby macht sich zu breit! Es nimmt uns ja doch Platz weg!« Mehr denn je sind sie hin- und hergerissen zwischen Begeisterung einerseits und Abneigung andererseits.

Auf der einen Seite:

- »Das Baby soll bei mir schlafen!«
- »Kann ich es mal für mich allein haben?«
- »Ich geb' ihm mein schönstes Spielzeug!«

Auf der anderen Seite:

- »Ewig dieses Geplärre, das stört mich!«
- »Schreit das Baby, kommt Mami sofort. Mich läßt sie viel länger warten!«
- »Papi kümmert sich viel mehr um den Kleinen, er hat mich weniger lieb als das Baby!«

Hilflos sind Kinder ihren zwiespältigen Gefühlen ausgeliefert. Meistens trauen sie sich nicht, ihre Wut auf das Baby beim Namen zu nennen, oft sind sie dazu auch gar nicht imstande. Je älter sie sind, desto schlechter ihr Gewissen: »Jedes ›gute‹ Kind liebt seinen kleinen Bruder (seine kleine Schwester), nur ich nicht!« Sie suchen ein Ventil für ihre Gefühle, wollen den Druck loswerden, unter dem sie stehen. Jedes Kind macht sich auf seine eigene Art Luft.

Eltern verlassen sich besser nicht darauf, daß die älteren Geschwister »vernünftig« mit dem Baby umgehen. Oft ist das Gegenteil der Fall. Sie ärgern das Baby. Daß sie eifersüchtig auf den Winzling sind, ist nicht die Ausnahme, sondern die Regel

Vor allem Geschwister, die jünger als drei Jahre alt sind, reagieren nicht selten unberechenbar. Am liebsten würden sie diesen kleinen Rivalen vor Wut verhauen. Daran hindert sie eine innere Sperre, die nicht immer, jedoch meistens funktioniert. Statt dessen piesacken sie das Baby manchmal:

- Sie kneifen es, wenn gerade niemand hinschaut.
- Sie schleichen sich ins Babyzimmer und ziehen dem schlafenden Baby die Decke über den Kopf.

- Sie pieksen das Baby ganz schnell mal nebenbei mit einem Spielzeug.

Jedenfalls mangelt es ihnen nicht an Ideen für immer neue Aktionen. Bei aller Phantasie kommen Eltern nicht auf die vielfältigen Ränke, die ihre älteren Kinder schmieden. Deshalb gilt für sie nur eines: Sie müssen auf das Baby aufpassen. Dazu kommt noch, daß Zwei- oder Dreijährige einfach noch kein Gefühl dafür haben, wann ihre Attacken gefährlich für ein kleines Baby werden.

Oft zeigen Kinder ihre Gefühle nicht auf direktem Wege, sondern drücken sie indirekt aus. Wer genau hinschaut, spürt, daß sie unter Spannung stehen

Viele Geschwister drücken ihre Wut auf das Baby durch Worte aus. Je jünger sie sind, desto simpler sind ihre Vorschläge, wie man diesen Störenfried wieder loswerden könnte:

- »Den schicke ich mit der Post weg!«
- »Den werfe ich in die Mülltonne!«
- »Den bringen wir in die Klinik zurück!«

Wieder andere gehen auf den ersten Blick sanftmütig und freundlich mit dem Baby um. Keiner kommt auf den Gedanken, daß sich auch in ihnen einiges an Aggressionen ansammelt. Daß sie verstört sind, macht sich oft in ihrem Verhalten bemerkbar:

- Sie können abends nicht mehr einschlafen oder wachen nachts dauernd auf.
- Sie bekommen einen Wutanfall nach dem anderen.
- Sie machen wieder ins Bett, obwohl sie längst sauber sind.
- Sie kauen an den Fingernägeln.

Was sollen Eltern tun, wenn sie spüren, daß ihre älteren Kinder sich nicht an das Baby gewöhnen, sondern mit Neid und Eifersucht darauf reagieren? Einige Vorschläge, die vielleicht helfen können, dieses schwierige Problem zu lösen:

Ein Allheilmittel gegen Eifersucht unter Geschwistern gibt es nicht. Eltern können nur versuchen gegenzusteuern und den Konflikt zu mildern. Erst wenn Kinder auf Dauer spüren, wir kommen nicht zu kurz, legt sich die Wut auf den Neuankömmling

- Sich besonders intensiv um die Älteren kümmern, viel mit ihnen unternehmen. Hier sind vor allem die Väter gefragt.
- Akzeptieren, daß Eifersucht unter Geschwistern keine Verhaltensstörung ist, sondern eine sehr verständliche, ganz normale Reaktion der älteren Kinder, die sich nicht

vermeiden, sondern nur mildern läßt – trotz aller Vorsorge.

- Sicherlich sollte man mit den Geschwistern über ihre Gefühle, ihr Verhalten reden – von solch einem Gespräch nur nicht zu viel erwarten. Kleinere, aber auch größere Kinder sind überfordert (genau wie Erwachsene beim Thema Eifersucht und Neid), wenn man von ihnen verlangt: »Sei vernünftig! Beherrsch dich bitte!«
- Nicht schimpfen, wenn das Baby von seinen Geschwistern getriezt wird, sondern die Kinder möglichst ruhig und sachlich – ohne Schuldzuweisung – mahnen: »Das könnt ihr nicht machen, weil ...«

Eltern tun gut daran, die Geschwister nicht zu überfordern. Oft nützt es wenig, an ihre Vernunft zu appellieren und um so mehr, intensiv mit ihnen zu spielen – ohne das Baby

- Ältere Brüder oder Schwestern würden in den meisten Fällen jetzt selber wieder gern ein bißchen Baby sein. Gesteht man ihnen diesen Rückfall in Kleinkindgewohnheiten – nuckeln, saugen, mit der Flasche herumlaufen usw. – zu, dann registrieren sie: »Das, was unser Baby macht, darf ich auch tun!« Vielen Kindern tut es gut, wenn sie bei ihren Eltern im Bett schlafen dürfen.
- Manche Kinder lassen sich gern in die Babypflege miteinbeziehen. Dieses Mithelfen-Lassen kostet Eltern eine Menge Nerven, trotzdem lohnt es sich meistens: Die älteren Geschwister fühlen sich wichtig. Bemuttern sie das Baby, wird es auch zu *ihrem* Kind. Selbst Geschwister, die zwei oder drei Jahre sind, kann man bereits mit kleinen Aufgaben beglücken, zum Beispiel: »Ich halte das Baby, und du wäschst ihm die Füße.«
- Manche Eltern machen den Fehler, das Baby als Geschenk oder Spielkameraden für die älteren Geschwister anzukündigen: »Wir haben euch etwas mitgebracht! Das Baby freut sich darüber, daß es nun den ganzen Tag mit euch spielen kann!« Daß ihnen damit ein Bär aufgebunden wird, merken große Brüder und Schwestern sofort. »Dieses hilflose Bündel soll mein Spielkamerad sein? Das kann nicht wahr sein!« Kinder sind hellhörig für falsche Töne. Sie wissen genau, daß das kleine Wesen kein Geschenk für sie ist und auch kein Freund zum Spielen. Sie beschäftigt vielmehr: »Was sollen wir mit solch einem Winzling eigentlich anfangen?« Der Hinweis auf später

zieht nicht. Kinder mögen weder Geduld haben, noch mögen sie warten. Sie haben keine Vorstellung von *später*.

- Eine gefährliche Elternkrankheit, die Geschwisterrivalitäten verstärkt: Die Kinder miteinander vergleichen, ihre Wesensart, ihre Leistungen; Rangordnungen aufstellen.

Nicht nur in dieser Anfangsphase, sondern in den ganzen folgenden Jahren werden die Eltern immer wieder zwischen den Geschwistern ausgleichen müssen. Manchmal ist das zum Verzweifeln: »Wie Katz und Maus können die Geschwister miteinander sein. Warum bloß rivalisieren sie derart um die Liebe der Eltern?« Mütter und Väter, die ihre Kinder groß haben, beantworten diese Frage oft gleichlautend: »Die Eifersucht gehört dazu! Sie bleibt über Jahre, oft lebenslang.«

Ein Kardinalfehler von Eltern: Geschwister miteinander vergleichen

Das Kunststück der Eltern besteht darin, das Problem im Auge zu behalten, gegenzusteuern und jedem Kind das Gefühl zu vermitteln: »Ich habe dich lieb – so wie du bist!«

Freunde: nicht alle zeigen Verständnis fürs Baby

Spontane Verabredungen mit Freunden gehören jetzt meist der Vergangenheit an. Ob Kino, Theater oder auch bloß die abendlichen Bierchen in der Kneipe um die Ecke – alles bedarf der peinlich genauen Planung, sonst fällt der »Ausgang« flach, weil man das Baby noch keinem Babysitter anvertrauen mag.

Freunden, die selbst fernab von allem Babygeschrei leben, fällt es ab und an schwer, sich in das neue Leben mit Kind einzufühlen, mitzuschwingen und Verständnis zu zeigen für die neue Lebenssituation der frischgebackenen Eltern

Kommt doch mal ein Treffen mit Freunden zustande, sehnen sich frischgebackene Eltern nach Unterstützung und Verständnis für ihre neue, ungewohnte Lebenssituation. Natürlich stoßen sie oft auf Verständnis. Bisweilen bekommen sie aber eine Abfuhr: »Kannst du nicht mal aufhören, ewig über Kinderkram zu sprechen! Es kann doch kein Riesenproblem sein, ein Baby zu haben. Was soll daran schwierig sein?« Oder sie werden mit aufmunternden Sprüchen abgespeist wie »Das wird schon!« oder »Denk an dein Baby und dann kommt die Kraft von alleine!« Oder werden mit gutgemeinten Ratschlägen belämmert, die nichts nützen.

Alte Freundschaften zerbröckeln manchmal: Eltern und kinderlose Freunde haben sich weniger zu sagen, die Interessen gehen auseinander; an eine gemeinsame Freizeitgestaltung ist kaum noch zu denken. Die Eltern vermissen das Verständnis der alten Freunde für das neue Leben mit dem Kind, während den Freunden das, wie sie meinen, pausenlose Gerede über Kinder auf die Nerven geht.

Viele junge Eltern sind enttäuscht, haben das Gefühl, allein auf weiter Flur zu sein: Keiner schwingt mit. Keiner zeigt Einfühlungsvermögen. Niemand da, bei dem wir uns fallen lassen, unsere Ängste und Nöte äußern, uns trösten lassen könnten.

Verunsichert ziehen sich daraufhin die einen zurück und versuchen, ihre Probleme allein in den Griff zu bekommen.

Junge Eltern sind darauf aus, Freunde zu finden, die sich mit ähnlichen »Kinder-Problemen« herumschlagen und die ihre Freuden und Nöte nachvollziehen können

Die anderen suchen sich neue Freunde, die in einer ähnlichen Lebenssituation stecken (zum Beispiel in Stillgruppen, Seite 104). Es tut ihnen gut, zu erfahren, daß andere Eltern auch keine perfekten Mütter und Väter sind und andere Babys nicht unbedingt pflegeleichter, unkomplizierter sind als das eigene Kind.

Wer sieht, daß andere mit gleichen Schwierigkeiten kämpfen, atmet erleichtert auf und glaubt endlich: Es ist ganz normal, daß nicht alles glatt und reibungslos läuft.

Wir schuckeln und wir schaukeln unser Baby in den Schlaf

Bis weit über das erste Lebensjahr hinaus wacht Jacob jede Nacht gleich mehrmals auf. In den ersten Monaten, solange ich stille, nehme ich das relativ gelassen hin, denn irgendwann um Mitternacht kommt der Kleine sowieso zu uns ins Bett. Da kann ich ihn, ohne ganz wach zu werden, gleich anlegen, wenn er kräht. Noch während er nuckelt, schlafen wir beide wieder ein. Ich spüre kaum, daß meine Nachtruhe immer wieder unterbrochen wird.

Weniger reibungslos verläuft das abendliche Einschlafen: Jacob wehrt sich dagegen. Kaum liegt er in seinem Bett, brüllt er so ohrenbetäubend, daß wir ihn völlig verschreckt wieder hoch nehmen. Nun wird er von Mutter oder Vater in den Schlaf gewiegt, und erst wenn kein Zweifel besteht, daß er auch wirklich schläft, wird er mit aller Vorsicht, jede plötzliche Bewegung vermeidend, wieder hingelegt. O weh, wenn er trotzdem wieder aufwacht ... Dann geht die ganze Prozedur von vorne los. Vielleicht würde Jacob unter weniger Protest einschlafen, wenn er gleich zu uns dürfte, doch das wollen wir nicht: Es soll nicht schon von vornherein jemand zwischen uns liegen, wenn wir ins Bett gehen. Also wird Jacob unermüdlich herumgetragen, bis er schläft – auch tagsüber, manchmal nur wenige Minuten, manchmal eine halbe Ewigkeit, in der, so meinen wir, die Arme abzufallen drohen und das Kreuz fast durchbricht. Nicht selten landen Baby und ein Elternteil in einem Sessel, wo sie vor Erschöpfung gemeinsam einschlafen.

Als Jacob fast vier Monate alt ist, bringt ein Spanien-Urlaub die unerwartete Wende. Wir wissen nicht recht, ob sie unser Verhängnis oder unsere Rettung darstellt: Als wir aus Spaß das Baby in eine zwischen zwei Bäumen gespannte Kinder-Hängematte legen, schließt es in Sekundenschnelle seine Augen und schläft. Sofort werden bei uns zu Hause Haken in die Wand gedübelt, vorbei das leidige Hin- und Hertragen. Jacob schläft ab jetzt nur noch in der Hängematte ein, um dann im Tiefschlaf in sein Bett gelegt zu werden. Jedesmal, wenn wir bei Freunden oder im Hotel übernachten, ist die Hängematte mit dabei. Der Schreiner hat uns ein Ungetüm von hölzernem Gestell dafür angefertigt, das wir auf dem Autodach transportieren und überall aufbauen können. Die meisten erklären uns für verrückt; Witze machen die Runde: Der wird noch seine Freundin mit in die Hängematte schleppen ... Erst als die rückengerechte Kinder-Hängematte allmählich zu klein wird, gewöhnen wir Jacob daran, in seinem Bett einzuschlafen – für die ganze Familie ein mühevoller Lernprozeß.

Ein kleines Baby muß seinen Tag- und Nachtrhythmus erst noch finden. Aber nicht das Kind leidet darunter, wenn es abends nicht einschlafen und nachts nicht durchschlafen kann, sondern seine Eltern

Haben wir damals wirklich gesponnen? Waren wir zu

weich, zu nachgiebig mit unserem Erstgeborenen? Keiner kann das sagen. Ich weiß nur, daß wir in dieser Zeit mit unseren Kräften fast am Ende waren und die Hängematte uns wieder aufatmen ließ. Und warum soll man ein Kind nicht in den Schlaf schaukeln?
Konstantin braucht keine Hängematte, um einzuschlafen. Auch er protestiert zwar zuweilen lauthals, sobald wir ihn hinlegen, aber anders als bei seinem Bruder ist nach wenigen Minuten Ruhe. Wenn nicht, wird er noch einmal hochgenommen und gestreichelt, danach schläft er bereitwillig ein. Nur mit dem Durchschlafen hapert es ähnlich wie bei Jacob. Ein halbes Jahr lang stehen wir Nacht für Nacht zwei- oder dreimal an Konstantins Bettchen, flößen ihm Tee und manchmal auch Milch ein, wenn er hungrig ist. Wir haben beschlossen, Konstantin möglichst selten mit in unser Bett zu nehmen, sonst laufen wir Gefahr, nunmehr zwei Kinder zwischen uns zu haben. Morgens rücken wir gerne zur Seite und machen aus unserem Ehebett eine Spielwiese für die ganze Familie. (C. v. S.)

Warum Babys nicht so schlafen, wie Eltern sich das wünschen

Der Schlaf ist geheimnisvoll. Etwa ein Drittel ihres Daseins verbringen Menschen schlafend. Im Schlaf regenerieren wir unsere Kräfte

Es gibt sie tatsächlich, die Babys, die den halben Tag verschlafen. Den Eltern ist das bisweilen sogar unheimlich. Leicht beunruhigt beugen sie sich über ihr schlummerndes Kind – lebt es überhaupt noch? Kaum hörbar atmet es und schläft, schläft, schläft. Doch das ist selten. Den meisten Eltern schläft ihr Baby zu wenig. Sie schaffen es kaum, in Ruhe zu duschen, geschweige denn, etwas auszuspannen oder die Zeitung zu lesen. Kaum wird's gemütlich, kräht es aus dem Kinderbett. Untersuchungen haben gezeigt, daß Babys in den ersten Wochen täglich im Durchschnitt zwischen 16 und 17 Stunden schlafen, gegen Ende des dritten Lebensmonats 14 bis 15 Stunden. Natürlich haben Babys unterschiedliche Schlafbedürfnisse, doch die meisten sind schon bald nach der Geburt etwa ein Drittel des Tages wach und

wollen einen Großteil dieser Zeit unterhalten werden. Säuglinge schlafen in der ersten Lebenszeit meistens in vielen kurzen Phasen, die sich unberechenbar über den Tag verteilen und das vermittelt manchem Erwachsenen den Eindruck, das Baby schlafe so gut wie gar nicht. An den klassischen Vier-Stunden-Rhythmus halten sich in den ersten Wochen nur wenige Kinder.
Zwar heißt es oft, im dritten Lebensmonat schlafe das Gros der Kinder nachts durch, doch viele Eltern machen die Erfahrung, daß ihr Kind dann wohl die Ausnahme von der Regel sein muß: Von friedlichem Einschlafen und Durschlafen kann bei ihnen keine Rede sein. Nichts da von »In der zehnten Lebenswoche schläft das Baby nachts zum ersten Mal durch!«
Warum kann unser Kind nicht durchschlafen wie andere auch, denken viele. Dabei sind gerade diese anderen die Ausnahme. Babys legen zwar zwischendurch oft ein paar ruhige Nächte ein und ihre Eltern jubilieren bereits, doch plötzlich ist alles wieder wie zuvor.

Wer ein Baby hat, weiß, wie erschöpfend es ist, abends nicht zur Ruhe zu kommen und nachts mehrmals aufstehen zu müssen – oft über Wochen oder sogar Monate hinweg

Säuglinge müssen erst lernen, nachts länger zu schlafen als tagsüber. Im Mutterleib gab es kein Hell und Dunkel, sie schliefen so lange und so oft, sie das Bedürfnis danach hatten. Wenn sie auf der Welt sind, haben ihre Schlaf- und Wachphasen vielfach noch das alte Muster. Erst durch die unterschiedliche Atmosphäre in der Familie, die Dunkelheit bei Nacht sowie durch das Abnehmen der Straßengeräusche nach Feierabend prägt sich Babys allmählich ein, wann Tag und wann Nacht ist. Und wie bei jedem Lernprozeß sind Rückschläge nur natürlich.

Im Mutterleib gibt es kein Tag und Nacht. Babys müssen sich an den Unterschied erst langsam gewöhnen – viele brauchen lange dazu

Außerdem sind Säuglinge höchst anfällig für Störungen: Viel Unruhe, entnervte Eltern, ungünstige Wetterbedingungen (Vollmond, Föhn, plötzlicher Wetterumschwung usw.), auch Herausreißen aus der vertrauten Umgebung können die Schlafbereitschaft eines Säuglings beeinträchtigen, sowohl nachts wie auch tagsüber. Wissenswert ist außerdem, daß es zwei Arten von Schlaf gibt: den ruhigen Tiefschlaf und den REM-Schlaf (REM

Haben die einen Babys keine Probleme, sich rasch an einen Tag-Nacht-Rhythmus zu gewöhnen, lassen sich die anderen Zeit damit. Für Eltern heißt die Devise wieder: gelassen bleiben, Geduld haben

bedeutet »Rapid Eye Movement« und bezeichnet die Schlafphase der »schnellen Augenbewegung«):

- Kurz nach dem Einschlafen fällt ein Kind – genau wie ein Erwachsener – zunächst in Tiefschlaf. Es atmet regelmäßig und entspannt. Körper und Gehirn sind in Ruhestellung. Manche Babys schlafen jetzt so fest, daß man sie hoch nehmen könnte, ohne daß sie aufwachten.
- Nach etwa fünfzig Minuten Tiefschlaf beginnt der REM-Schlaf. Babys sind in dieser Phase, die in den ersten Lebenswochen ungefähr gleich lang ist wie der Nicht-REM-Schlaf, viel unruhiger als Erwachsene. Sie bewegen Arme und Beine, atmen flacher und unregelmäßig, lächeln, schneiden Grimassen und machen saugende Mundbewegungen. Das Gehirn ist in der REM-Phase sehr aktiv, man kann sehen, wie sich die Augäpfel unter den geschlossenen Lidern hin- und herbewegen und nimmt an, daß auch Babys in dieser Phase bereits träumen.

Jeder Schlaf besteht aus unterschiedlichen Phasen

Während der ersten Lebensmonate sind sie in der Übergangszeit zwischen den beiden Phasen sehr anfällig für Störungen. Und anders als Erwachsene, können sie, wenn sie erst einmal wach sind, nicht ohne weiteres wieder einschlafen. Sie fühlen sich unwohl und schreien.

Im Vergleich zu Erwachsenen ist der Anteil der unruhigen REM-Phasen an der gesamten Schlafzeit bei Babys erheblich länger, die Grenze zwischen Wachsein und Schlafen sehr schmal.

Was können Eltern tun, damit ihr Baby ruhiger schläft?

Haben Mütter und Väter den Eindruck, ihr Baby schlafe nicht genügend, können sie natürlich versuchen, möglichst optimale Schlafbedingungen herzustellen: nicht das Zimmer betreten, wenn das Baby schreckhaft ist; plötzliche, laute Geräusche vermeiden; auf gute Luft und richtige Zimmertemperatur achten (in den ersten zwei, drei Wochen etwa 22 Grad, dann zwischen 14 und 17 Grad); das Zimmer schwach beleuchten, für mehr

Ruhe und Regelmäßigkeit tagsüber sorgen; mit dem Baby viel an die frische Luft gehen.

Am wichtigsten ist es jedoch auch hier wieder, das Baby genau zu beobachten: Was fehlt ihm? Braucht es bereits mehr Bewegungsfreiheit in seinem Bett? Schwitzt oder friert es leicht? Schläft es schlecht, wenn die Eltern in seiner Gegenwart laut reden, die Geschwister im Nebenzimmer streiten? Die meisten Babys lassen sich in diesem Alter übrigens dadurch nicht aus der Ruhe bringen.

Eltern, die ihr Kind im Blick haben, sich sensibel in seine Bedürfnisse einfühlen, sich dabei Zeit lassen und Ruhe gönnen, finden meist heraus, ob und warum sich ihr Baby unwohl fühlt

Eltern können einiges tun, um ihrem Baby das Schlafen zu versüßen, doch erzwingen können sie nichts. Manche Babys schlafen wenig, egal, was man unternimmt. Erst mit der Zeit finden sie ihren stabileren Schlafrhythmus von selbst. Es bleibt also Eltern oft nichts anderes übrig, als noch eine Weile mit langen Babyabenden und -nächten zu leben.

Wenig erfolgversprechend sind Versuche, ein Kind zum Durchschlafen zu »erziehen«. Aber selbst heutzutage schwören manche Eltern darauf, ihr Baby ein paar Nächte lang durchschreien zu lassen: »Dann ist das Thema beendet. Das Kind schläft durch!« Nach der vierten, fünften durchweinten Nacht schläft das Baby vielleicht wirklich durch. Es bleibt aber die Frage, was ein Säugling empfindet, wenn er schreit und schreit und keiner zum Trösten kommt. Er macht die bittere Erfahrung, daß niemand reagiert, wenn er ruft. Er lernt durch diese Gewalt-Aktion vielleicht wirklich, in der Nacht stumm zu bleiben, aber auch gleichzeitig: »Ich kann kein Vertrauen in die Erwachsenen haben! Sie lassen mich einsam und allein in meinem Bettchen liegen! Auf sie ist kein Verlaß!« (Seite 92).

Die meisten Eltern halten es kaum aus, wenn ihr Baby weint. Sie lassen es nicht allein, sondern nehmen es hoch, trösten es. Ein Baby, das Liebe und Trost erfährt, geht das Leben zuversichtlich an: »Ich bin nicht allein!«

Die Entscheidung, ein Baby nachts schreien zu lassen, fällt sicher vielen nicht leicht. Meistens ringen sich Eltern erst dann dazu durch, wenn sie monatelang Nacht für Nacht mehrmals aufgestanden sind, um sich um ihr schreiendes Baby zu kümmern. Sie sind am Ende ihrer Kräfte. Wichtig ist, daß sie sich in dieser Situation Rat holen, mit dem Kinderarzt sprechen oder mit anderen

Müttern und Vätern: »Wie ist es Ihnen ergangen? Was haben Sie unternommen?«

Wie läßt sich die Situation entspannen?

Spontane Entscheidungen treffen, schnelle Entschlüsse fassen, sich flexibel zeigen – alles zusammen macht Spaß und bringt Farbe in den Alltag: die i-Tüpfelchen. Aber kleine Babys spielen da oft nicht mit. Sie vertragen kein ewiges Hin und Her, sondern brauchen Orientierungspunkte

- Frühzeitig den Alltag strukturieren. Eine möglichst große Regelmäßigkeit in den Tag bringen: ein paar unumstößliche Fixpunkte und Rituale festlegen.

Vielen Kindern hilft ein regelmäßiger Trott – gerade in unruhigen Zeiten. Sie brauchen ein eindeutiges, klares Raster, in dem sie sich orientieren können – einen festen Rahmen, der den Alltag zusammenhält, um zur Ruhe zu kommen. »Bloß das nicht!« Vielen jungen Müttern fällt es schwer, eine gewisse Regelmäßigkeit in ihr Leben zu bringen: »Viel zu zwanghaft. Zu starr. Zu langweilig!« Stimmt – aber viele Babys brauchen klare Linien. Ist ihr Leben klar gegliedert, fühlen sie sich wohler.

- Sind Eltern hypernervös, gestreßt und nicht mit sich im reinen, überträgt sich ihr Befinden auf das Baby. Schnell steht es ebenfalls unter Hochspannung und kann nicht schlafen. Den Blick also nicht nur auf das Kind, sondern auch auf die eigene Person richten: »Was kann ich tun, um mich zu entspannen?«
- Das Baby mit ins eigene Bett nehmen. Dort fühlt es sich so geborgen, daß es in der Regel seltener aufwacht und ohne großen Aufwand gestillt und beruhigt werden kann. Auch die Eltern schlafen schneller wieder ein, wenn sie erst gar nicht aufstehen müssen (Seite 190).

Die meisten Babys schlafen im Elternbett wunderbar. Trotzdem eine zwiespältige Angelegenheit für viele: »Irgendwann muß Schluß sein. Wir brauchen auch Zeit für uns!«

Viele Eltern fürchten, ihr Kind dann Nacht für Nacht bei sich zu haben: »Wenn sich unser Spatz bei uns eingenistet hat, geht er nicht wieder!« Kann vorkommen, daß ein Baby eine Weile wirklich nur noch im Elternbett schlafen mag, und diese Weile kann sich dann tatsächlich über Monate hinziehen. Aber auch diese Phase hat irgendwann ein Ende, wenn das Kind größer ist und einsieht: »Meine Eltern wollen mich hier auf Dauer nicht haben!«

- Den »Nachtdienst« vorbereiten: Alles, was nachts gebraucht wird: Schnuller, Windeln, abgekochtes Wasser in einer Thermosflasche parat haben. Das Baby nachts abwechselnd betreuen. Möglichst abschalten, falls nötig, sogar mit Ohropax, wenn der andere dran ist. Auch gestillte Babys müssen nicht jedesmal aus der Brust trinken, wenn sie nachts wach werden; Tee tut es genauso, wenn das Baby nicht eindeutig Hunger hat.

- Wenn nötig, das Baby in ruhiger Atmosphäre und in einem schwach beleuchteten Raum herumtragen und ihm zu trinken geben.

Für die geplagten Eltern sind die nächtlichen Unterbrechungen viel aufreibender als für ihr Baby

Bauch- oder Rückenlage?

Babyforscher warnen davor, das Kind nachts auf dem Bauch schlafen zu lassen, denn statistisch gesehen wächst damit die Gefahr des Plötzlichen Kindstods (SIDS: Sudden Infant Death Syndrome). SIDS kommt deutlich häufiger da vor, wo Säuglinge vorwiegend auf dem Bauch, seltener auf dem Rücken oder der Seite liegen.

Forscher haben herausgefunden, daß die Bauchlage nicht so empfehlenswert ist, wie noch vor Jahren gedacht. Ärzte empfehlen, das Baby nur auf dem Rücken oder in Seitenlage zum Schlafen legen

Weitere Faktoren, die das SIDS-Risiko verringern:

- Das Baby stillen.
- In der Wohnung nicht rauchen.

Wie schläft ein Baby am besten?

Daß ein Kind nachts am besten auf dem Rücken oder auf der Seite liegend schlafen soll, heißt nicht, daß es auch tagsüber immer so liegen muß. Erstens wehrt es sich wahrscheinlich dagegen. Zweitens kann die dauernde Rückenlage Bewegungsstörungen zur Folge haben.

Ist das Kind tagsüber wach, liegt es in seinem Bett oder auf einer Decke, kann es sowohl auf dem Rücken, als auch auf der Seite oder dem Bauch liegen, denn dann ist es unter Aufsicht und freut sich über Abwechslung für seine Sinne und Muskeln:

- Liegt es bäuchlings, muß es sich abmühen, seinen

Bis das Baby aus eigener Kraft in Bewegung kommt, können nur andere seine Lage verändern. Wie schön, wenn sie es häufiger tun, denn danach sieht die Welt jeweils verändert und damit interessanter aus. Das Baby braucht Anregungen für seine Sinne

schweren Kopf zu halten. Es trainiert dabei seine Hals-, Nacken-, Bauch- und Rückenmuskeln.

- Liegt es rücklings, übt es beim Strampeln vor allem mit seinen Bauch-, Arm- und Beinmuskeln.

Wo schläft das Kind am besten?

Das Kind bekommt sein erstes Bett. Beim Kauf sollten Eltern vor allem auf Sicherheit achten

Langsam werden Korb, Wiege oder Wagen zu klein – erstaunlich, wie schnell ein Baby wächst. Es braucht ein Bett. Die meisten Eltern kaufen ein *Gitterbett*. Beim Kauf ist auf folgendes zu achten:

- Das *Bett* muß der europäischen EN-Norm entsprechen. Hersteller können ihre Betten beim TÜV überprüfen lassen und bekommen danach das GS-Zeichen (entspricht der Norm).
- Die *Matratze* sollte nicht zu weich sein. Matratzen mit dem Öko-Controll-Zeichen sind nicht nur auf ihre Belastbarkeit überprüft worden, sondern auch auf Schadstoffe. Auf die Matratze kommen eine Einlage gegen Durchnässen und ein ausgekochtes Bettuch. Über die Matratze, in Kopfhöhe des Babys, wird eine Windel gespannt.
- Die *Zudecke* sollte leicht sein und nicht größer als zwei Drittel der Schlaf-Fläche. Dafür kann man eine leichte Daunendecke verwenden oder auch eine Woll- oder Baumwolldecke.
- Ein *Kopfkissen* braucht ein Baby nicht. Eine *Windel* kommt unter den Kopf des Babys, falls es spuckt.
- Weil *Schaffelle* weich, warm und temperaturausgleichend sind, werden sie für Babybetten empfohlen. Bei den Fellen gibt es große Qualitätsunterschiede.

Daumen oder Schnuller?

Das Baby schmatzt, ist unruhig, kann nicht einschlafen, denn es will saugen, hat aber nichts zum Saugen. Für seine Eltern stellt sich jetzt die Frage: Schnuller ja oder Schnuller nein?

- Schnuller ja heißt: Das Baby entspannt sich, sobald es das heißgeliebte Ding im Mund hat und gewöhnt sich daran.
- Schnuller nein bedeutet: Der Säugling jammert weiter, bis es irgendwann seinen Daumen findet oder einen Finger oder die ganze Faust oder einen Zipfel von der Bettdecke zum Saugen nimmt. Säuglinge haben da bereits ihre eigenen Ideen.

Nicht jedes Baby findet seinen Daumen gleich, wenn es ihn haben möchte. Den Daumen zum Mund zu führen ist eine Kraftanstrengung und eine schwierige Übung

Warum brauchen Babys überhaupt Daumen oder Schnuller?

Saugen und Nuckeln beruhigt und beides ist eindeutig mit Lust verbunden. Im Mundbereich empfindet ein Säugling intensiver als ein Erwachsener angenehme und befriedigende Gefühle. Das Saugen ist für das Baby ein »Urbedürfnis« (Seite 29).

- Das *Daumenlutschen* verursacht auch heute noch vielen Eltern Unbehagen. Sie befürchten Kiefermißbildungen, verursacht durch das Daumenlutschen. Die Meinungen der Zahnärzte gehen hier auseinander. Die einen weisen darauf hin, daß Generationen von Kindern an Kieferschäden leiden, die auf das Daumenlutschen zurückzuführen sind. Andere geben zu bedenken, daß von zwei Kindern ausgerechnet jenes eine Zahnspange braucht, das nie am Daumen gelutscht hat. Außerdem findet man etwaige Verbildungen der Zähne oder des Gaumens dann häufig auch bei den Vorfahren in der Familie.

Daumen oder Schnuller? Selbst Fachleute sind sich bei der Beantwortung dieser Frage nicht einig

Fazit: Ein Baby darf ruhig am Daumen lutschen, wenn es mag. Und das ist vor allem praktisch, denn der Daumen ist da, wenn man ihn braucht. Kann nie verlegt oder vergessen werden.

- Ein *Schnuller* sei gesünder, weil kiefergerecht geformt und weicher, meinen manche Kieferorthopäden. Der Schnuller muß sorgfältig verarbeitet und groß genug sein. Zerfällt er in seine Einzelteile, wenn man fest daran zieht, taugt er nichts. Nur Schnuller mit dem Sicherheitszeichen GS kaufen.

In den ersten Lebensmonaten des Babys sollte der

Schnuller möglichst oft gewaschen und ausgekocht und alle zwei Monate ausgewechselt werden. Bekommt er Risse, auch schon eher. Später ist peinliche Hygiene nicht mehr so wichtig.
Es empfiehlt sich, bei Ausflügen zwei oder drei Schnuller mitzunehmen, denn ein Schnuller, den die Mutter vom Boden aufhebt, in den eigenen Mund und dann in den des Babys steckt, ist doch etwas »unappetitlich«.

Können Eltern ihr Baby zu sehr verwöhnen?

»Wir sollten das Kind nicht zu sehr verwöhnen«, moniert mancher Vater, wenn das Baby nach drei Monaten noch Nacht für Nacht im Elternbett schläft. Muß jetzt die Erziehung beginnen?

Wann fangen Eltern eigentlich mit der Erziehung an? Vom ersten Lebenstag an beeinflussen sie natürlich ihr Kind, aber erst jetzt, gegen Ende des ersten Vierteljahres, denken viele zum ersten Mal an Erziehung: »Nun wird's Zeit!« stöhnen manche, ihr Baby sei wahnsinnig »verwöhnt«. Es will immerzu auf den Arm. Will nie auch nur ein Weilchen in seinem Bett spielen. Will immerzu Unterhaltung haben. Auch nachts will es mehrmals hoch genommen und getröstet werden. Alles zusammen ist schon zur Gewohnheit geworden. Höchste Zeit, eine Kehrtwendung zu machen.
Nicht wenige Eltern befürchten, einen kleinen Tyrannen heranzuziehen, der ein Leben lang all das fordert, was er als Baby bekommen hat.

Verwöhnen heißt, dem Baby übereifrig zu Diensten sein. Schon springen, wenn es gerade erst ein zartes »öhö« von sich gegeben hat

Dem ist nicht so – im Gegenteil: Heute sind sich Psychologen darüber einig, daß ein Kind im Babyalter niemals zu sehr verwöhnt oder gar »verzogen« werden kann, auch wenn es von den Eltern noch so viel Beachtung erfährt. Ein Baby, das hautnah erlebt, wie es geliebt wird, ist auf die Dauer zufriedener als ein Kind, das nur selten intensive Zuwendung und körperliche Nähe erfährt oder das lange schreien muß, bevor es hoch genommen und beruhigt wird. Denn Babys sind nicht nur Säuglinge, sondern auch »Traglinge«, die Hautkontakt brauchen, um sich geliebt und geborgen zu fühlen (Seite 128).

Zuviel des Guten: Die Unruhe wird unserem Baby zu bunt

Unser Kind soll eine Menge Anregungen bekommen, damit es ein Mordsbürschchen wird mit einem reichen Innenleben, das hatte ich mir fest vorgenommen – damals, als unser erstes Kind noch ein Baby war. Wie alle übereifrigen Mütter tat ich reichlich des Guten zuviel. Und auch das Falsche. Als sich die Wachphasen unseres Kindes langsam in die Länge zogen und unser Baby häufiger nach Unterhaltung verlangte, durfte ich endlich loslegen. Ich bot ihm ein volles Rundumprogramm. Schließlich hatte ich nichts anderes im Sinn, als mich auf unseren Erstgeborenen zu konzentrieren. Mit großer Begeisterung begann ich, ihm Laute zum Nachahmen anzubieten: »Hututu und Eiteitei!« Ich ermunterte ihn, sein Mündchen zu spitzen und mir zu zeigen, welche Laute er schon gurgeln und schmatzen kann. Pflanzen und Tiere, Menschen und Autos – was wir zu sehen bekamen, zeigte und benannte ich ihm. Aus seinem Tragesack hatte er unterwegs bei unseren Ausflügen die beste Aussicht. Mein Mann versuchte mich zu bremsen: »Mit seinen acht Wochen bekommt er das Drumherum noch gar nicht mit!« Ich ließ mich nicht beirren: »Er fängt aber schon an, seine Umgebung immer intensiver wahrzunehmen!«

Mein Umgang mit dem Baby gefiel seinem Vater nicht: »Rein in die Kartoffeln, raus aus den Kartoffeln – viel zu unruhig und keine klare Linie zu erkennen!« Das hieß in der Praxis:

- Das Baby wurde ins Bett gelegt. Kaum muckte es, wurde es gleich wieder herausgenommen.
- Das Baby wurde auf eine Decke am Boden gelegt. Kaum wimmerte es einmal, wurde es wieder hoch genommen und gestillt.

Von der Decke auf den Schoß, vom Schoß in den Kinderwagen, vom Kinderwagen auf die Wiese – ein ewiger Wechsel.

Auch im Kinderzimmer kam unser Baby kaum zur Ruhe. Überall Tierchen zum Anschauen: Entchen, Häschen, Bärchen auf Handtüchern, Vorhängen, Lampenschirmen. Über dem Bett ein Mobile. Über dem Wickeltisch eine Spieluhr.

Bunte Farben, verschiedene Formen, Geräusche in Hülle und Fülle – unser Kind mußte einiges aushalten: Ewig war es mit mir in Aktion, immer neuen Reizen ausgesetzt, und das, weil ich glaubte, eine Umwelt reich an Reizen mache ein Baby klüger, neugieriger, aktiver.
Daß unser Sohn mit seinen acht Wochen von diesem »reizvollen« Hin und Her ebensowenig hielt wie sein Vater merkte ich lange nicht. Er knatschte, wurde nervös, quengelte nur noch, schrie viel und schlief zunehmend schlecht. Erst beim zweiten Kind erkenne ich – aus Erfahrung klüger geworden –, daß ich zu hektisch mit Kindern umgehe, sie mit Anregungen überhäufe und ihnen ihre Umwelt zu kunterbunt gestalte. Bei aller Freude am Gucken, Hören, Tasten – ebensowenig wie es einem Baby bekommt mit Nahrung überfüttert zu werden, behagt es ihm, immer neuen schnellen, lauten Reizen ausgesetzt zu werden. Das wird ihm bald zuviel. Ein kleines Kind braucht weder ein Riesentamtam an Aktionen, noch Spielzeug in Massen in seinem Zimmer, um seine Seele zu entfalten. Es braucht Eltern oder Betreuungspersonen, die sich ihm liebevoll zuwenden:

- Die ihm zuhören, wenn es seine erstes »Ähä« übt.
- Die ihm »Backebacke Kuchen« vormachen und vorsingen.
- Die mit ihm auf dem Arm nach Radiomusik durchs Zimmer tanzen.

Animateure, die ihm spannende Highlights und Extrareize bieten, braucht es dagegen nicht. Die ganz alltäglichen, normalen Familienereignisse sind Programm genug.
Mir ist dieser gemächliche Kinderalltag manchmal zu fade, aber nur mir – unseren Kindern, nicht nur dem Baby, bekommt er bestens. Vor allem der Kleinste ist ausgeglichen, schläft und trinkt, lacht und spielt. Die Welt scheint für ihn in Ordnung zu sein. Ich denke manchmal: Sollten wir ihn nicht doch mal mit in die Kneipe nehmen, in die Stadt, ins Kaufhaus – damit er was sieht von der Welt? Gleichzeitig pfeife ich mich zurück: Gemach, das hat Zeit. Wahrscheinlich würde er dort Zeter und Mordio schreien und dann vor Erschöpfung einschlafen. (C.N.)

Liebes-Spiele: wichtiger als Förder-Spiele

Noch Anfang der dreißiger Jahre waren Fachleute der Meinung: Je mehr Ruhe ein Baby hat, desto besser für seine Entwicklung. Sie glaubten, ein Kind könne seine Fähigkeiten am besten ohne Störung von außen entwickeln – nur aus sich selbst heraus, beeinflußt vor allem durch seine Erbanlagen.

Ein paar Jahrzehnte später kehrte sich die Meinung ins Gegenteil um. Je mehr Anregungen für ein Baby, desto besser für seine Entwicklung, glaubte man nun. Die Folge: Für nicht wenige Eltern heißt »liebevolle Zuwendung« jetzt: »Wir müssen unser Baby fördern. Müssen für sinnvolle Anregungen sorgen, damit sich unser Kind seelisch, körperlich und geistig gesund entwicken kann.« Bisweilen sind die elterlichen Erwartungen hochgesteckt: ein perfektes Kind – pflegeleicht und topfit – wünschen sie sich. Genaue Vorstellungen im Kopf, machen sie sich bereits zu Babyzeiten daran, ihr Kind gezielt zu fördern:

- Liegt das Baby auf dem Wickeltisch, spricht ihm seine Mutter laut und deutlich sämtliche Vokale vor: »A, E, I, O, U!« Von niedlichem »Ach-wo-is-denn-mein-Kleiner?« hält sie nichts und erst recht nichts von Babysprache à la Dududeldudelmäusekindchen. Ihr lautes und deutliches A-E-I-O-U klingt dagegen wie Unterricht: erste Lektion Spracherziehung.
- Das Baby liegt rücklings auf einer Decke. Sein Vater hält ihm einen roten Ball vor die Augen. Bewegt er den Ball nach rechts, folgt das Baby dem Ball mit den Augen nach rechts. Bewegt er ihn nach links, folgt das Baby dem Ball mit den Augen nach links. Prüfung bestanden. Das Spiel klappt wie vorgeschrieben in der Entwicklungsskala für diese Lebensphase.

Spontaneität, Intuition kommen oft zu kurz, wenn Eltern ein genaues Babyförderprogramm im Kopf haben und sich daran machen, es zu verwirklichen.

Eine Unsitte unter frischgebackenen Eltern: Kinder vergleichen. Stolz auf ihren Sprößling, der kaum drei Monate alt, schon Ich-weiß-nicht-was kann, machen Eltern ihr Kind gerne zum Maßstab aller Dinge. Eltern von Spätentwicklern lassen sich dadurch leicht verunsichern. »Schlimm, daß unser Baby nachhinkt?«

Wenn sie sich vor allem auf ihre Intuition verlassen, aus dem Bauch heraus mit ihrem Baby spielen, dann macht das Kind begeistert mit. Das Kunststück besteht darin, dieses Wissen zu aktivieren

In sich hineinhorchen, die Phantasie spielen lassen

Eltern sind Meister im Umgang mit Babys – wenn sie sich auf ihre Intuition verlassen. Manchen fällt es allerdings schwer, verspielt und spontan mit ihrem Baby herumzualbern

Spielen Eltern ohne Hintergedanken mit ihrem Baby – unbeschwert, locker, einfach so, wie's ihnen gerade in den Sinn kommt –, gelingt es ihnen meist, intuitives Wissen zu beleben, das in ihnen schlummert. Wissen, über das alle Mütter und Väter verfügen, oft ohne sich dessen bewußt zu sein. Greifen sie darauf zurück, wissen sie automatisch, was Babys erfreut: Fratzen schneiden. Gurgeln. Schmatzen. Was sie auch spielen, alles signalisiert ihrem Kind: »Ich habe Interesse an dir und bin gerne mit dir zusammen!« In dieser Botschaft sind die wichtigsten »Anregungen« enthalten, die ein Kind braucht, um sich gesund weiterzuentwickeln.

Die einfachen alten Ammenspiele kommen bei Babys gut an. Ein weiteres Lieblingsspiel: Die Eltern nachahmen. Noch betrachten sie jedes Gesicht, das sich über sie beugt, interessiert. Das wird sich ändern

Eltern müssen also keinen Leitfaden im Kopf haben, sich keine Babyförderprogramme ausdenken, sondern können sich auf ihren ganz normalen Mutter- oder Vater-Instinkt verlassen, wenn sie die Entwicklung ihres Babys unterstützen und anregen wollen. Die einfachsten Liebes-Spiele sind auch die sinnvollsten:

- Die Mutter hat ihr Baby im Arm. Sie zwitschert in den höchsten Tönen mit ihm. Mag dieses Säuseln auf andere auch unsinnig wirken – für einen Säugling sind die hohen Töne genau richtig. Er kann sie besser wahrnehmen als die tiefen. Unbewußt fördert die Mutter also die Sprachentwicklung ihres Kind, ohne sich dessen bewußt zu sein.
- Der Vater wiegt sein Kind in seinen Armen, schaut es an, streckt ihm die Zunge raus. Das Baby imitiert ihn. Was wie ein Spaß für Vater und Kind aussieht, ist gleichzeitig ein wichtiger Entwicklungsschritt. Das Baby versucht seinen Vater nachzuahmen: Kann doch nicht so schwer sein, die Zunge herauszustrecken!

Auch beim Spielen ist das Baby schon erstaunlich aktiv

Beim Spielen mischt der Winzling längst mit, denn er ist bei weitem nicht so hilflos und zerbrechlich, wie er auf den ersten Blick wirkt. Das Baby hat eine Menge Fähigkeiten mit auf die Welt gebracht und seitdem viel dazugelernt. Längst führt es seine Eltern mit einem Lächeln, mit einem Stirnkrausen oder Wimmern dorthin, wo es sie haben möchte.

Diese ersten, schlichten Spiele festigen die Eltern-Kind-Beziehung und stärken das Vertrauen des Babys in Mutter und Vater oder weitere Betreuungspersonen. Eltern, die glücklich über ihr Kind sind, ihre Freude ausdrücken, vermitteln ihm damit auch Liebe zum Leben.

Was empfindet ein Baby, wenn seine Eltern mit ihm spielen?

In den ersten Lebenswochen reagiert es meist mit ernster, skeptischer Miene darauf, später erst gluckst es vor Vergnügen, wenn seine Mutter »Summsummsumm, Bienchen summ herum« singt oder sein Vater mit ihm durchs Zimmer wirbelt.

Für ein kleines Baby ist die Welt voller Geheimnisse. Selbst die Finger, die es streicheln, schaut der Wicht nachdenklich an, als dächte es: »Wo soll ich das nun wieder einordnen?«

Jetzt, im zweiten und dritten Lebensmonat, fängt es an, lebhafter, beweglicher zu werden. Der Säugling rudert häufiger mit den Armen, strampelt mit den Beinen. Die Freude an der Bewegung läßt sich noch steigern, massiert man das Baby am Bauch, am Po, an Armen und Beinen (Seite 127).

Das Kind interessiert sich zunehmend für Spielzeug und gibt immer mehr Laute von sich. Die klingen meist nach »Öhö« oder »Ngrr«.

Erste Erfahrungen mit der Welt macht ein Baby noch im Mutterleib. Was seine Mutter fühlt, fühlt es gleich mit: Ruhe und Unruhe, Freude und Wut, Lachen und Weinen. Jetzt lernt es von seinen Eltern sprechen, lieben, vertrauen, spielen – alles lernt es von ihnen

Wie verläuft die Entwicklung?

Was heißt eigentlich »normale Entwicklung«? Wo verläuft die Grenze zwischen normal und nicht normal?

Weil kein Kind dem anderen gleicht, ist es kaum möglich, von *der* Entwicklung zu sprechen und Normen dafür aufzustellen. Die Entwicklungsabläufe und -zusammenhänge sind keine Richtlinien – *so und nicht anders MUSS die Entwicklung ablaufen* –, sondern nur als Orientierungshilfe gedacht, um es einem Erwachsenen zu erleichtern, sich in ein Baby hineinzuversetzen.

Reichlich Trubel – schadet das dem Kind?

Wieviel Ruhe braucht ein Baby? Richtlinien zum Kapitel Kindererziehung können diese Frage weniger überzeugend beantworten als das Baby selbst. Es zeigt seiner Mutter und seinem Vater, wo's lang geht. Wenn beide genau hinschauen, entdecken sie einen Weg.

Einerseits ist ein Kind gerade jetzt besonders intensiv auf der Suche nach sinnlichen Eindrücken. Mit hundert Antennen sucht es neugierig seine Umgebung ab: »Was kenne ich noch nicht? Was gibt es zu sehen?«

Andererseits hat es meist rasch genug von allem Getriebe, und das ist dann auch zu sehen oder zu hören:

- Manchmal verändert sich sein Gesichtsausdruck von einer Sekunde zur anderen. Schaute es sich gerade noch strahlend, hellwach um, scheint es nun zu dösen. Es zieht sich in sich selbst zurück.
- Oder es wehrt sich laut protestierend gegen eine Überfülle von Reizen, schreit gewaltig und anhaltend.
- Oder es wird unruhig, zappelig, beginnt zu quengeln, wird auf die Dauer – läßt die Überflutung durch Reize nicht nach – nervös, trinkt nicht richtig, schläft nicht richtig und ist alles andere als ausgeglichen.

Lärm macht Kinder auf Dauer krank, belastet ihr vegetatives Nervensystem. Viele Eltern bemühen sich jetzt schon, ihn möglichst gering zu halten und Radio, Fernseher, Kassettenrecorder nicht permanent laufen zu lassen

Eltern sorgen jetzt am besten für Ruhe. Entweder nehmen sie ihr Kind in den Arm, in dem es sich vergraben und abschirmen kann gegen den Tumult da draußen, und versuchen, es durch Streicheln oder Liebkosen zu beruhigen. Oder sie bringen ihr Kind ins Bett. Manche Babys haben nichts dagegen, zwischendurch mal dort abgelegt zu werden. Sie ruhen sich auch während ihrer Wachphasen gerne aus.

Noch etwas zum Thema Reizüberflutung: Den üblichen Familien- und Verkehrslärm vertragen kleine Babys meist ohne Probleme. Manche reagieren allerdings verschreckt auf plötzliche Geräusche: eine zuknallende Autotür zum Beispiel. Sind sie älter, werden viele Babys geräuschempfindlicher.

Das »soziale« Lächeln: Jetzt strahlen die Augen

Etwa im Alter von vier Wochen beginnt ein Baby, die Menschen seiner Umwelt von Dingen zu unterscheiden. Nichts ist jetzt spannender als ein menschliches Gesicht. Ihm folgt es ganz konzentriert mit den Augen. Kein Ding würde es derart aufmerksam betrachten.

Zu Beginn ihres Lebens verschenken Babys ihr Lächeln an jeden. Später bekommen es nur noch Vertraute zu sehen

Weint ein Baby, erscheint gleich darauf ein menschliches Antlitz in seinem Gesichtsfeld, und dann werden seine Wünsche erfüllt – das ist jedenfalls der Normalfall. Der Säugling macht also die Erfahrung, *menschliches Gesicht* und das Gefühl *Mir geht's wieder gut* gehören zusammen. Inzwischen ist das Baby körperlich reif und seelisch weit genug entwickelt, um auf den Reiz *Gesicht* reagieren zu können: Es lächelt. Dieses »neue« Lächeln – einfach unwiderstehlich und wunderschön – hat nichts mehr mit dem verhuschten Engelslächeln der ersten Lebenswochen gemein. Es ist eine soziale Reaktion. Lächelt das Baby jetzt, ist es ganz bei der Sache und hellwach. Die Augen sind weit geöffnet. Sie leuchten. Sie drücken aus: »Ich freue mich!« Dieses »soziale« Lächeln zeigt, daß der Säugling anfängt, zielgerichtet auf seine Umwelt zuzugehen. Er hat eine neues, ausdrucksstarkes Mittel gefunden, sich verständlich zu machen. Lächeln heißt: »Ich freue mich!« Noch verschwendet er sein Lächeln an jedermann, Hauptsache, ein Menschengesicht zeigt sich ihm.

Das erste »richtige« Lächeln ist ein Signal und weist darauf hin, daß das Baby Kontakt aufnehmen, Kontakt halten will. Kleine Babys sind meist sehr kontaktfreudig

Es dauert noch ein paar Wochen, bis es bekannte und unbekannte Gesichter unterscheidet.

Alle Babys haben ein Ziel: Unabhängigkeit

Innerhalb weniger Kinderjahre entwickelt sich ein Winzling mit wenig Ahnung vom Leben zu einem Wesen mit überragenden Fähigkeiten

Auf eigenen Füßen möchte jedes Baby so schnell wie möglich stehen. Dieser Drang nach Unabhängigkeit ist der Antrieb für seine Entwicklung. Das Erstaunlichste an Babys: Sie sind imstande, sich den verschiedensten Lebensformen anzupassen und den verschiedensten Methoden der Kindererziehung. Ihre Entwicklung verläuft – trotz aller Unterschiede – nach dem gleichen Muster, alle erreichen schließlich dasselbe Ziel: ihre Unabhängigkeit. Noch sind sie aber weit davon entfernt.

Schon nach kurzer Eingewöhnungszeit ins Leben wird ein Baby erstaunlich munter und aktiv. Nimmt es einen Reiz wahr, verinnerlicht es diese Erfahrung und lernt daraus. Durch *Lernen* einerseits und durch *Reifen* andererseits erreicht es Schritt für Schritt über Jahre hin die wesentlichen Meilensteine auf dem Weg in die Selbständigkeit.

- Lernen heißt: Das Baby ändert sein Verhalten, weil es bestimmte Erfahrungen gemacht hat.
- Reifen heißt: Wachsen. Das Wachsen eines Kindes ist verhältnismäßig unabhängig von Einflüssen der Umwelt und Erfahrungen des Kindes.

Um zu lernen, braucht ein Baby Partner, die ihm Anregungen verschaffen, es bestätigen, ermuntern, korrigieren – Menschen, die ihm helfen, nach und nach sich selbst und die eigenen Fähigkeiten zu erkennen

Lernen und Reifen greifen ineinander. Beides hängt mit der Fähigkeit des Babys zusammen, die Welt *wahrzunehmen*. Auch diese Fähigkeit muß sich erst bilden. Zwar funktionieren die Sinne eines Säuglings, aber er nimmt die Welt anders wahr als ein Erwachsener. Er kann seine Eindrücke noch nicht in ein (Denk-)System einordnen.

Spielzeug: weniger ist mehr

Babyspielzeug muß nicht viel kosten. Gebrauchsgegenstände, Haushaltssachen kommen oft am besten an

Das Baby ist jetzt länger wach, nimmt mehr von seiner Umwelt wahr, will sich die Zeit vertreiben. Mit welchen Spielzeugen kann es sich jetzt schon beschäftigen? Natürlich haben Babys ihre Freude an Rasseln und Ringen. Aber das wirkungsvollste Zeug zum Spielen ist nicht unbedingt Spielzeug, sondern anderes:

- Die Armbanduhr des Vaters kann ein glänzendes Pendel sein, das vor dem Baby hin- und herschwingt und in dem sich die Sonne spiegelt.
- Ein Taschenspiegel kann Sonnenflecken auf die Wand bringen. Und diese Flecken lassen sich mit dem Taschenspiegel bewegen.
- Der Badezimmerspiegel, in dem sich das Baby anschauen kann.
- Licht, das Babys fasziniert. Sie beobachten begeistert, wie sich Lampenlicht verändert – heller oder dunkler wird (es darf nicht blenden).
- Eine Taschenlampe, mit der sich Schattenspiele machen lassen: den Schatten einer Hand an die Wand werfen oder über die Wand wandern lassen.

Beim Spielen auch auf Sicherheit achten

Spielzeug außer Reichweite des Babys, das es aus der Ferne »studieren« kann:

- Mobiles, Luftballons, Bilder. Über seinem Spielplatz aufhängen, zum Anschauen, wenn es auf dem Rücken liegt.
- Bunte Bauklötze, Küchensachen, Stofftiere. Vor seine Decke legen, wenn es auf dem Bauch liegt und seinen Kopf hebt.

Kinder bitte nicht mit Spielzeug überschütten. Kinder brauchen keinen Schnickschnack, kein Riesenarsenal an Sachen. Weniger bedeutet meist mehr

Nicht jedes Babyspielzeug eignet sich auch für Babys: Was unter der Bezeichnung »Babyspielzeug« auf dem Markt ist, entspricht oft nicht den Spielansprüchen von Babys, ist zu aufwendig, zu kompliziert, nicht immer schadstofffrei und sicher. Mit dem europaweit vorgeschriebenen CE-Zeichen sichern Importeure und Hersteller zu, daß das Spielzeug der Sicherheitsnorm EN 7 entspricht. Weitere Prüfstellen, wie etwa der TÜV, überprüfen ebenfalls Spielzeuge und vergeben Sicherheitszeichen.

Langsam kommt Bewegung ins Leben

Wie sich ein Säugling Schritt für Schritt entwickelt, läßt sich gut am Beispiel von Bewegung (Motorik) erklären: Die Reflexe, diese ziellosen, zuckenden Bewegungen der ersten Monate, verlieren sich langsam, müssen sich auch

In der ersten Zeit nach der Geburt kann ein Baby seine Körperlage nur unwesentlich verändern. Jetzt arbeitet es mit aller Kraft darauf hin, endlich vom Fleck zu kommen. Es dauert noch, bis das klappt

zurückbilden, sonst kann sich das Kind nicht weiterentwickeln.

Es folgen zielgerichtetere Bewegungen, die das Kind nach und nach immer besser kontrollieren kann. Ein Beispiel:

- Ein Baby lernt erst greifen, wenn sich der Greifreflex verloren hat.

Auch gezielte Bewegungen wirken am Anfang nicht sehr viel exakter als Reflexe. Ein Baby muß lange üben, bis seine Bewegungen ruhig und sicher wirken. Kein Kind bewegt sich wie das andere, jedes hat seine eigene Art:

- Ein temperamentvoller kleiner Mensch bewegt sich auch temperamentvoller als ein bequemer und entwickelt sich meist entsprechend schneller.

Ein Entwicklungsschritt baut auf dem anderen auf. Erst wenn es den vorangegangenen gemeistert hat, geht ein Kind zum nächsten über.

Nicht in gleichmäßigen Schritten entwickelt sich ein Baby weiter, sondern in Schüben. Zwischendurch braucht es Pausen.

Lernt ein Kind Neues, scheint es bereits Erworbenes wieder zu vergessen. Aber keine Angst! Was es einmal gelernt hat, vergißt es nicht. Das kommt wieder.

Entwicklung: wichtige Daten zur Orientierung

Ein wichtiger Schritt: In den ersten Lebensmonaten lernt ein Kind, seinen Kopf zu halten und zu kontrollieren

Nicht nur mit liebevollem, sondern auch mit prüfendem Blick beobachten Eltern ihr Baby, und je unsicherer sie im Umgang mit ihrem Kind sind, desto häufiger überprüfen sie seine Entwicklung. »Alles normal? Und ist das, was für uns normal aussieht, auch wirklich normal?« Das Dilemma für die Laien: Sie erkennen kleinere Störungen nicht. Gerade weil es wichtig ist, Störungen – egal, ob groß oder klein – früh zu erkennen und früh zu behandeln, machen sich die meisten Eltern Sorgen. Gegen diese Angst gibt es ein Mittel: Eltern müssen sich

- einerseits über die wichtigsten Entwicklungsschritte von Säuglingen informieren und

• andererseits wissen, daß es eine verbindliche Norm für Entwicklung nicht gibt, denn jedes Kind hat sein eigenes Tempo, seine eigene Art, sich zu entwickeln.
Deshalb darf man die folgenden Daten nicht zu wörtlich nehmen, sondern nur als Orientierungshilfe betrachten nach dem Motto: »In diesem Rahmen etwa spielt sich die Entwicklung meines Babys ab!« Bitte die Daten nur als Richtschnur betrachten und nicht als ein MUSS.
Bereits in den vergangenen Kapiteln sind immer wieder Entwicklungsdaten zur Sprache gekommen; sie werden hier nicht wiederholt, sondern durch weitere Punkte ergänzt.

Schon jetzt zeigt sich, ob das Baby zu den Früh- oder Spätentwicklern zählt

Ende zweiter Monat:

• Liegt das Baby auf dem Bauch, beginnt es sich zu strecken und versucht, den Kopf häufiger zu heben, länger zu halten.
• Zieht man das Baby zum Sitzen hoch, kann es den Kopf inzwischen ein paar Sekunden halten.
• Es öffnet die Hände häufiger und schließt sie auch nicht gleich wieder.

Ende dritter Monat:

• In der Bauchlage kann der Säugling seinen Kopf schon recht gut halten.
• Liegt das Baby auf dem Bauch, kann es sich jetzt strecken. Liegt es auf dem Rücken, die Beine anziehen. Das Baby strampelt immer kräftiger.
• Sitzt das Baby, festgehalten durch die Hand und abgestützt durch den Arm eines Erwachsenen, kann es seinen Kopf halten und seitwärts drehen.
• Die Hände sind jetzt nur noch selten zur Faust geballt.
• Das Baby beginnt zu tasten. Erwischt es etwas, steckt es den Fund vielleicht sogar schon in den Mund, aber das gelingt selten.
• Es kann manchmal schon ein Spielzeug ergreifen, Spielzeug sogar hin- und herbewegen, aber noch nicht wieder loslassen.

- Es interessiert sich mehr für Dinge, die sich bewegen, als für stillstehende.

Der Kinderarzt: auch Seelenarzt für die Eltern

Zu Hause die Fragen notieren, die man dem Kinderarzt stellen möchte. Mit dem Zettel in der Hand hat man die Fragen dann auch wirklich parat, wenn man sie braucht

Machen sich die Eltern Sorgen über die Entwicklung ihres Kindes, können sie sich durch zwei Vorsorgeuntersuchungen Gewißheit verschaffen:

- U 3 (4. bis 6. Lebenswoche)

Der Arzt prüft, ob sich das Baby gut entwickelt, bespricht seine Ernährung, kontrolliert das Herz und untersucht die Hüftgelenke.

- U 4 (3. bis 4. Lebensmonat)

Der Arzt wiederholt die Untersuchungen der U 3 und achtet zusätzlich auf Anzeichen von Rachitis, auf die Reflexe und Bewegungsstörungen.

Es ist zu empfehlen, gegen Ende der vorgegebenen Frist zum Arzt zu gehen (wenn man einen Verdacht hat, natürlich früher).

Wer ein Baby, aber wenig Erfahrung mit Kindern hat, ist oft kurz davor, zum Kinderarzt zu gehen, wenn das Kind ein Wehwehchen hat (zum Beispiel Husten und Schnupfen).

Kinderärzte fühlen sich auch zuständig für Elternsorgen – selbst wenn sie – aus Sorge um das Kind, aus übergroßem Verantwortungsgefühl – manchmal vielleicht übertrieben sind. Gute Kinderärzte heilen nicht nur Kinderkrankheiten, sondern stärken auch ängstliche Elternseelen und das ist nicht ihre unwichtigste Aufgabe: Sie vermitteln ein Gefühl von Sicherheit.

Wie erkennen Mütter und Väter, ob ihr Baby krank ist?

Nicht nur die Entwicklung, sondern auch die Gesundheit ihres Kindes beobachten Eltern mit Argusaugen und fühlen sich sicherer, wenn sie die wichtigsten Krankheitssymptome kennen:

1. Das Baby verweigert die Nahrung.
2. Fieber
3. Wäßriger Durchfall
4. Anhaltendes starkes Erbrechen
5. Gellendes Schreien. Das Kind beruhigt sich nicht wieder, macht den Eindruck, als hätte es Schmerzen.
6. Anhaltendes klägliches Wimmern
7. Apathie, Schwäche, Mattigkeit
8. Blutiger Stuhlgang
9. Praller, aufgetriebener Bauch
10. Krankhafte Blässe
11. Gewichtsabnahme, mangelnde Gewichtszunahme

Fieber-Messen: Man mißt es am besten rektal (im After), etwa zwei Minuten lang. Das Thermometer vorsichtig und nicht zu tief einführen. Beim Säugling ist hohes Fieber (ab 39 Grad) nicht ungewöhnlich, jedoch ein Alarmzeichen. Darüber sollte man mit dem Arzt sprechen, wie man ihn im Zweifelsfall überhaupt immer zu Rate ziehen sollte.

Für Notfälle, Telefonnummer von Kinderarzt, Notarzt, Taxi und dem nächsten Krankenhaus an eine Pinnwand hängen

Gewicht: nicht jedes Gramm zu wichtig nehmen

Bei den Vorsorgeuntersuchungen (U 3 und U 4) interessiert sich der Kinderarzt auch für das Gewicht des Babys und für seine Größe. Inzwischen haben viele Babys, die bei der Geburt ein Leichtgewicht waren, aufgeholt. Erstaunlicherweise gleichen sich die anfänglichen Unterschiede im Geburtsgewicht im Laufe der ersten Lebensmonate (bis zum 6. Monat etwa) weitgehend aus.

Im ersten Vierteljahr nimmt ein Säugling etwa 125 bis 200 Gramm pro Woche zu. Diese Zahlen sind jedoch nur Anhaltspunkte und sollten nicht zu wörtlich genommen werden. In Gramm läßt sich das Gedeihen eines Kindes jedenfalls nicht messen. Dem Kinderarzt kommt es auf die Tendenz der Entwicklung an, auf

Auch wenn das Baby sichtlich gut gedeiht, sollten Eltern es ab und zu wiegen

- die Zunahme des Gewichts einerseits und
- die Zunahme der Körperlänge andererseits.

Das Verhältnis zwischen Gramm und Zentimeter muß stimmen.

Wiegt man das Baby etwa einmal in der Woche und wird es beim Kinderarzt regelmäßig gemessen, ergibt sich ein zuverlässiges Bild. Die meisten Babys gedeihen prächtig. Heute sind Säuglinge nur selten übergewichtig. Die Gründe:

- Immer mehr Mütter stillen ihre Kinder und gestillte Kinder werden nicht dick.
- Auch Säuglinge, die mit adaptierter Milch ernährt werden, neigen nicht zum Dickwerden.

Wann wird es Zeit für den ersten Brei?

Auf seinen ersten Brei sollte das Baby noch ein paar Wochen warten

Nein, es wird noch nicht Zeit. Weder im zweiten noch im dritten Monat sollte man einem Säugling Brei geben – auch wenn Großmütter schon raten: »Du mußt dem Kind endlich Brei geben!« Im ersten halben Jahr ist Beikost heute überflüssig,

- wenn das Baby gestillt wird,
- wenn es Säuglingsmilchnahrung bekommt.

Sowohl adaptierte als auch teiladaptierte Milch enthält alle Nährstoffe, die ein Säugling in seinen ersten Lebensmonaten braucht. Dennoch empfehlen manche Kinderärzte und auch die Hersteller von Baby-Kost,

- ab der sechsten Woche Obst- und Gemüsesaft zu geben und
- etwa ab der zehnten Woche Obst- und Gemüsebrei.

Ernährungsexperten meinen, daß Babys zu diesem Zeitpunkt zwar sowohl Saft als auch Brei vertragen, jedoch beides nicht brauchen, um gesund ernährt zu werden. Die noch recht empfindlichen Verdauungsorgane sollten damit nicht belastet werden.

5. Kapitel
Ruhige, fröhliche Zeiten – das Ende des ersten Halbjahrs (4. und 5. Monat)

Beruf und Baby

Unser Baby ist aus dem Gröbsten raus. Obwohl ich mich schon während der Schwangerschaft für Beruf *und* Baby entschieden habe, fange ich mit der Diskussion wieder am Nullpunkt an: Was spricht für das Zuhausebleiben, was für den Beruf? Immer noch suche ich nach der einzig richtigen Antwort, aber es fallen mir nur wenig eindeutige Sowohl-als-auch-Antworten ein und viele Einerseits und Andererseits. »Du mußt das selber wissen!« sagt mein Mann, wenn ich das »Problem« mit ihm zum hundersten Mal durchdiskutieren will. Und er sagt, daß er alles mitmacht. In meinen Selbstgesprächen drehe ich mich im Kreis.

- »Ich schaffe es doch gar nicht, mich von meinem Kind zu trennen: stundenlang und Tag für Tag!«
- »Ein Leben ohne Beruf – da würde ich unzufrieden.«

Schließlich schaffe ich es doch, mich tagsüber von unserem Baby trennen. Nach ein paar Wochen sitze ich – trotz aller Bedenken – wieder an meinem Arbeitsplatz. Unser Leben ist nun durchorganisiert: Um 9 Uhr kommt eine zusätzliche »Bezugsperson«, die unseren Sohn betreut und schnell zu einer Vertrauten für die ganze Familie wird. Ich ziehe – meistens traurig – von dannen Richtung Schreibtisch und Büro. Gegen 14 Uhr kommt der Vater zu seinem Sohn. Und die beiden vergnügen sich am Nachmittag. Um 19 Uhr komme ich nach Hause, gerade noch rechtzeitig zum »Schlaf-Kindchen-Schlaf-Singen«. Besser als erwartet kommen wir mit unserer »Konstruktion« zurecht.

Unser Kind scheint nichts gegen dieses Karussell aus drei Bezugspersonen zu haben, das sich um es dreht. Es ist fidel und zeigt keine »Störungen«, nach denen ich – wie wohl jede berufstätige Mutter – fahnde. Im Gegenteil: Wir drei Erwachsenen sind keine schlechte Mischung für ein Baby, denn wir ergänzen uns bestens. Was der eine nicht kann, kann der andere um so besser. Und warum endet das Ganze dann doch nach zwei Jahren (aus einem Kind sind inzwischen zwei Kinder geworden)?

Nicht die Kinder geraten langsam aus dem Gleichgewicht, auch nicht ihr Vater, sondern ich: Gehe ich morgens aus dem Haus, habe ich nicht das Gefühl, mich von den Kindern zu trennen, sondern sie im Stich zu lassen. Mit meiner Vernunft komme ich gegen dieses Gefühl nicht an. Obwohl ich im Beruf nicht weniger leiste als vorher, fühle ich mich unwohl, weil ich in Gedanken oft bei unseren Kindern bin und nicht hundertprozentig bei meiner Arbeit. Sitze ich mit anderen Müttern am Spielplatz, die von ihren Mutter- und Hausfrauendasein berichten, ziehe ich den Kopf ein und fühle mich als Rabenmutter, weil ich nicht jeden Nachmittag dort hocke. Hetze ich abends quer durch die Stadt nach Hause, wird jede rote Ampel zum roten Tuch für mich. In Wirklichkeit kommt es nicht darauf an, ob ich fünf Minuten früher oder später zu Hause bin. Nur für mich selber haben diese fünf Minuten einen absurden Stellenwert. Zu Hause wirble ich nur um die Kinder herum. Am Wochenende findet ein Kompakt-Spiel-Programm statt: Mutter und Kind. Alles andere lasse ich schludern. Tage und Wochen vergehen wie nie. Bevor ich überhaupt dazu komme, eine Entwicklungsphase der Kinder richtig wahrzunehmen, ist sie bereits passé.

Der Gedanke, daß ich nirgends voll bei der Sache bin, setzt sich fest. Ganz spontan kündige ich und bin mir bewußt, welches Glück ich habe, diese Entscheidung überhaupt so frei fällen zu können. Von einigen Freundinnen und nicht minder von ihren Männern wird dieser Schritt mit Frohlocken begrüßt: »Na siehst du, die Mutter gehört eben doch zu ihren Kindern!« Gerade das will ich nicht hören. Die Verbindung Mutter und Beruf erweist sich nicht generell als untauglich, nur weil manche Frauen damit nicht glücklich werden. Unsere Kinder sind bestens ohne meine dauernde Anwesenheit zurechtgekommen. Nur *ich* habe dieses dauernde Hin- und Herpendeln nicht verkraftet. (C.N.)

Zurück in den Beruf – eine schwierige Entscheidung

Heute versuchen immer mehr Frauen, Kinder und Beruf unter einen Hut zu bringen – manchmal schon bald nach der Entbindung, häufiger erst nach dem Erziehungsurlaub. Vor allem Frauen, die einen Beruf erlernt haben, der ihnen Spaß macht und sie ausfüllt, wollen nicht zu lange zu Hause bleiben.

Zwar sind heute viele Väter bereit, sich intensiv ihrem Baby zu widmen, neue Rollen zu übernehmen, sind manchmal sogar bereit, die Hälfte des Erziehungsurlaubs zu übernehmen, doch in den meisten Familien ist das Baby immer noch vor allem Frauensache.

Entscheidet sich eine Frau für Beruf und Kind, muß sie sich häufig mit dem Vorwurf auseinandersetzen, sie vernachlässige ihr Baby, wenn sie es tagsüber anderen zur Betreuung überläßt. Immer noch reagieren Frauen mit Schuldgefühlen auf solche Vorhaltungen, obwohl Untersuchungen längst bewiesen haben, daß Kinder in der Regel keine Probleme damit haben, von mehreren Menschen betreut zu werden.

Wechseln diese Personen allerdings stetig, ergeben sich oft Probleme. Das Baby tut sich dann schwer, Vertrauen zu fassen. Die Folge: ein Mangel an Geborgenheit und zuverlässigem Halt. Es kommt also darauf an, daß sich alle Menschen, die das Baby betreuen, auch wirklich für den kleinen Menschen interessieren, ihn liebevoll versorgen, sich auf engen Kontakt mit ihm einlassen, seine Nähe und Wärme genießen. Die Qualität der Beziehungen ist entscheidend und nicht die Menge an Zeit, die man zusammen verbringt.

Eine Mutter, die unglücklich ist, weil sie ihren Beruf und ihre Interessen vernachlässigt und sich zu Hause mit Kind isoliert fühlt, kann eine viel weniger intensive Bindung an ihr Kind haben als eine Frau, die glücklich im Beruf ist und das Kind tagsüber bei einer liebevollen Betreuerin läßt.

Im übrigen haben Untersuchungen ergeben, daß Kinder,

Der Erziehungsurlaub macht es Eltern leichter, sich Kindern und Beruf zu widmen – gerade in der Zeit, in der ein Baby seine Mutter am dringendsten braucht

Das Wichtigste, wenn beide Eltern arbeiten: die Betreuung des Babys. Das ist mehr als nur eine Organisationssache. Es ist nicht einfach, eine liebevolle, zuverlässige Vertraute zu finden, der man das Baby gerne überläßt

Schon während ihres Erziehungsurlaubs arbeiten heute viele Frauen wieder stundenweise und halten so Kontakt zu ihrer Arbeitsstelle. Bis zum Ende des Erziehungsurlaubs ist ihnen ihr Arbeitsplatz sicher

die nicht nur auf eine Person, die Mutter, fixiert sind, selbständiger und aufgeschlossener sind als Kinder, die von ihrer Mutter zu sehr behütet und bewacht werden.

Ist die Oma da, sind wir abgemeldet

Mit unseren Großmüttern haben wir Glück. Sie mischen sich nicht in unser Leben ein, halten sich mit Kritik zurück, obwohl sich ihnen insgeheim bestimmt manchmal die Haare sträuben ob des Aufhebens, das wir um unsere Kinder machen. Ich weiß es, denn ab und zu rutscht ihnen doch die eine oder andere Bemerkung heraus: »Das geht nun aber doch zu weit«, wenn Jacob vor Wut auf mich losgeht, oder »Nun laß ihn doch in seiner Wippe sitzen und frühstücke erst mal!«, wenn ich den gerade noch quengelnden Konstantin auf den Arm nehme und mit der anderen Hand versuche, mir ein Brot zu schmieren. Darauf angesprochen, geben sie auch zu: »Ihr laßt euch von euren Kindern viel zuviel gefallen!« Dabei sind *sie* die Hingabe selbst, wenn sie mit unseren Kindern spielen, und vor Freunden schwärmen sie über ihre Enkel, als ob sie einzigartig wären, die schönsten, tollsten Kinder der Welt.
Über unsere Großmütter, beides Witwen, können wir uns also nicht beklagen: Obwohl sie viel allein sind, stürzen sie sich nicht auf uns und unsere Kinder. Meine Mutter hat schon immer ein ausgeprägtes Eigenleben gepflegt, was es mir auch leichter macht, sie um Hilfe und hin und wieder um Betreuung der Kinder zu bitten. Sie ist zum Glück nicht bereit, sich aufzuopfern, und sagt nein, wenn sie etwas Wichtigeres vorhat.
Ich bin es, die die Nähe zu meiner Mutter sucht, seitdem ich Kinder habe: Sie soll mir erzählen, wie ich als Baby und Kleinkind war. Ich möchte wissen, ob auch sie nächtelang immer wieder aufstehen mußte, um ihre Kinder zu beruhigen; es interessiert mich brennend, wie sie den Alltag mit uns dreien bewältigt hat, wo ich schon mit zweien oft rotiere. Sie war wohl lässiger, unbekümmerter: »Wir haben uns weniger Gedanken gemacht als ihr, nicht alles so schrecklich ernst genommen!«
Nun, da ich meine Kinder heranwachsen sehe, lebt meine

eigene Kindheit in der Erinnerung wieder auf. Zugleich hat sich das Verhältnis zu meiner Mutter gewandelt: Seitdem ich erlebe, wie schwer es ist, eine perfekte Mutter zu sein, verzeihe ich ihr viele Fehler, die mir früher ein Dorn im Auge waren. Denn ohne es zu wollen, mache ich ja selbst so manches falsch. Schließlich bin auch ich kein unbeschriebenes Blatt ohne Vergangenheit und handele aufgrund meiner Erziehung nur allzuoft nicht so, wie ich es mir vorgenommen hatte. Hinterher tut es mir leid, und ich sage mir: »Das werfen mir meine Kinder bestimmt später vor ...«

Nicht zuletzt freue ich mich, wenn meine Mutter da ist, weil ich mich neuerdings gern von ihr umsorgen lasse. Seitdem ich Mutter bin und von mir erwartet wird, stets vernünftig und erwachsen zu sein, liebe ich es, bei meiner Mutter wieder Kind zu spielen. »Komm, Kind, ruh dich mal aus, ich mach das schon!« – das sagt sonst keiner zu mir.

All das bedeutet nicht, daß die Beziehung zwischen den Generationen immer konfliktfrei verläuft. Natürlich gibt es Anflüge von Eifersucht, wenn ich mich nach mehreren Stunden außer Haus darauf freue, meine Kinder in den Arm zu nehmen, ausgiebig mit ihnen zu spielen – und sie mich abblitzen lassen. Die Oma hat Vorrang, obwohl *ich* doch jetzt dran bin ... Oder wir ärgern uns, weil die Großmutter ewig braucht, den Älteren ins Bett zu bringen. »Was macht sie denn so lange, der braucht doch seinen Schlaf!« Doch das sind alles Kinkerlitzchen im Vergleich zu dem Glück, daß unsere Kinder außer Mutter und Vater auch noch zwei Großmütter mit Beschlag belegen dürfen. (C. v. S.)

Großeltern: Freude jenseits vom Familientrott?

Großeltern sind heute mehr gefragt denn je, nicht nur, weil ihre Söhne und Töchter froh sind, ihnen ihre eigenen Kinder stunden- oder tageweise anzuvertrauen, sondern auch, weil sie die heutige Kleinfamilie erweitern

Mischen sich Großeltern in die Erziehung ein, hilft oft ein Gespräch weiter. Diskussionen, so erregt sie häufig auch sind, sind gerade deshalb auch eine Chance, sich wieder näherzukommen

und bereichern: zwei Menschen mehr, die mit den Enkeln spielen, ihnen später Geschichten erzählen und mit ihnen etwas unternehmen. Es ist auch nicht schlimm, wenn Oma, Opa oder beide das Kind mehr verwöhnen als die Eltern, mehr Geduld aufbringen und nachsichtiger sind, solange sie die Vorstellungen der Eltern nicht untergraben. Das Kind wird unsicher, wenn die Mutter das eine tut und die Großmutter das genaue Gegenteil. Also können Gespräche über grundsätzliche Fragen unumgänglich werden.

Am besten funktioniert das Zusammenleben, wenn die Großeltern es ihren erwachsenen Kindern überlassen, ihr Familienleben nach eigenen Vorstellungen und Möglichkeiten zu gestalten, wenn sie die Erziehung den Eltern überlassen und selber den rein vergnüglichen Teil des Familienlebens mitgestalten, es sei denn, sie betreuen die Kinder allein: In dieser Zeit sind sie die Zuständigen. In den meisten Familien bedarf es allerdings so mancher Auseinandersetzung, bis Großeltern und Eltern sicher und selbstverständlich miteinander umgehen können.

Der einen Großmutter fällt es vielleicht schwer mit anzusehen, wie ihre Tochter mit dem Baby umgeht; sie würde alles ganz anders machen und hält damit auch nicht hinterm Berg. Eine andere wiederum solidarisiert sich mit der Tochter und macht den Schwiegersohn madig, weil er sich nicht genug um die Familie kümmert. Und sogar Großeltern, die sich jeder Kritik enthalten, können anecken: Entweder ist die Bindung an die Enkel zu eng, und die Eltern reagieren mit Eifersucht; es stört sie auch, daß die Großeltern ihre Lebenserfüllung in den Enkeln suchen. Oder aber die Großeltern erscheinen zu selten und werden vorwurfsvoll ihrer Pflichten gegenüber den Enkeln gemahnt. Es ist nicht leicht, die Bedürfnisse aller Familienmitglieder unter einen Hut zu bringen.

Ideal ist es, zwischen den Generationen eine gewisse Distanz zu wahren. Einerseits ist eine Großmutter heute keine »Oma fürs Grobe« mehr, sondern hat ein Recht auf Eigenleben und möchte nicht unter Gewissensdruck gesetzt werden. Andererseits wollen auch noch so junge Eltern für voll genommen werden; auch sie lassen sich von ihren Eltern ungern programmieren und belehren. Sie sind es schließlich, die für ihre Kinder verantwortlich sind. Ein Glück, daß selbst ältere Menschen bereit sind, Neues zu lernen und umzudenken – auch wenn es vorher zum Krach kommt. Das ist jedoch besser, als wenn sich zwei Generationen aus Angst voreinander bloß in Sticheleien ergehen; jeder Sturm legt sich einmal, während Unehrlichkeit die Atmosphäre vergiftet.

Abends weggehen? Und wohin mit dem Kind?

Langsam packt viele die Sehnsucht nach einem Abend unter Freunden. Abend für Abend in der Wohnung zu hocken, macht auf die Dauer keinen Spaß. Man fühlt sich schon fast isoliert von seinen Mitmenschen. Nur wohin mit dem Baby, wenn die Großeltern nicht gleich um die Ecke wohnen?

Wer sich in die Situation eines Babys hineinversetzt, versteht, warum es nicht möglich ist, es allein zu Hause zu lassen

Eine Lösung, die keine ist: das Baby allein lassen

Allen Ernstes schwören manche Eltern, ihr Kind schlafe jede Nacht tief und fest durch, wache wirklich nie auf, und deshalb könne man es getrost ein paar Stunden lang allein lassen. Diese Begründung ist einfach nicht stichhaltig: Selbst das ausgeglichenste, friedlichste Baby kann aus nicht vorhersehbaren Gründen plötzlich aufwachen, zum Beispiel, weil es Fieber bekommt oder Bauchweh oder weil im Haus ein ungewohnter Lärm entsteht.

Abends ohne Angst und schlechtes Gewissen ausgehen – soll man das Baby abends mitnehmen?

Es schreit dann um Hilfe. Hört niemand sein Rufen, macht das Baby eine scheußliche Erfahrung: *Ich bin allein.* Es fühlt sich verraten und verkauft. Daß es diese Erfahrung macht, nehmen Eltern in Kauf, die ihr Kind allein lassen. Selbst wenn sie bald wiederkommen, bedeutet das nicht, daß ihr Kind weniger unter ihrer Abwesenheit leidet, falls es aufwacht. Ein Säugling hat kein

Zeitgefühl. Für ihn können zehn Minuten ebenso verzweifelt lang sein wie zwei Stunden. Schläft er bei der Rückkehr seiner Eltern rosig in seinem Bett, muß das nicht heißen, daß er die ganze Zeit durchgeschlafen hat.

Das Kind abends mitnehmen?

Abends mit den Eltern unterwegs sein, vielleicht sogar in verrauchten Kneipen – für Babys manchmal eine ungesunde Strapaze und nur für ihre Eltern unkompliziert und bequem

Mit ihrem Kind sind abends eine ganze Menge Eltern unterwegs. Wunderbar sind die bequemen Babys, die überall schlafen können. Weder Licht noch Lärm scheinen sie in ihrem Schlummer zu stören. Gegen Ende des ersten Halbjahres findet diese praktische Lösung meist ein Ende. Nicht selten wehren sich die Kinder dann mit Geschrei, das heißen soll: Ich will in mein Bett und nicht in einer Ecke bei fremden Leuten in einer fremden Umgebung schlafen.

Der Babysitter

Mit einem Babysitter haben die wenigsten Eltern und Kinder Probleme. Jetzt ist ein guter Zeitpunkt, ihn einzuführen, denn das Baby ist an Fremden interessiert und fremdelt noch nicht. Ein paar Tips:

- Das Baby sollte den Babysitter kennen, bevor man es mit ihm zum ersten Mal allein läßt. Sinnvoll ist es, wenn der Babysitter vorher ein paarmal kommt.
- Jünger als 14 Jahre sollte ein Babysitter nicht sein.
- Für den Notfall Telefonnummer hinterlassen, unter der man zu erreichen ist. Oder man gibt die Telefonnummer von Freunden an, die im Notfall mit Rat und Tat einspringen können.
- In vielen Städten gibt es Oma-(Opa-)Hilfsdienste. Gegen eine Gebühr wird Hilfe vermittelt.
- Nachbarschaftshilfe auf Gegenseitigkeit bewährt sich in der Regel ebenfalls. Mit Hilfe einer Gegensprechanlage läßt sich eine Verbindung zwischen Kinderzimmer und Nachbarwohnung oder Nachbarhaus herstellen.
- Mit dem Babysitter besprechen, wie er mit dem Baby umgehen soll, falls es aufwacht.

Reisen mit Baby: umständlich, aber möglich

Weil das Baby inzwischen schon recht stabil ist, fragen sich viele Eltern, ob man ihm eine Reise zumuten darf, ob es überhaupt gut ist, es aus seiner gewohnten Umgebung herauszunehmen.

Babys brauchen auf Reisen viel zu trinken – vor allem, wenn es warm ist oder wenn im Flieger oder Zug die Luft besonders trocken ist

Ist das Baby gesund, schadet ihm eine Reise sicherlich nicht. Man sollte jedoch darauf achten, daß das Klima am Urlaubsort ein gemäßigtes ist. Manche Kinder reagieren auf extreme Klima-Umstellungen mit Magen-Darm-Störungen. Man muß einkalkulieren, daß Babys Zeit brauchen, um sich an die Klima-Umstellung zu gewöhnen. Die Umstellung dauert etwa eine Woche. Reisen, die kürzer als zwei Wochen dauern, sind deshalb nicht zu empfehlen. Auch nach der Reise müssen Eltern damit rechnen, daß ihr Kind etwa eine Woche braucht, um sich wieder einzugewöhnen, manchmal auch länger. Im Juli und August sollte man eine Reise in den Süden vermeiden: Babys vertragen die Hitze und die Sonne nicht. Wichtig ist, daß das Baby auch im Urlaub seine gewohnte Kost bekommt – bei gestillten Kindern kein Problem, aber auch Babynahrung gibt es inzwischen fast überall.

- Ein *Ferienhaus* ist günstig. Darin hat das Kind genug Bewegungsfreiheit, und die Eltern stehen nicht dauernd unter dem Streß, das Baby wegen eventueller Zimmernachbarn ruhig halten zu müssen.
- Ein *Hotel* bietet mehr Luxus. In »kinderfreundlichen« gibt es Kochmöglichkeiten für die Zubereitung von Säuglingsnahrung und kostenlose Kinderbetten (ein Kind bis zu sechs Jahren wohnt dort umsonst).

Bleibt noch das Problem der Reise selbst

- Mit dem *Auto* fahren sicherlich die meisten Familien in Urlaub. Bei Babys unter sechs Monaten bereitet das in den seltensten Fällen Probleme: Sie schlafen in der Regel durch das gleichmäßige Brummen des Motors ein.

Mit dem Baby unterwegs auf Reisen sein, heißt: An alles denken, was der Winzling brauchen könnte – sonst wird es hektisch

Am besten fährt man in der Nacht; da schlafen auch die nicht ganz so »pflegeleichten« Kinder eher als am Tag. Außerdem sind nachts die Straßen leerer (selten Staus) und im Sommer ist es kühler. Ist das Baby wach, freut es sich, wenn sich ein Erwachsener zu ihm auf die Rückbank setzt, mit ihm spielt, spricht, Kontakt hält. Es ist sinnvoll, viele Pausen zu machen! Und nicht vergessen, abgekochtes Wasser mitzunehmen (bekommt man auch in Raststätten). Raststätten bieten in der Regel Räume zum Wickeln an. Auf einem Frotteetuch ist das Wickeln allerdings auch im Auto einigermaßen gut durchzuführen.

- Im *Zug* werden oft Extraabteile für Mutter (Vater) und Kind angeboten. Im Schlafwagen reist es sich zwar bequem, leider jedoch teuer. Ist das Baby im Krabbelalter, wird das Zugfahren anstrengender. Das Baby krabbelt in die staubigsten Ecken, und das ist vielen Eltern dann doch zu unhygienisch.
- Im *Flugzeug* haben die wenigsten Babys Schwierigkeiten. Mit Schnuller und Flasche lassen sich eventuelle Ohrenschmerzen lindern.

Die *Reiseapotheke* nicht vergessen. Auf jeden Fall Durchfallmittel und Fieberzäpfchen einpacken. Vor der Reise mit dem Arzt sprechen.

Auch Babys brauchen einen Ausweis. Sie können mit im Paß eines Elternteils eingetragen sein oder haben einen eigenen.

Schlaf, Kindchen, schlaf – jede Nacht in unserem Bett?

Wache ich morgens auf und liege allein in meinem Bett, fängt der Morgen wirklich gut an: kein verspannter Rücken, nicht das Gefühl, gerädert worden zu sein. Sehr häufig bin ich nicht so frisch und munter. Meistens kribbelt und krabbelt ein Kind um mich herum, das ich anflehe: »Rutsch ein bißchen, damit ich mich einmal ausstrecken kann!«

»Das geht bei euch seit Jahren so, wie haltet ihr das aus mit vier Kindern, die alle zu euch ins Bett kommen dürfen?« werde ich oft gefragt.

Als unser erstes Kind neun Monate alt war, wachte es jede Nacht auf – pünktlich zwischen 1 und 2 Uhr. Abwechselnd mit meinem Mann hockte ich fröstelnd neben dem Kinderbett, sang mit zittriger Stimme »Schlaf, Kindchen, schlaf« bis mir ganz schwindelig wurde vor Müdigkeit und Kälte. Zeigte mein Gesang keine Wirkung, blies ich ich unserem Sohn den Marsch und war mir daraufhin auch noch selbst gram: »Der kleine Kerl wacht doch nicht auf, um dich aus deinem warmen Bett zu scheuchen oder zu ärgern!« Schließlich holte ich unser Baby zu uns ins Bett. Seine Schlafstörungen gaben sich im Nu. Tief und ruhig und fest schlief er neben mir, ohne einen Piepser und das bis zum Morgen. Ich atmete seine Wärme ein, freute mich an seiner Nähe und schlief ebenfalls sofort wieder ein.

Weint heute eines unserer Kinder, holen wir es sofort zu uns ins Bett. Sobald die Kinder laufen können, kommen sie selbst angetapert. Die älteren murmeln eine Erklärung: »Schlechte Träume!« oder »Bauchweh!« Die meisten Zipperlein geben sich, sobald der Nachtwandler bei uns im Bett liegt.

Wenn sich Schlafprobleme ergeben, halte ich es für eine gute Lösung, daß die Kinder zu uns ins Bett krabbeln, denn:

- Das Mittel wirkt. Bei drei Kindern haben wir jahrelang sämtliche Schlafstörungen mit diesem Mittel in den Griff bekommen.
- Nachts bekommen unsere Kinder die Geborgenheit und Wärme, die in der Hektik des Tages vielleicht manchmal nicht ausreichend zu spüren ist. Bin ich tagsüber nervös und ungeduldig, kann ich manches davon nachts wieder ausgleichen: »Ich bin ja da. Brauchst keine Angst zu haben!«
- Wir schlafen zwar nicht gerade wunderbar mit einem Kind im Bett, das sich dauernd dreht und wendet, das sich breit macht und uns tritt, aber immer noch besser nicht ganz entspannt zu schlafen, als alle naselang aus dem Bett springen zu müssen, um das Baby endlos zu schuckeln und zu wiegen, bis es endlich wieder einschläft. Wird uns der

Betrieb in unserem Bett zu bunt, zieht einer von uns aufs Sofa um, nach der Devise: Am wichtigsten ist, daß ich meine Ruhe habe.

• Wenn die Kinder bei uns liegen, wünsche ich mir nie, daß sie bald groß werden. Tagsüber sage ich es ab und zu leichthin, wenn ich mich ärgere. Im Grunde gefällt es uns, aus unserem Bett ein Familienlager zu machen – ab 1 Uhr nachts. Vorher kommen die Kinder zum Glück so gut wie nie.

Übrigens hat das nächtliche Wandern irgendwann von selbst ein Ende: Auf Dauer wird unseren älteren Kindern das Elternbett zu unbequem. Immer auf der Ritze schlafen, das ist nichts für ewig. Das eigene Bett ist schließlich doch bequemer. Hoffentlich nimmt sich das Baby seine Brüder bald zum Vorbild … (C.N.)

Schlafen: Wieder verändert sich einiges

Viele Babys haben auch jetzt noch keinen stabilen Tag-Nacht-Rhythmus und wachen nachts immer noch mehrmals auf

Aus dem Tiefschlaf wacht ein vier Monate altes Baby nicht mehr so leicht auf. Es hat gelernt, mindestens 45 Minuten lang tief und fest zu schlafen, bevor die kritische Übergangsphase zwischen Tief- und Traumschlaf eintritt, in der es unruhig wird und leicht aufwacht. Zum Bedauern der Eltern sind die meisten Babys aber noch nicht so weit, daß sie regelmäßig durchschlafen; manchen gelingt es öfter, manchen nur hin und wieder. Und ein ganzes Jahr dauert es noch, bis das Baby auch tagsüber einen verläßlichen Schlafrhythmus entwickelt hat. Es kann immer wieder geschehen, daß es an einem Vormittag drei Stunden lang schläft, am nächsten nicht mal eine. Die Zeiten verändern sich von Tag zu Tag.

Nur Geduld haben, in Ruhe abwarten, bis sich das Schlafen normalisiert – leichter gesagt als getan, wenn man abends nicht zur Ruhe kommt, nachts dauernd auf Trab gehalten wird und morgens müde in den Seilen hängt

Tagsüber mögen die unberechenbaren Schlafzeiten noch angehen, doch abends und in der Nacht verzweifeln viele Eltern: Wenn sie selbst ins Bett wollen, ist das Kleine plötzlich quietschvergnügt, oder es wacht um fünf Uhr morgens auf und will spielen. Ein Patentrezept gegen solche nächtlichen, an Kraft und Nerven zehrenden Überraschungen gibt es nicht, sondern nur den Trost, daß sich diese Mätzchen nicht selten ganz plötzlich wieder geben.

Bereit zum Einschlafen? Leider häufig nicht

Viele Babys können etwa ab dem 5. Monat nicht mehr ohne weiteres einschlafen – egal, wie müde sie sein mögen. Vor allem lebhaften Kindern fällt es schwer, sich vom interessanten Geschehen in der Familie zu trennen. Also ist es jetzt wichtig, ein Einschlafritual zu entwickeln. Das könnte so aussehen:

Die Zeit vorm Schlafengehen möglichst ruhig gestalten, das Baby noch ein wenig herumtragen, ihm ein Wiegenlied vorsingen oder die Spieluhr aufziehen und es erst, wenn es entspannt ist, ins Bett legen, weitersingen oder -reden, ihm vielleicht über den Kopf streichen oder noch eine Weile im Zimmer bleiben und leise aufräumen. Das Kind fühlt sich dann nicht abgeschoben und kann sich leichter von äußeren Reizen freimachen. Für viele Babys ist es auch beruhigend, wenn die Tür offenbleibt und sie die vertrauten Geräusche des Hauses mitbekommen.

Schwer haben es Eltern eines nervösen, unruhigen Kindes, das nicht nur abends schwer einschläft, sondern sich auch nachts meldet: »Warum kommt es nicht zur Ruhe? Warum wacht es so oft auf, schläft es so schwer wieder ein?« Natürlich überträgt sich die Nervosität der Eltern auf ihr Baby, doch steht gleichwohl fest, daß Unruhe auch eine Temperamentssache ist.

Ein weiterer Tip: In etwa fünfminütigem Abstand ins Babyzimmer gehen, das Kind kurz beruhigen – nicht aufnehmen – und dieses Ritual einige Tage lang wiederholen

Nachts: Vorsicht, wenn das Baby halbwach ist

Nicht nur mit dem Einschlafen kämpfen viele Babys noch, sondern auch mit dem Durchschlafen. Alle Kinder erreichen während der Nacht in regelmäßigen Abständen einen halbwachen Zustand, bewegen sich, schreien dann vielleicht kurz auf und versuchen, ihre gewohnte Schlafposition wiederzufinden, um weiterzuschlafen. Doch nicht immer gelingt das: Manchen Babys

Müde Eltern verzweifeln, wenn ihr Kind nachts quietschfidel in Spiellaune ist und nicht daran denkt, richtig schön müde und schlafbereit zu sein fällt es schwerer als anderen, ihre Wachphasen selber zu regulieren; sie sind auf die Hilfe Erwachsener angewiesen, um wieder zur Ruhe zu kommen. Eltern müssen selbst entscheiden, ob sie in der halbwachen Phase schon beim ersten Ton zum Baby eilen, oder ob sie warten, bis das Baby von alleine weiterschläft, und so das Risiko eingehen, daß es hellwach wird und sich womöglich richtig einschreit. Wenn das kurze Hochnehmen oder Umdrehen im Bett durch einen Erwachsenen zum unentbehrlichen Bestandteil des Einschlafmusters des Babys geworden ist, werden andere Experimente wenig Erfolg haben. Zum Glück entwickeln Babys keine Gewohnheiten, die unveränderlich bleiben.

Das gilt auch für das Munterwerden um fünf Uhr morgens. In der Regel ist es ein Zeichen von Unruhe, der einem neuen Schritt der motorischen Entwicklung vorausgeht. Da nutzt es nichts, das Kind spät abends zu füttern oder lange wach zu halten, denn deshalb schläft es morgens keineswegs länger. Das frühe Aufwachen ist ein Energieschub, ein Drang, Neues zu erleben und auszuprobieren, was man schon kann.

Beruhigungsmittel schon für Babys – keine brauchbare Lösung

Ob Eltern ihrem aufgeregten Baby Beruhigungsmittel geben dürfen, müssen sie mit ihrem Kinderarzt besprechen. Dabei ist es wichtig zu wissen, daß solche Mittel bei manchen Babys eine anregende Wirkung haben können und außerdem auch nicht den Kern des Problems zu lösen vermögen. Wer nach einer nächtlichen Ruhestörung oder nach mehreren Schlafunterbrechungen gleich wieder einschlafen kann, fühlt sich am Morgen zwar gerädert, aber sicher bei weitem nicht so zerschlagen wie die Mütter und Väter, die nach solchen Störmanövern nicht mehr einschlafen können. Was kann man gegen diese Schlaflosigkeit tun? Daß Medikamente keine Lösung sind und auf Dauer nicht weiterhelfen, ist bekannt. Manchen hilft es, in diesen Krisenzeiten ein pflanzliches Mittel zu nehmen, zum Beispiel Baldrian. Andere versuchen es mit Entspannungsübungen, zum Beispiel: Alle Muskeln anspannen, durchatmen, Muskeln locker lassen. Aber ein Allheilmittel gegen Schlaflosigkeit gibt es nicht.

Weitere Tips zum Thema Schlaf

- Je älter das Baby wird, desto kräftiger strampelt es nachts seine Bettdecke weg. In einem *Schlafsack* ist es nachts warm untergebracht. Weil man Schlafsäcke häufig waschen muß, lohnt es sich, zwei gefütterte auf Zuwachs anzuschaffen. Statt der dünneren kann man im Sommer Schlafanzüge mit angefügtem Fußteil verwenden (preiswerter). Keine Schlafsäcke mit Gurten oder Bändern kaufen. Kinder mögen im Schlaf ebensowenig festgebunden werden wie Erwachsene. Sie fühlen sich eingesperrt, wenn sie sich nicht bewegen können.
- Bereits im vierten, fünften Monat entwickeln manche Kinder eine enge Beziehung zu einem ganz bestimmten Spielzeug oder zu einem Kissen, einem Hemdchen – sie sind sehr erfinderisch darin, sich einen *Seelentröster* zu suchen. Das Größerwerden bringt eine Menge Schwierigkeiten mit sich, und da tut es gut, irgendein weiches Ding zum Festhalten zu haben.
- Können sie nicht einschlafen, wühlen sich manche Babys in den Haaren, lutschen am Daumen, zupfen sich am Ohr oder schaukeln rhythmisch hin und her – alles kein Grund zur Sorge, solange das Kind nicht dauernd und auch in Anwesenheit seiner Eltern darauf aus ist, sich selbst zu trösten.
- Ist das Baby müde oder wird es krank, dann ist es ganz besonders stark auf seine Schmusedecke angewiesen, auf seinen Daumen oder auf einen anderen ganz persönlichen Seelentröster.

Will das Baby abends partout nicht einschlafen, nachts so gut wie nie durchschlafen, sollte man sich über einen längeren Zeitraum hinweg Notizen machen: Wann schläft es gut? Wann besonders schlecht? Im Vergleich der Tagebuchaufzeichnungen liegt manchmal die Lösung (Seite 96)

Ich spiele mit unserem Sohn, und er spielt auch schon mit mir

Nicht mehr zart, nicht mehr hilfsbedürftig liegt Jakob in seinem Kissen, und er lächelt auch nicht mehr. Er lacht. Er lacht richtig laut. Je mehr Menschen darüber staunen, desto freudiger gluckst und gurrt er. Ein rundes fideles Bürschchen liegt vor mir auf der Matte. Wir haben ein Baby von der Marke Barockengel. Ich sitze neben ihm und bin ganz verliebt in dieses Früchtchen von Sohn. »Du kannst mir ein paar Scheibchen abgeben von deiner heiteren Art!« Wir erleben schöne Zeiten miteinander. Bilderbuchzeiten. Ich freue mich über die witzigen Töne, die Jakob von sich gibt, über seinen verschmitzten Blick aus blauen Augen, klar und tief wie zwei Bergseen, über sein Strahlen. Er schnurrt, wenn ich mit ihm spiele.

Ich mache eine lange spitze Schnute, und er ahmt mich nach.

Ich gurre und gackere, und er antwortet mir in seiner Lallsprache.

Ich singe die Geschichte vom »Kuckuck und dem Esel« vor und er staunt, lauscht konzentriert.

Ich kitzle ihn an den Füßen und warte, ob er mir mit einem Kichern antwortet.

Ich fasse ihn vorsichtig an den Händen, kreuze seine Arme über seiner Brust und denke: Mit dir kann man sogar schon turnen.

Ich lege eine CD ein, und er läßt sich von der Musik ebenso einlullen wie ich.

Ich gebe ihm eine Schachtel in die Hand, und er haut mir damit an den Kopf.

Ich gebe ihm einen Kuß, und er spitzt die Lippen.

Manchmal geht die Initiative zum Spielen auch von ihm aus:

Er greift nach meinen Fingern und spielt damit.

Er wühlt in meinen Haaren und zieht kräftig daran.

Er ruft »da« und »ma«, und ich antworte »jaja«.

Wenn wir genug haben, legen wir uns auf den Teppich und strecken alle viere von uns. Er liegt auf meinem Bauch. Aus diesem hilflosen Tragling der ersten Monate ist mein Spielpartner geworden, einer, der mir eine Menge beigebracht hat: Durch dieses Baby (und auch durch meine anderen Kinder) habe ich gelernt, weniger »kopflastig« zu sein, dafür verspielter, übermütiger. Vor lauter Mühe, erwachsen zu sein – logisch zu denken, mich präzise auszudrücken und vor allem vernünftig zu sein –, hatte ich in der Zeit vor den Kindern ganz vergessen, wie gerne ich spiele, wie gut es tut, albern zu sein. Genau diese Qualitäten stehen bei Jakob hoch im Kurs. Je kindischer ich bin, desto

begeisterter sein Giggern. Spielen wir miteinander, tut das nicht nur seiner Seele gut, sondern auch meiner. Ich würde die Zeit gerne anhalten. Diese Sonnenschein-Phase soll noch lange andauern. Die Unsicherheit der ersten Monate haben wir bewältigt, und das Krabbelalter, diese wilde Entdecker-Phase, liegt noch in der Ferne.
Allerdings verleidet seine Unbeweglichkeit Jakob zwischendurch bisweilen die Laune. Er möchte die Welt, vor Kraft strotzend, aus den Angeln heben und stößt dauernd an Grenzen: Er erreicht einen Bauklotz, der einen Meter entfernt direkt vor seiner Nase liegt, einfach noch nicht. Er kann hinter dem Ball, der von ihm wegrollt, noch nicht herkullern. Mißlingen ihm seine Bewegungsmanöver, wird er zornig. Dann quengelt er mir die Hucke voll. Und ich tröste ihn: »Nur Ruhe, mein Kerlchen. Bald schaffst du's!« Noch läßt er sich ablenken und vergißt seinen Kummer fix wieder. Dann ist er erneut auf der Suche nach jemand, der seinem Charme nicht widerstehen kann. (C.N.)

Mit Turnen die Motorik fördern?

Manche Eltern warten ungeduldig darauf, daß ihr Kind vom Fleck kommt. »Immer nur liegen und gucken – das macht unzufrieden. Kein Wunder, daß das Baby quengelig wird!« Sie ziehen es zum Sitzen hoch, lassen los – na bitte: Es sitzt schon! Und kippt gleich danach wieder um. Es hat keinen Sinn, mit einem Kind Bewegungen zu üben, die es noch nicht leisten kann. Körperbeherrschung hängt weniger vom Lernen und Üben ab als von angeborenen Faktoren, von der Reifung des Nervensystems (Seite 66). Und das Nervensystem ist im Augenblick einfach noch nicht reif fürs Sitzen oder fürs Robben und Krabbeln.

Wer mit seinem Baby turnen will, sollte sich die richtigen Übungen zeigen lassen. Einfach drauflosüben, um die Motorik zu fördern, schadet eher, als daß es nützt

Bewegungsspiele regen zwar das Nervensystem an, sich weiterzuentwickeln, doch müssen es gezielte, auf den Entwicklungsstand bezogene Spiele sein. Und die zu finden, ist für Laien nicht einfach. Eltern neigen dazu, das

Keinen falschen Ehrgeiz beim Turnen entwickeln, nicht den Fehler machen, das eigene Kind mit anderen Kindern zu vergleichen: »Der kann schon ..., meiner noch nicht ...!« Jedes Kind hat sein eigenes Entwicklungstempo

Baby mit gutgemeinten Turnereien zu überfordern. Zum Beispiel hat nur ein Baby, das beim Hochziehen zum Sitzen aktiv mitmacht, das seinen Kopf hält, Spaß daran, wenn man es im Spiel zum Sitzen bringt. Es freut sich an seinem Können.

Ebenso wie die Entwicklung der Sprache und des Denkens, verläuft auch die Entwicklung der Motorik stufenweise innerhalb eines vorgegebenen Spielraums. Zwar überspringt ein Baby bisweilen einfach mal eine Phase (krabbelt zum Beispiel nicht, sondern läuft gleich), bei einem anderen verkehren sich zwei Entwicklungsphasen, und ein drittes hinkt im Tempo generell nach und entwickelt sich trotzdem rundum prächtig.

Was tun, wenn der kleine Spatz nur noch quengelt?

Das Baby ablenken, wenn es grantig ist? Am besten funktionieren Ablenkungsmanöver, wenn es etwas zu lachen gibt oder spannende, überraschende Dinge plötzlich auftauchen: Glitzerbilder, wunderbare Düfte oder bunte Luftballons

Weil sie mit sich selbst unzufrieden sind, weil sie noch nicht von der Stelle kommen, aber gerne Berge versetzen würden, werden nicht wenige Babys in dieser Entwicklungsphase zu ewig quakenden, quengelnden Nervensägen und lassen ihre schlechte Laune an ihrer Umgebung aus. Spielend schaffen sie es mit ihrem Knören und Knatschen, die ganze Familie ebenfalls in schlechte Laune zu versetzen: »Das hält man kaum noch aus. Ganz narrisch, stocksauer wird man bei diesem Dauergeknöre.«

Was tun dagegen?

Manchmal helfen wirklich die bewährten Ablenkungsmanöver:

- »Komm, wir schauen mal aus dem Fenster. Wo ist denn die Miezekatze?«
- »Wo ist der Ball? Wir suchen ihn und spielen damit!«

Ist das Kind eigentlich von der friedfertigen, sanftmütigen Sorte, spielt es vielleicht mit und sucht die Miezekatze und den Ball. Ein eher kämpferisches Baby, das läßt sich seinen Frust so schnell nicht nehmen. Es denkt nicht daran, sich ablenken zu lassen, und quengelt munter weiter.

Wer daraufhin mit einem Quengler schimpft, läßt zwar selber Dampf ab und schüchtert vielleicht das Baby ein, nur verändert sich für das Kind die Situation damit sicherlich nicht zum Guten. Im Gegenteil: Das Gefühl der eigenen Ohnmacht verstärkt sich wahrscheinlich noch.

Oft hilft es, dem Baby eine Gelegenheit zum Austoben zu bieten und/oder ein Erfolgserlebnis zu verschaffen:

- »Du kommst zwar noch nicht von der Stelle, aber wir können zusammen über den Teppich kullern!«
- »Du liegst zwar noch fest auf deiner Decke, aber du kannst schon nach dem Pendel greifen, das über dir baumelt!«

Auch Schnalzen ist Sprechenlernen

Nicht nur motorisch, sondern auch sprachlich möchte das Baby immer aktiver werden. »Auto« oder »Kuh« – egal was es Monate später als *erstes Wort* sagen wird, diesen einfach konstruierten Wörtern ist immer ein Vorspiel nach komplizierten Regeln vorangegangen. Dieses Vorspiel beginnt einfach, wird zunehmend komplexer, zieht sich monatelang hin und entwickelt sich stufenweise.

Was Eltern mit ihrem Baby brabbeln – und das tun sie von Geburt an –, ihr Heitata und Huttutu, sind erste Lektionen im Sprechenlernen. Ihr melodisches Sprechen weckt Aufmerksamkeit

Die Fähigkeit, sprechen zu lernen und Sprache zu verstehen, ist angeboren. In allen Ländern der Welt entwickelt sich die Sprache nach dem gleichen System. Jetzt, im vierten und fünften Lebensmonat, hat das Baby die ersten beiden Stufen dieser Entwicklung bereits hinter sich gelassen:

1. Stufe: Schon als Neugeborenes hat das Kind auf die Sprechgesänge der Erwachsenen, auf ihr Zwitschern und Dudeldü mit Mimik »geantwortet« und sich bald bemüht, die Großen nachzuahmen.

Säuglinge lieben Lieder und Musik. Sanfte Klänge, Lautmalereien wollen sie hören. Wird's zu monoton, schalten sie ab

2. Stufe: Einige Wochen nach der Geburt fing es an zu lallen.

3. Stufe: Seit ein paar Wochen ist es nicht nur damit be-

Jeder – nicht nur Mütter und Väter – beherrscht, ohne es lernen zu müssen, den Singsang, den Babys hören mögen, und die entsprechende Mimik. Fachleute nennen den Silbenmix »Ammensprache«. Auf der ganzen Welt klingt sie gleich und ist immer der Einstieg ins Sprechenlernen

schäftigt zu lallen, sondern auch zu schnalzen. Es formt sogar Laute, die in seiner Muttersprache gar nicht vorkommen. Vor allem Vokale werden jetzt geübt. Nach und nach kommen immer mehr Konsonanten dazu. Es beginnt, bestimmte Kombinationen von Vokalen und Konsonanten auszuprobieren, zum Beispiel »la« oder »ba«.

Sprechen ist ansteckend. Reden Mütter und Väter häufig mit ihrem Kind, dann ist es um so begeisterter darauf aus, zu schnalzen, zu lallen – ihnen auf seine Art zu antworten. Ganz automatisch wiederholen die Erwachsenen daraufhin die Laute des Babys (Rückkoppeln). Auch dieser Vorgang ist wichtig beim Sprechenlernen.
Und auch hier zeigt es sich wieder, wie sehr sich ein Säugling vom anderen unterscheidet: Schon jetzt gibt es ausgesprochene Viel-Redner unter den Babys, die ihre Silben nicht oft genug wiederholen können, und ebenso die Schweiger. Sie sind (noch) mundfaul, lassen sich Zeit mit dem Babbeln und Brabbeln. Beides ist ganz normal. Was Erwachsene dem Kind erzählen, ist im Augenblick noch schnurzegal; man kann seinem Baby also getrost Unsinniges vorplappern – das Kind lernt dennoch eine Menge.

Unbewußt »wissen« Mütter, daß sie in einer hohen Tonlage sprechen müssen, weil Babys hohe Töne besser hören. Aber auch wenn Väter tiefer brummen, hören Babys ihnen gern zu, weil sie sich über die Zuwendung freuen

Bestimmte Tonlagen rufen bestimmte Gefühle hervor. Frühzeitig und blitzschnell lernen Babys, liebevolles, zärtliches Reden von grimmigem, wütendem zu unterscheiden – egal in welcher Sprache. Das Kind beginnt, ein Gefühl für Nuancen der Sprachmelodie zu entwickeln. Es ahnt mit der Zeit – natürlich noch mehr als vage –, was es bedeutet, wenn seine Eltern in dieser oder jener Tonlage mit ihm sprechen.
Erwachsene reden nicht nur in höchsten Töne mit einem Baby, sondern auch in einer besonderen Sprache. Sie benutzen einfache Wörter, bilden kurze, klare Sätze, halten Blickkontakt und unterstreichen das Gesagte durch prägnante Gesten. Mütter und Väter setzen nicht allein auf Sprache, wenn sie mit ihren Babys reden, sondern unterstreichen das Gesagte, indem sie gleichzeitig Theater spielen: die Augen weit aufreißen, gestikulieren, mit

dem Kopf nicken und das Echo verstärken, das von den Kindern kommt. Diese lächeln und gurren zufrieden.
In den verschiedensten Kulturen reden Erwachsene auf diese Art mit Babys. Ihr spezieller Singsang – die »Ammensprache« ist mit der alles verniedlichenden Babysprache samt ihrer »-leins« und »-chens« nicht zu verwechseln.
Die Entwicklung der Sprache und die Entwicklung der Motorik hängen zusammen. Die Zentren, die beides steuern, liegen in der Hirnrinde nebeneinander. Spielt das Baby mit seinen Fingern, gehen durch diese Spiele auch Impulse auf das Sprachzentrum über. Fingerspiele, Greifübungen sind also viel mehr als nur Spiele.

Jetzt schon klug und reich an Erfahrungen

Beim Spielen glucksen und gurgeln Babys vor Vergnügen. Mit allen Sinnen nehmen sie die Welt um sich herum wahr und jeder neue Eindruck bringt sie in ihrer Entwicklung ein Stück weiter. Sie lernen mit Vergnügen, wollen gar nicht immer unterhalten werden, sondern beschäftigen sich bisweilen gerne alleine:

- Sie beobachten draußen Blätter am Busch, die sich leise bewegen.
- Sie betrachten drinnen interessiert die Sonne, die durchs Zimmer wandert.

Zappelig vor Aufregung werden sie, wenn ihnen beim Spielen das gelingt, was sie im Sinn hatten.

Wer genau hinschaut und Babys beobachtet, nimmt wahr, wie unglaublich schnell sie erfassen, was sich um sie herum tut. Kleine Babys sind nicht »dumm« und werden mit der Zeit erst langsam klug – wie früher behauptet –, sondern zeigen von Anfang an Intelligenz und »denken« mit

Das Baby wird aktiver

Ab dem vierten Monat arbeitet ein Baby daran, seine sinnlichen Wahrnehmungen und seine Bewegungen in Einklang zu bringen (Koordination):

- Einerseits beobachtet es seine Umwelt nach wie vor, schaut sich zum Beispiel die Rassel an, die über ihm baumelt.

Von Geburt an hat ein Baby das Bedürfnis, aktiv zu sein: Das Leben in Bewegung zu bringen, zu gestalten

- Andererseits wird es aktiv, schlägt die Rassel nicht mehr zufällig an, sondern mit Absicht, versucht danach zu greifen, und das gelingt gegen Ende des fünften Monats (oder später) zunehmend besser.

Es wiederholt das Spiel, um aus seinen Erfahrungen klüger zu werden. Spielsachen, die in seiner Reichweite liegen werden jetzt untersucht (Seite 203).

Weitere Beispiele, die zeigen, was ein kleines Menschenkind schon kann:

- Es kommt auf neue Ideen: Wenn ich an meinem Daumen saugen kann, kann ich auch am Stiel von der Rassel saugen.
- »Das bin ich!« Die eigene Person im Spiegel, auf einem Bild, im Film erkennen – was Großen selbstverständlich ist, müssen Kleine erst lernen. Die Quelle dieser Selbsterfahrung: das Erforschen des eigenen Körpers. Damit sind Babys intensiv beschäftigt:
- Die Füße werden untersucht.
- Die Nase wird abgetastet.

Sehen sich Babys im Spiegel, begrüßen sie das Bild begeistert.

Daß sie selbst dieses Wesen sind, erkennen sie jedoch noch nicht.

Babys langweilen sich nicht, wenn sie »nur« gucken. Ihr Kopf ist keine leere Wüste, die von Erwachsenen permanent »gedüngt« werden muß, damit immer mehr Können und Wissen sprießt. Von ihren Eltern brauchen kleine Menschenkinder vor allem Lob und Anerkennung

Was das Kind auch tut – seine Erfahrungen dabei hinterlassen Spuren im Gehirn, Denkmuster, die zum Beispiel nach folgendem Prinzip entstehen: »Was ich mit diesem Ding machen kann, läßt sich auch mit jenem Ding machen!«

Im Gehirn bilden sich immer neue Verknüpfungen zwischen den Zellen. Je mehr Knotenpunkte entstehen, desto besser lassen sich die Informationen, die in den Zellen stecken, abrufen und verarbeiten (Seite 66).

Manche Eltern möchten diesen Prozeß beeinflussen. Sie wollen ihr Kind intelligenter machen. Wenn sie ihr Baby zum Beispiel anregen, nach seiner Rassel zu greifen, greift es wahrscheinlich wirklich früher, gezielter und häufiger danach als ein nicht gefördertes Kind.

Das Gehirn ist jedoch kein Computer, sondern ein biologisches Gebilde mit eigenen Gesetzen. Wer sich diesen besonderen Gesetzen nicht unterordnet, seinem Kind nicht gestattet, sich in aller Ruhe zu entwickeln, sondern Leistungen von ihm fordert, die es nur mit Mühe oder noch gar nicht erbringen kann, fördert nicht die Intelligenz des Babys, sondern setzt es unnötig unter Druck.

Mit allen Sinnen versucht ein Baby, die Welt zu begreifen, Es lernt mit Hilfe von Sehen, Hören, Riechen, Tasten und Schmecken

Alles wird in den Mund gesteckt

Mit dem Mund lacht ein Baby. Mit dem Mund nimmt es Nahrung auf. Mit dem Mund empfindet es Lust. Der Mund ist für ein Baby ein wichtiges Sinnesorgan. Was es in den Händen hält, wandert zielstrebig in den Mund. Mit den Lippen, mit der Zunge tastet das Baby sein Spielzeug ab – zum Beispiel einen Holzring. Inzwischen reicht es ihm nicht mehr, den Ring nur anzuschauen, sondern es will fühlen, ob der Ring rund oder eckig, rauh oder glatt, hart oder weich ist. Seine Vorstellung von der Welt ist nun dreidimensional.

Alles, was in erreichbarer Nähe liegt, wird in den Mund gesteckt und gründlich abgetastet – oft zum Schrecken Erwachsener: »Das Ding ist doch dreckig!« Macht nichts! Gesunde Baby brauchen keine perfekte Sauberkeit

Erwischt das Kind dagegen ein Spielzeug, das es nicht in den Mund stecken kann, liegt zum Beispiel ein Ball vor ihm auf dem Boden, spielt es eine Weile damit und wird dann unzufrieden. Es quengelt, weil es ihm auf die Dauer nicht genügt, den Ball nur mit den Augen, nur mit den Händen zu erforschen. Schließlich weint es, weil es ihm nicht gelingen will, den Ball in den Mund zu nehmen. Ein Baby sollte also unbedingt Spielzeug in den Mund stecken dürfen. Man darf ihm nicht aus übertriebenem Hygiene-Denken vorenthalten, diese wichtigen Mund-Erfahrungen zu machen.

Noch ein Wort zur Hygiene: Es ist nicht nötig, das Babyspielzeug auszukochen, dauernd abzuwaschen oder mit Chemikalien zu desinfizieren. (Auf keinen Fall mit Reinigungsmitteln säubern!) Das Baby verkraftet ein paar zusätzliche Keime, ohne gleich krank zu werden.

Entwicklung: einige Daten zur Orientierung

Zu wörtlich sollten diese Daten nicht genommen werden. Manche Babys entwickeln sich schneller, andere wesentlich langsamer. Beides ist normal

Ende vierter Monat:

- Das Baby entdeckt seine Hände als Spielzeug. Es schaut sie an, saugt daran. Die Hände sind jetzt meist geöffnet.
- Es übt das Greifen. Manchmal gelingt es schon, ein Spielzeug kurz festzuhalten. Das Baby bemüht sich, Sachen in den Mund zu stecken.
- Liegt es auf dem Bauch, will es sich auf die Unterarme stützen, versucht, sich hochzustemmen, um besser sehen zu können, was sich in seiner Umgebung tut. Das sind alles noch Vorübungen, die manchmal schon gelingen, oft auch noch nicht.
- Es beginnt, sich zunehmend für seine Umwelt zu interessieren. Auch für Dinge, die sich nicht in seinem engsten Gesichtsfeld befinden.

Ende fünfter Monat:

- Das Baby hält Spielzeug mit beiden Händen fest, will es wenden und drehen, kann es noch nicht absichtlich loslassen. Irgendwann fällt es ihm zufällig aus den Händen.
- Es übt zu rollen. Liegt es auf dem Bauch, gelingt es ihm manchmal schon, sich auf den Rücken zu rollen. Oft bleibt's aber auch beim Üben.
- Es nimmt gern Kontakt auf, freut sich, wenn man ihm Spielzeug zeigt, fängt an, den Arm danach auszustrecken. Seine Bewegungen sind noch tapsig.

Klassisches Spielzeug und bewährte Kitzelspiele

Beim Einkauf von Babyspielzeug auf Sicherheit achten

Weil das Baby langsam zielsicher nach Spielzeug greifen kann, braucht es Sachen, die ihm gut in der Hand liegen und die es in den Mund stecken kann. Geeignet sind zum Beispiel:

- Ein kleines Stofftier oder eine Wurfpuppe aus Stoff. Noch wird beides mehr beknabbert als beschmust.
- Holzglöckchen, Klappern, Rasseln, Ringe – einiges aus dem klassischen Sortiment von Babyspielzeug. Auf Sicherheit achten!
- Holzklötze (nicht zu klein, nicht lackiert) mit glatter Oberfläche.
- Ein Auto, dem man nachschauen kann, wenn es wegrollt, und hinter dem das Kind am liebsten jetzt schon herrobben würde.
- Eine Spieluhr für das Gute-Nacht-Ritual.

Wo spielt das Baby am besten?

Tips, wie das Baby gleichzeitig spielen und am Familienleben teilnehmen kann

Drei Möglichkeiten:

- Es wird samt Bett von einem Zimmer ins andere geschoben, was sich leicht machen läßt, wenn das Bett nicht zu schwer und zu groß ist.
- Es liegt in einer Wippe. Aus der Schräglage hat es die beste Aussicht. Nachteil dieser Wipp-Liegen: So sicher, wie sie wirken, sind sie nicht. Einige sind nicht rutschfest oder kippen leicht um. Samt Wippe sind Kinder auch schon vom Tisch gefallen. Also Vorsicht mit diesen Liegen. Zwar kann das Baby strampeln, wenn es darin angeschnallt ist, sich jedoch trotzdem nicht vernünftig rühren. Wenn überhaupt, eignen sich die Wippen lediglich für ein kurzfristiges Abstellen.
- Das Baby liegt auf einer Decke oder Matte auf dem Boden. Man baut ihm eine Kuschelecke aus Kissen, ansonsten hat es freie Sicht. Zum Thema Laufstall siehe Seite 247.

Zärtliche Schmusespiele

Zur Erinnerung einige zärtliche Spiele, die alle Eltern kennen und die Babys großes Vergnügen bereiten

Neu sind die folgenden Spiele nicht, im Gegenteil: Sie haben sich seit langem bewährt und werden überall auf der Welt gespielt.

- Nase an Nase reiben.
- Stirn an Stirn drücken.

- Auf den Babybauch pusten.
- Erst mit den Fingern auf Bauch und Rücken herum spazieren, dann das Baby plötzlich kitzeln.
- Dem Baby durch die Haare pusten.
- Es in den Nacken küssen.

In den verschiedensten Variationen werden diese Spiele zwischen Eltern und Kindern vollführt, und sie bedeuten immer: Ich habe dich lieb!

Mein Baby abstillen – das geht nur langsam

Mit vier Monaten soll Jacob seine erste Flasche Fertigmilch bekommen, denn länger als ein halbes Jahr will ich nicht stillen. Ich habe vor, bald wieder zu arbeiten, und kann mir nicht vorstellen, Beruf und Stillen zu vereinbaren – das geht über meine Kräfte und auch über mein Organisationstalent. Außerdem wird es nun schwieriger, Jacob abends mit zu Freunden zu nehmen: Er kann in der fremden Umgebung nicht schlafen und drückt sich nach dem Stillen den ganzen Abend an mich. Allmählich wächst mein Bedürfnis, mich aus dieser Umklammerung ein wenig zu lösen.

Doch als es so weit ist, überkommen mich völlig unerwartete Bedenken: Darf ich dir das überhaupt antun, dich jetzt schon abzustillen, wo ich noch Milch im Überfluß habe? Soll ich meinen Egoismus nicht doch hintanstellen, wo es vielleicht das letzte Mal ist, daß sich ein Baby an meiner Brust satt trinkt und dies sichtlich aus vollen Zügen genießt?

Reumütig verschiebe ich den Zeitpunkt des Abstillens, aber nicht auf lange. Es ärgert mich zunehmend, daß ich nachts immer »dran« bin, wenn Jacob aufwacht. Es gelingt mir auch nicht mehr, nach dem Stillen gleich wieder einzuschlafen, denn zu kraftvoll dreht und wendet sich Jacob neben mir im Bett. Also bringe ich ihn in sein eigenes Bett zurück und bin dann schon hellwach. Nur bedingt erheitert stelle ich außerdem fest, daß Jacob mich zur allzeit bereiten Milchbar abgestempelt hat: Kaum sieht er mich nackt oder im Bikini, beginnt er vor Begeisterung zu beben. Er will »seine« Brüste haben, auch wenn er gar nicht hungrig ist. Es bleibt mir dann nichts anderes übrig, als mich schleunigst anzuziehen, damit mein Busen wieder mir gehört.

Kurz entschlossen mixe ich eines Morgens die erste Flasche Fertigmilch. Wird Jacob protestieren? Ich weiß von Babys, die jede Form von Gummisauger mit Wutgeschrei von sich weisen. So ausgeprägt ist ihre Sucht nach der mütterlichen Brust, daß sie tagsüber zwar bereit sind, einen Gemüsebrei zu essen, aber sonst ausschließlich an der Brust saugen wollen. Der Mutter bleibt manchmal nichts anderes übrig, als zu verreisen, wenn sie nicht mehr stillen will, und ihrem Mann das endgültige »Abstillen« zu überlassen – nach der Devise: Wenn die Milchquelle tatsächlich fort ist, wird das Baby auch mit dem Fläschchen vorliebnehmen. Ich würde das kaum übers Herz bringen.
Zum Glück trinkt Jacob die erste Flasche ganz aus, als ob er sein Leben lang nichts anderes bekommen hätte. Ich bin so selig darüber, fühle mich so entlastet, daß ich bei den verbleibenden Mahlzeiten um so freudiger stille. Bald lasse ich Jacob die Flasche immer dann von seinem Vater oder von dem seit kurzem bei uns wohnenden Au-pair-Mädchen geben, wenn ich mehrere Stunden außer Haus sein möchte. Diese längst ungewohnte Freiheit genieße ich sehr; endlich kann ich gelassen unterwegs sein, ohne dabei in meiner Phantasie Jacob nach dem Milchbusen schreien zu hören. Beflügelt kehre ich nach solchen Ausflügen nach Hause zurück und freue mich schon im Treppenhaus auf das Strahlen, das Jacobs kugelrundes Gesicht erhellt, wenn er mich sieht. Mit wachsender Zuversicht sehe ich den Zeiten entgegen, in denen ich täglich stundenweise arbeiten möchte.
Mit etwas über sechs Monaten ist Jacob abgestillt. Einige Zeit später hat er vergessen, wozu meine Brüste gut waren. Wenn ich ihn aus Spaß noch einmal anlege, wendet er sich entschieden ab – was will sie denn von mir? (C. v. S.)

Abstillen: das Baby ein Stückchen freigeben

Die meisten Kinderärzte empfehlen heute, etwa vier bis sechs Monate nach der Geburt des Kindes mit dem Abstillen zu beginnen. Ihre Begründung:

Jedes Gramm des Babys stammt von ihr – eine satte Leistung, auf die viele Frauen zu Recht stolz sind

- Das Baby braucht jetzt Nährstoffe, die in der Muttermilch nicht enthalten sind.
- Der Nutzen des Stillens gegenüber den eventuellen Risiken durch Rückstände in der Muttermilch überwiegt dann nicht mehr eindeutig.

Selbstverständlich muß sich keine Mutter sklavisch an diesen Zeitpunkt halten. Eine Empfehlung ist kein Gebot, und jede Mutter sollte für sich selbst und aus ihrer eigenen Lebenssituation heraus entscheiden, wann sie ihr Kind abstillen will.

Weiterstillen oder abstillen – eine Frage, die unter Müttern heiß diskutiert wird. Statt sowohl die eine Haltung als auch die andere zu tolerieren, machen sie sich manchmal gegenseitig das Leben schwer. Warum eigentlich?

Irgendwann ist fast jede Mutter hin- und hergerissen zwischen dem Wunsch, weiterzustillen, und dem Bedürfnis nach mehr Unabhängigkeit. Einerseits genießt sie die Momente symbiotischer Einheit beim Stillen, andererseits wächst ihr Verlangen, tagsüber oder abends so lange wegbleiben zu können, wie es ihr gefällt – und nicht nach Hause hetzen zu müssen, um das Baby zu stillen. Gleichzeitig plagen sie Zweifel: Wie wird das Kind reagieren? Wird es traurig oder wütend sein, wenn ihm statt der Brust die Flasche gereicht wird?

Um keine (falsche) Entscheidung treffen zu müssen, hoffen viele Mütter darauf, daß sich ihr Kind von alleine abstillt, also deutlich zeigt, wann es von der Brust nichts mehr wissen will, ohne daß sie ihm entzogen werden muß. Das kann bedeuten, daß die Mutter mindestens neun Monate lang stillt; erst dann sind viele Babys bereit, von sich aus auf die Brustmahlzeit zu verzichten. Es kann aber auch zwei, drei Jahre dauern, bis es soweit ist.

Wie kann sich eine Mutter die Entscheidung, wann sie ihr Baby abstillen soll, etwas erleichtern? Am besten, indem sie ihre eigenen Bedürfnisse, die des Vaters und – soweit möglich – die des Babys unter die Lupe nimmt und sie mit dem Partner bespricht.

Unabhängig von den Empfehlungen der Ärzte sollten Mütter zuerst darüber nachdenken, wann für sie selbst der beste Zeitpunkt ist, das Stillen zu beenden

Die Bedürfnisse der Mutter

- Ist sie beim Stillen wirklich noch mit ganzem Herzen dabei oder fühlt sie sich allmählich eingeengt und angebunden, stillt sie vorwiegend aus schlechtem Gewissen?

Dann bekommt das Kind ihre unterschwelligen Aggressionen bestimmt zu spüren, und das Stillen ist für beide keine reine Freude mehr.

- Ist das Stillen vielleicht zu einem Ersatz für eine sie momentan nicht befriedigende Partnerbeziehung geworden?
- Oder klammert sie sich an die Verschmelzung mit ihrem Baby, weil sie Angst hat, sich von ihm zu trennen?

In den beiden letzten Fällen steht nicht mehr das Wohl des Babys im Vordergrund, sondern die unerfüllte Sehnsucht der Mutter nach Zärtlichkeit und Nähe. Sie tut ihrem Kind jedoch keinen Gefallen, wenn sie deswegen zur »Glucke« wird, die ihr Kind durch das Stillen möglichst eng an sich binden möchte.

Stillende Mütter genießen die enge Bindung an ihr Kind und die Gewißheit, ihm damit die beste Nahrung zu geben. Aber irgendwann ist Muttermilch nicht mehr die beste Nahrung

Die Einstellung des Partners

- Der Vater hat oft ein größeres Interesse am Abstillen als die Mutter – nicht nur aus Eifersucht und dem Wunsch, die Frau wieder mehr für sich zu haben, sondern auch, weil er sich eine intensivere Beziehung zu seinem Kind wünscht: Dadurch, daß das Kind am Busen nicht nur gefüttert, sondern auch getröstet und beruhigt wird, hat er oft das Gefühl, an das Baby gar nicht heranzukommen.

Ist das Baby abgestillt, sind mehr Väter bereit, auch mal nachts aufzustehen, wenn ihr Kind nach der Flasche verlangt

Und das Baby?

Im ganzen ersten halben Lebensjahr wehrt sich kaum ein Kind dagegen, behutsam abgestillt zu werden. In der Regel ist es so, daß es in dieser Zeit ausgesprochen zärtlichkeitsbedürftig ist und häufiger als sonst an Daumen oder Schnuller saugen will. Je älter das Baby, desto bewußter erlebt es den Verlust der Brust.

Als Richtlinie für den Zeitpunkt des Abstillens kann außerdem gelten: Am besten ist es, ein Kind so lange weiterzustillen, wie die ganze Familie dazu steht. Wichtig ist, sich dabei die eigenen Gefühle und Beweggründe bewußt zu machen und ehrlich miteinander zu besprechen. Auch wenn ein Kind bereits mehrere Mahlzeiten aus der

Abstillen ja oder nein – manchmal wird auch aus dem Bauch heraus eine Entscheidung gefällt

Was tun, wenn das Baby nachts die Flasche verweigert und auf die Brust besteht?

Flasche oder aus dem »Gläschen« bekommt, können viele Mütter ihr Baby nachts weiter stillen. Sie haben noch über längere Zeit genügend Milch, um es an der Brust zu beruhigen. Manche Mütter freuen sich darüber, sie sind erleichtert, daß sie auch jetzt nachts nicht mit Flaschen herumhantieren müssen. Andere sind eher irritiert, wenn ihr Baby nachts auf der Brust besteht und jede Flasche verweigert: Sie können sich kaum mit ihrem Partner abwechseln, wenn das Baby in der Nacht aufwacht, trauen sich oft nicht, abends länger wegzubleiben, auch wenn der Babysitter noch so vertrauenswürdig ist. Da bleibt nichts anderes übrig, als abzuwarten, bis das Baby mehrmals durchschläft und ab dann auch ohne ein paar Schlucke aus der Brust auskommt; oder man kann das Baby mehrere Nächte lang liebevoll trösten, ohne ihm die Brust zu geben. Das ist anstrengend und kostet natürlich Nerven.

Wie geht das Abstillen vor sich?

Natürlich kann man ein Baby auch abrupt abstillen und oft läßt es sich auch schnell machen – lassen sich Mütter und Kind dagegen Zeit, ist das bekömmlicher für alle

Kein Baby möchte abrupt abgestillt werden. Wenn möglich, sollte sich die Mutter mindestens vier bis sechs Wochen Zeit dafür nehmen. Auch für die Form ihrer Brüste ist es günstig, wenn diese sich langsam zurückbilden können.

Und so wird es gemacht:

In den ersten vierzehn Tagen wird täglich eine Brustmahlzeit durch eine Flasche Fertignahrung ersetzt. Danach bekommt das Baby zwei Flaschen am Tag, im Laufe der nächsten Wochen drei. Wenn die Mutter möchte, kann sie das erste morgendliche Stillen und das letzte am Abend noch weiter beibehalten – für beide sind das meistens die Zeiten innigster Zweisamkeit. Auch nachts wollen viele Babys, die bereits die Flasche bekommen, an der Brust nuckeln, wenn sie zwischendurch aufwachen.

Wenn das Baby die Flasche ablehnt, kann es auch jetzt schon Gemüse oder Brei statt der Flasche bekommen. Zu Anfang möchte das Kind nach so einer Mahlzeit bestimmt noch ein wenig an der Brust saugen. Auf jeden

Fall braucht es in diesen Wochen viel Gelegenheit zum Lutschen und Schmusen.
Sobald die Produktion nicht mehr durch das Saugen des Babys angeregt wird, versiegt die Milch allmählich von alleine. Es kann allerdings vorkommen, daß die Brust eine Zeitlang prall und heiß wird, so daß immer wieder ein wenig Milch ausgedrückt werden muß. Zur Linderung helfen kalte Wickel und Quarkumschläge.
Viele Frauen stillen ihr Baby ab, indem sie es lediglich an eine Brust legen, damit die Milchproduktion in der anderen zurückgeht.
Hilfreich beim Abstillen sind übrigens Salbei- und andere Entschlackungstees, die die Milchproduktion hemmen. Ansonsten: sehr wenig trinken!
Muß eine Frau ihr Baby sehr schnell abstillen, zum Beispiel aus beruflichen oder medizinischen Gründen, kann sie sich vom Arzt Medikamente zur Milchreduzierung verschreiben lassen. Bevor sie aber hormonhaltige Abstillpräparate nimmt, lohnt es sich, homöopathische Mittel zu versuchen.

Manchmal trauern sowohl Mutter als auch Baby dem Stillen noch eine Weile nach. Ein Glück, daß dies nicht die einzige Möglichkeit ist, sich aneinanderzukuscheln!

Keine guten Zeiten zum Abstillen:

- Wenn das Baby krank ist, unter dem Zahnen leidet oder gerade geimpft worden ist.
- Der Hochsommer, weil das Baby infolge der Hitze womöglich Magen- oder Darmstörungen bekommen kann. (Manchmal verträgt es die neue Nahrung auf Anhieb auch nicht!)
- Eine Urlaubsreise oder ein Umzug. Dann sollte man das Abstillen ebenfalls lieber noch etwas verschieben.

Überängstliche, übervorsichtige Eltern

Eines haben die meisten Berichte in diesem Kapitel gemeinsam: Sie zeigen, wie das Baby seinem Ziel *Ich bin selbständig* in kleinsten Schritten langsam näher kommt.

Viele Eltern möchten die Zeit anhalten: »Schade, daß die Babymonate so schnell vergehen.« Bei allem Bedauern, sie dürfen ihr Baby nicht kleinhalten, um die ach so schönen Knuddelzeiten auszudehnen. Ihr Kind muß und will selbständiger werden

Viele Eltern stellen sich jetzt darauf ein:

- Das Baby wird abgestillt.
- Die Mutter geht eventuell wieder in ihren Beruf zurück.

Andere Mütter, andere Väter tun genau das Gegenteil. Sie sehen dem Entwicklungstempo ihres Sprößlings mit recht gemischten Gefühlen zu: »Das geht ja rasend schnell!« Sie tun sich schwer, ihr Baby jetzt Schritt für Schritt loszulassen und versuchen seine Anstrengungen in Richtung Selbständigkeit zu bremsen. Oft überwachen sie jeden Entwicklungsschritt ihres Sprößlings überängstlich und übervorsichtig:

- Das Baby darf nicht auf dem Boden im Zimmer herumkugeln: »Einfach zu unhygienisch!«
- Es soll nicht bei offenem Fenster nackend auf einer Decke strampeln: »Viel zu zugig!«
- Es darf nur seinen Schnuller in den Mund stecken und kein Spielzeug: »Wer weiß, was es sonst alles mitißt!«

Dem Kind seine Freiheit lassen – das zu lernen, ist für manche Eltern ein schmerzhafter Prozeß

Vordergründig geht es in diesen Beispielen um das Wohl des Kindes, in Wirklichkeit jedoch darum, seine hilflose Abhängigkeit künstlich zu verlängern. Das Baby wehrt sich gegen diese engen Grenzen. Es ist unglücklich und weint viel. Zum Glück erkennen viele Eltern rechtzeitig, wenn sie beginnen zu klammern, ihr Baby überbesorgt und ängstlich festhalten wollen und nehmen sich fest vor: »Ich muß dem Kind Freiheiten lassen, damit es sich gesund entwickeln kann!«

6. Kapitel
Das Quengelstadium: Das Baby will mehr, als es schon kann (6. und 7. Monat)

Gläschen: Mag ich nicht und kaufe sie trotzdem

Sechster Monat: Gläschenzeit. Nun ist die Ernährung unseres Babys ein Thema. Reichlich ratlos stehe ich vor dem Regal mit den Gläschen. Kalbfleisch in Erbsen auf Kartoffelpüree oder Rindfleisch in Gartengemüse auf Reisbrei? Keine Ahnung, was ich nehmen soll. Alles die gleiche Soße. Ich mag sie nicht. Warum packe ich trotzdem ein Dutzend Gläschen in meinen Einkaufskorb?

Weil ich mich in Ernährungsfragen unsicher fühle. Über die Qualität unserer Nahrungsmittel werden die widersprüchlichsten Informationen verbreitet. Mir fällt es schwer, diese Materie selber zu beurteilen und mir eine eigene Meinung zu bilden. Deshalb halte ich mich hilfesuchend an die Experten.

Die meisten deutschen Kinderärzte empfehlen die industrielle Babykost: Ihrer Meinung nach steckt all das, was ein Baby braucht, in guter Qualität in den Gläschen. Dennoch bleibe ich mißtrauisch.

Was käme statt der Gläschen in Frage? Selber kochen? Was für viele Mütter eine Alternative ist, ist für mich keine:

- Weiß ich, welche Schadstoffe in den Erbsen, Karotten und Äpfeln stecken, die ich beim Kaufmann bekomme, und welche Hormone im Fleisch? Abgesehen von den Giftstoffen – auch was die Nährstoffe betrifft, bin ich skeptisch. Wie sind die Karotten samt ihren Vitaminen über den Winter gekommen? Und wieviele Nährstoffe stecken noch in den Birnen, die im Laden in Licht und Luft (wie lange schon?) lagern?

- Selbst wenn ich im Bioladen kaufe, bin ich mir meiner Sache nicht sicher. Enthält das Obst und Gemüse wirklich weniger Schadstoffe, was ist mit den Nährstoffen? In unserem Bioladen wird wenig umgesetzt. Die Äpfel und Birnen liegen lange in den Kisten. Von frisch kann meiner Meinung nach nicht mehr die Rede sein.

Also Schluß mit den Zweifeln: Ich biete unserem Sohn Karotten im Gläschen an. Die Gläschenmenüs (auch die mit Fleisch) schmecken ihm. Also Gläschen ohne Ende?

Wenn die »Schonzeit« vorbei ist, soll das Kind essen, was auf den Tisch kommt: das normale Familienfrühstück, -mittagessen, -abendbrot. Wann ist unser Baby robust genug, um sich an die bei uns üblichen Ernährungsverhältnisse zu gewöhnen – besser gesagt, sie zu verkraften?

Auch in dieser Frage verlasse ich mich wieder auf die Empfehlung der Kinderärzte. Sie meinen, daß sich ein Baby ab dem neunten, zehnten Monat an die Familienkost gewöhnen kann. Bis dahin gibt's bei uns also Gläschenkost – mal abgesehen von ein paar Brotrinden und Apfelschnitzen.

Natürlich gefällt mir, daß die Gläschen praktisch sind. Ich habe einen Vorrat davon im Keller. Den täglichen Gang nach frischem Gemüse und Obst kann ich mir also schenken. Und das Zubereiten eines Gläschenmenüs ist denkbar einfach: Ich wärme den Brei in einer kleinen Pfanne auf. Er ist sofort warm.

Vom Aufwärmen im Wasserbad halte ich nichts, denn darin wird mir der Brei entweder zu heiß oder bleibt zu lange kalt.

(C. N.)

Der erste Brei kommt auf den Tisch

Argumente, warum ein Baby im sechsten Lebensmonat seinen ersten Brei bekommen sollte

Gleichgültig, ob eine Mutter stillt, gerade abgestillt hat oder Fertignahrung füttert – die meisten Kinderärzte plädieren dafür, den ersten Brei am besten erst zu geben, wenn das Baby ein halbes Jahr alt ist. Ihre Argumente für diesen Zeitpunkt:

- Bis zum sechsten Monat reichen die sowohl in der Muttermilch als auch in der Fertignahrung enthaltenen Nährstoffe aus.
- Ein Baby heißt deshalb Säugling, weil es in seinen ersten Lebensmonaten aufs Saugen eingestellt ist, aufs Trinken und nicht aufs »Löffeln«, das ihm im ersten halben Jahr – entsprechend seines Entwicklungsstands – noch schwerfällt.
- Erst im sechsten Monat kann es zwischen Essen, Trinken und Saugen unterscheiden.
- Allein von Milch wird das Kind nun nicht mehr satt; es braucht zusätzliche Aufbaustoffe, um gesund zu bleiben – zum Beispiel fast so viele Vitamine wie ein Erwachsener, denn es wächst nicht nur schnell, sondern entwickelt sich auch schnell.

Erfahrene Eltern können noch ein zusätzliches Argument beisteuern:

- Im sechsten Monat ist ein Baby besonders neugierig darauf, die Welt zu erforschen. Es macht gerne neue Erfahrungen – zum Beispiel die, daß Brei eine interessante Sache ist: etwas zum Ausprobieren.

Der Zeitpunkt »sechster Monat« muß kein fester Termin sein, ist aber besonders günstig. Wer seinem Kind bereits gegen Ende des vierten Monats oder im fünften Monat Brei geben möchte, weil sich dies zum Beispiel nach dem Abstillen anbietet oder weil das Kind von Milch allein einfach nicht mehr satt wird, beginnt mit dem Zufüttern einfach früher. Das bereitet in den seltensten Fällen Schwierigkeiten.

Wieso auf einmal Löffel statt Flasche? Manche Babys sind erzkonservativ: Was neu ist, wird erstmal protestierend abgelehnt

Der Löffel – ein wunderbares Spielzeug. Babys können sehr unleidlich werden, wenn man ihnen klarzumachen versucht: Der Löffel ist nicht nur zum Spielen da (Seite 220)

Breikost – was ist das eigentlich?

Ob bereits mit oder noch ohne Zähne, ein sechs Monate altes Baby kann sich schon für Brotrinden, Zwiebäcke und natürlich Kekse begeistern. Außer Milch und Tee schmeckt ihm inzwischen auch Saft. Nun kommt immer mehr Handfestes dazu: Milch-, Obst-, Gemüsebrei, erst ohne, dann mit Fleisch, Fisch oder Ei. So reibungslos, wie sich diese Aufzählung liest, klappt die Umstellung aber in den wenigsten Fällen. Nicht nur mit dem Brei, sondern auch mit dem Löffel wird anfangs mehr oder weniger gekämpft.

Obst oder Gemüse – welcher Brei ist der richtige?

Wer sich zum Thema Babyernährung gründlicher informieren möchte, findet die wichtigsten Tips in speziellen Broschüren

Für die meisten hat Ernährung auch mit Weltanschauung zu tun – in unseren schadstoffreichen Zeiten erst recht. Wie soll man sich entscheiden? Fürs Reformhaus und gegen den Kaufmann? Oder umgekehrt? Im folgenden einige Informationen dazu.
Die wichtigsten Argumente, die für die Gläschenkost sprechen:

- In den Gläschen sind die Stoffe in der richtigen Menge enthalten, die ein Baby braucht.
- Der Brei besteht aus frisch geerntetem, vitaminreichem Obst und Gemüse von geprüfter Qualität.

Im Zusammenhang mit Gemüse wird immer wieder auf Nitrat und Nitrit hingewiesen. Warum?
In manchen Gemüsen (Blatt- und Wurzelgemüsen) reichert sich Nitrat an, das sich in Nitrit umwandelt. Nitrit ist ein Gift, das in einer gewissen Konzentration gefährlich für Säuglinge werden kann (Sauerstoffmangel). Zum zweiten entstehen aus Nitrit und gewissen Eiweißverbindungen Nitrosamine, das sind krebserzeugende Stoffe.
Gemüse, das zu Babykost verarbeitet wird, muß dagegen rückstandsfrei sein und wird laut Diätverordnung kontrolliert.
Die Verfechter von selbstgemachter Babynahrung halten dagegen, daß der Nitratgehalt in Gemüse aus biologischem Anbau ebenfalls gering sei, ebenso wie der Schadstoffgehalt. Wie hoch oder wie gering – diese Frage ist auch unter Experten umstritten.

Und wie geht man mit Gläschen um?

- Nahrungsreste nicht aufwärmen. Die Nährstoffe überstehen diese Prozedur nicht.

- Angebrochene Gläschen nicht länger als 24 Stunden im Kühlschrank aufbewahren.
- Gläschen, die noch nicht geöffnet wurden, müssen nicht kühl lagern.
- Das Haltbarkeitsdatum beachten.
- Den Brei weder nachwürzen noch süßen.
- Beim Einkauf auf die Inhaltsstoffe achten. Kost ohne Bindemittel, ohne Zucker kaufen. (Auch im Reformhaus wird Babykost angeboten.)
- Dem Baby verschiedene »Menüs« anbieten, damit es sich an die Unterschiede im Geschmack gewöhnt.

Wer von dem hohen Standard der Gläschenkost nicht überzeugt ist oder wem sie zu teuer ist, der stellt den Brei selber her. Der erste selbstgemachte Brei ist oft ein Bananenbrei nach ganz simplem Rezept:

- Ein Stück Banane mit der Gabel zerdrücken und schaumig schlagen. Bananenbrei bekommt gut, enthält das, was ein Baby braucht, ist süß und schmeckt deshalb den meisten Babys. Seine Nachteile: Er macht dick und ist wegen des Zuckers nicht gut für die Zähne.

Kartoffelbrei kommt ebenfalls gut bei Babys an:

- Kartoffeln schälen, kochen (in wenig Wasser, auf kleiner Flamme, bei geschlossenem Deckel, dann »verkochen« die Nährstoffe nicht). Einen Schuß Milch dazugeben und einen Klacks Butter. Das Ganze zermusen. Kaum salzen.

Noch ein drittes Rezept:

- Karotten schälen und kleinschneiden. In ganz wenig Wasser dünsten (siehe oben). Ein wenig Butter ins Wasser geben (damit die wasserlöslichen Vitamine frei werden). Mit dem Rührstab die gekochten Karotten pürieren.

Auf gleiche Art lassen sich ganz verschiedene Gemüse zu Brei verarbeiten.

Nicht die Zubereitung ist das Thema, wenn man Babybrei selber herstellen will, sondern das Einkaufen: Wo bekomme ich Zutaten von optimaler Qualität?

Weitere Informationen

- Rohes Gemüse (mit Ausnahme von Karotten) ist schwer verdaulich, rohes Obst nicht.
- Gemüsesäfte und -breie enthalten im allgemeinen mehr Vitamine, mehr Mineralstoffe als Obst.

Obst- und Gemüseflecken lassen sich aus weißem Stoff mit Entfärber beseitigen. Farbigen Stoff läßt man in Buttermilch oder Zitronensaft eine Nacht lang einweichen

- Kohl, Zwiebeln, Birnen – alles, was Blähungen verursacht, eignet sich noch nicht.
- So wenig Zucker wie möglich verwenden. Das, was an Zucker für den Stoffwechsel nötig ist, bekommen Babys ohne Extrazugabe mit, denn sowohl Milch als auch Obst enthalten ausreichend Zucker. Jedes Mehr bedeutet, daß sich das Baby auch mehr an den süßen Geschmack gewöhnt. Und das ist bekanntlich weder gut fürs Gewicht noch für die Zähne. Honig ist übrigens auch nicht wesentlich gesünder als Zucker.
- Speisen kaum salzen. Zwar brauchen Kinder Spuren von Kochsalz (1 bis 1,5 Gramm pro Tag). Einiges von dieser Ration ist in den Nahrungsmitteln aber bereits enthalten. Wer selber Brei zubereitet, muß also höchstens noch eine Prise Salz zugeben. Zuviel Salz schadet der Gesundheit. Was für den Zucker gilt, stimmt auch hier: An den Geschmack sollte man das Baby gar nicht erst gewöhnen.
- Obst und Gemüse vor dem Zerkleinern (mit Rührstab oder Reibe) schälen. Kleine Kinder leiden unter Schadstoffen mehr als Erwachsene. Die Rückstände lagern sich zum Teil ein, sammeln sich an, bauen sich nicht wieder ab. Zwar gehen beim Schälen wichtige Vitamine verloren; mit dem Schälen werden jedoch auch die Rückstände beseitigt, die sich nicht abwaschen lassen.
- Je mehr Zähne das Baby hat, desto gröber kann sein Brei geraspelt oder passiert sein. Natürlich muß man aufpassen, daß es sich nicht verschluckt. Gleiches gilt, wenn man ihm einen Apfelschnitz oder ein Karottenstückchen gibt; gerade in der Zahnphase kauen Babys gern darauf herum.
- Beim Kochen nur hochwertiges und wenig Fett verbrauchen; je zur Hälfte tierisches und pflanzliches.

Was ist zu Fleisch, Fisch und Eiern zu sagen?

Nach einer kurzen Übergangszeit kann sich das Kind an Fleisch, Fisch und Ei gewöhnen. Darin ist Eisen enthalten, das es nun braucht. (Im Spinat ist es übrigens nicht in dem Maße enthalten, wie generationenlang behauptet wurde.)

- Bei Fleisch sind Rind, Kalb, Lamm oder Geflügel zu empfehlen – aber nur, wenn man von der Qualität und Unbedenklichkeit wirklich überzeugt ist. Gekochtes wie gebratenes Fleisch läßt sich gut mit dem Rührstab pürieren.

Innereien (Leber, Hirn, Niere) sind zwar einerseits gesund, weil nährstoffreich, andererseits aber nicht empfehlenswert, weil sich gerade in diesen Innereien Schadstoffe ablagern.

- Fisch essen ebenfalls viele Babys ohne Murren. (Auch auf die kleinsten Gräten achten!)

Fleisch (oder Fisch) und Gemüse werden im Verhältnis eins zu zwei gemischt.

- Ei kann man gleichfalls ans Gemüse geben; zuerst sollte man dem Baby allerdings nur das Eigelb geben, denn das Eiweiß kann eine Allergie auslösen.

Wieder besteht die Kunst darin, hochwertige Lebensmittel aufzutreiben. Das erfordert von Eltern heute einigen Einsatz. Sie müssen sich gut informieren, bevor sie zum Einkaufen gehen

Welche Getränke kommen in Frage?

Tee trinken Babys jetzt in der Regel recht gern – gezuckerte Kindertees sind glücklicherweise nicht mehr auf dem Markt –, ebenso Saft, sowohl aus Obst als auch aus Gemüse. Was beim Obst- und Gemüsebrei zu beachten ist, trifft auch für Saft zu.

Drei Tips:

- Auch Saft macht satt. Ihn deshalb nicht zu Beginn einer Mahlzeit anbieten, sondern erst gegen Ende.
- Auf Säfte aus Zitrusfrüchten reagieren viele Kinder empfindlich. Sie vertragen die Fruchtsäure noch nicht, werden wund davon.
- »Normale« Fruchtsäfte sicherheitshalber erst gegen Ende des ersten Lebensjahres geben (ohne Konservierungsstoffe, ohne Zuckerzusatz).

Allen Warnungen zum Trotz überlassen viele ihren Kindern die Flasche immer noch als Schnullerersatz. Die Folge: schlechte Zähne. Beim Dauernuckeln umspült permanent Flüssigkeit die Zähne. Egal, was das Baby trinkt – auf Dauer verliert der Speichel seine schützende Wirkung. Fazit: Das Baby frühzeitig an Tasse oder Becher gewöhnen!

Milch – welche Sorte braucht das Baby jetzt?

Die reinen »Milchzeiten« neigen sich dem Ende zu. Jetzt wird die Ernährung bunter – für Babys interessanter. Aber nicht alle sind neugierig auf das Neue

- Muttermilch oder
- industrielle Fertignahrung (auch im Reformhaus wird Milchnahrung angeboten) oder
- Vollmilch langsam und erst gegen Ende des 1. Lebensjahres einführen. Die Kinder müssen sich erst daran gewöhnen (manche leiden sogar unter einer Kuhmilchallergie).
- Halbmilch (ein Teil Kuhmilch, ein Teil Wasser). Sie ist zwar preiswerter als andere Nahrung, jedoch nicht unbedingt empfehlenswert, denn sie enthält weniger Nährstoffe als andere Nahrung. Ist keine industrielle Nahrung vorhanden, kann man Halbmilch als Ersatz nehmen.
- Magermilch ist auf keinen Fall zu verwenden. Das Baby braucht das Fett in der Milch.

Übrigens muß die Milch nicht in jedem Fall erwärmt werden. Viele Babys mögen sie lieber, wenn sie »nur« Zimmertemperatur hat.

Milchmenge: Pro Tag sollte das Baby etwa einen halben Liter Milch zu sich nehmen (einschließlich Milchbrei).

Milchbrei: Muß der eigentlich unbedingt sein?

Den ersten Brei fürchten viele Eltern: »Das wird eine Riesenschmiererei geben!« Stimmt. Das Matschen muß sein, denn das Baby sammelt dabei wichtige Erfahrungen

Viele Eltern bieten ihrem Baby abends einen dicken Milchpamps als Sattmacher an: »Damit das Kind durchschläft!« Das ist ein fertiger Milchbrei (mit oder ohne Obst, der mit Wasser angerührt wird) oder Brei, der aus Kuhmilch und Haferflocken oder Gries oder Reis gekocht wird.

- Reis ist gut bekömmlich,
- Hafer schwer verdaulich, enthält aber viel Eisen.

Vollkornnahrung (Müsli zum Beispiel), Quark und Joghurt sollte man erst gegen Ende des ersten Lebensjahres einführen.

Der Löffel – ein Instrument mit Tücken

Skeptisch beäugen viele Babys ihren ersten Löffel nach dem Motto: Davon halte ich nichts. Auf den Löffel haue

ich drauf und den Brei puste ich weg! Was hilft, wenn das Löffeln am Anfang nicht klappen will?
Es kommen zwei neue Dinge gleichzeitig auf das Baby zu: Brei und Löffel. Manche Kinder fühlen sich damit überfordert. Eltern müssen nicht unbedingt beides gleichzeitig anbieten. Den Brei kann das Baby auch (mit Brei-Sauger) erst einmal eine Weile aus der Flasche trinken. Hat es sich an den neuen Geschmack gewöhnt, ist es vielleicht eher bereit, die zweite Neuerung anzunehmen: den Löffel.

- Da ein Löffel auch eine interessante Spielsache ist, sollte man ihn dem Baby nicht vorenthalten. Darf es seinen eigenen Löffel halten, grabscht es wahrscheinlich nicht gleich nach dem, mit dem es gerade seinen Brei bekommt.
- Für den Anfang eignet sich ein Eierlöffel recht gut. Nur wenig Brei auf die Löffelspitze geben. Das Geld für sogenannte Lernlöffel kann man sich sparen.
- Zu Beginn nicht gleich versuchen, eine komplette Mahlzeit mit dem Löffel zu bewältigen, erst mal mit ein paar Breihappen üben.

Gehobene Ansprüche an die Eßmanieren sind in den kommenden Monaten fehl am Platz. Kinder brauchen Zeit, um zu lernen, was das ist: anständig essen

Was tun, wenn das Essen zum Problem wird?

Was ein Suppenkaspar kann, traut sich manches Baby erst recht zu. Selbst ohne Worte stellt es klar: »Ich esse meinen Brei nicht! Nein, meinen Brei, den eß ich nicht!« Und bringt seine Eltern damit in die Zwickmühle.
Als Erwachsener ist man nun hin- und hergerissen:

- Einerseits ist überall von den wichtigen Aufbaustoffen die Rede, die das Baby zusätzlich zur Milch im sechsten Monat braucht.
- Andererseits will man das Kind nicht quälen, ihm nicht den Brei mit List und Tücke aufdrängen.

Das beides paßt aber nicht zusammen – wie kommen Eltern also aus dieser Bredouille wieder heraus?
Zuerst sollten sie versuchen, die folgenden klassischen Fehler zu vermeiden – was gar nicht so einfach ist:

- *Nicht* drängeln mit dem Tenor: »Sei lieb, mein Spätzchen. Ein Häppchen für Mami, ein Häppchen für Papi!«

Nichts kostet so viel Nerven wie ein Baby, das bei jeder Mahlzeit einen Zirkus veranstaltet. Je weniger die Eltern dabei mitspielen, desto eher vermeiden sie einen Machtkampf. Lassen sie sich nicht provozieren, werden dem Kind seine Spielchen beim Essen auf Dauer zu langweilig, und die Eßprobleme geben sich – aber das kann dauern

- *Nicht* sauer sein, wenn der Brei stehen bleibt. (Das kostet wirklich nicht viel Mühe!)
- *Nicht* Riesenportionen auftischen. Sie verwandeln sich für das Baby in Berge, die nicht zu überwinden sind.
- *Nicht* gleich auf Abwechslung im Speiseplan bestehen. Ißt das Kind zuerst nur Karotten, auch gut, besser als nichts. Das andere kommt schon nach.

Und wie kann man's besser machen?

Bitte nicht mit dem Baby schimpfen, wenn es nicht essen mag

Die (hohe) Kunst besteht darin, das Baby sanft in Richtung Brei zu lenken (ohne Druck und Drohung). Zum Beispiel:

- Ihm einige Löffel Brei als Vorspeise (vor dem Stillen, vor der Flasche) geben oder als Nachspeise oder als Zwischenmahlzeit. Mit jedem Happen freundet sich das Baby mehr mit der neuen Materie Brei an. Nach und nach lassen sich die Rationen steigern. Oder:
- Das Kind im Hochstuhl an den Familientisch rücken, ihm ganz nebenbei ein paar Häppchen servieren oder Brei geben und möglichst gelassen bleiben, wenn es patscht oder matscht (soweit man's aushält). In diesem Rahmen findet das Füttern als Nebensache statt, das Baby steht nicht im Mittelpunkt. So selbstverständlich, wie es mit den Großen am Tisch sitzt, ißt es dann auch in vielen Fällen.
- Ein Trick, mit dem sich »Löffel-Schläger« (schlagen jeden Löffel aus der Hand) bändigen lassen: Man setzt sich das Baby auf den Schoß, nimmt es in den linken Arm. Der rechte Arm des Babys verschwindet hinterm Rücken, mit dem linken Arm hält man es fest. Wehrt sich das Kind allzu sehr gegen dieses Festklammern, sollte man es nicht zum Stillsitzen verdonnern, sondern den Hochstuhl ausprobieren.

Aus den Mahlzeiten kein großes Thema machen

Die Mahlzeiten dürfen nicht in einen Machtkampf ausarten. Weil Eltern mit so viel guter Absicht ans Füttern gehen, entsteht leicht eine angespannte Atmosphäre, wenn sie enttäuscht werden. Die Situation schaukelt sich schnell hoch. Fast jeder Erwachsene verliert die Geduld, wenn er mit dem Löffel in der Hand vor dem Baby sitzt und das Kind partout nicht essen mag. Oft beginnt er Druck auszuüben: »Du mußt doch essen! Groß und stark werden!« Selbst ein sieben Monate altes Kind kann sich da schon wehren. Deutlich zeigt es. »Ich lasse mich nicht drängen! Ich will nicht!«

Die ersten Zähne: Fühlt sich das Baby nicht wohl?

Hurra – der erste Zahn ist da! Bei manchen Babys kommt er ohne besondere Vorwarnung. Plötzlich ist er zur Freude der Eltern einfach da. Diese Kinder spüren vorher überhaupt nichts. Für die meisten ist das Zahnen jedoch ziemlich unangenehm. Bei ihnen hat sich der erste Zahn schon einige Wochen vorher angekündigt. Sie waren unruhig, sabberten viel, hatten vielleicht auch Schlafschwierigkeiten und vor allem: Sie bissen in alles, was sie in die Finger bzw. in den Mund bekamen.

Die einen leiden, wenn sich die ersten Zähne ankündigen, die anderen spüren gar nichts – gerade aufs Zahnen reagieren Kinder sehr unterschiedlich

Schon einige Wochen, bevor der Zahn endlich durchbricht, fühlt sich der Kiefer fest und hart an; die Haut, unter der der Zahn wächst, spannt sich; das Zahnfleisch kann anschwellen und gereizt sein. Der Zeitpunkt, wenn der erste Zahn durchbricht, ist sehr verschieden. Mal kommt er schon mit vier Monaten, mal erst mit zehn.

Die Reihenfolge, in der die Zähne kommen, ist allerdings bei fast allen Kindern gleich: Zuerst kommen im allgemeinen die unteren mittleren Schneidezähne, dann die oberen, anschließend die oberen seitlichen Schneidezähne. So haben die meisten Babys am Ende des ersten Lebensjahres sechs Zähne, und im zweiten Lebensjahr bekommen sie die restlichen 14 Zähne des Milchgebisses.

Selbst beim Zahnen hat jedes Kind sein eigenes Tempo

Es gibt einige Möglichkeiten, dem Baby das Zahnen zu erleichtern (im zweiten Lebensjahr wird es meist schmerzhafter als jetzt):

- Manchmal hilft es, die schmerzende Stelle mit dem Finger zu massieren.

- In den meisten Fällen kann man die Schmerzen dadurch lindern, daß das Baby etwas zum Beißen bekommt. Das kann ein eisgekühlter Beißring oder auch eine Brotrinde sein oder ein Bauklotz aus Holz.
- Früher gab man den zahnenden Kindern Veilchenwurzeln, um darauf zu kauen; sie sind auch heute noch in Apotheken erhältlich. (Viele Ärzte sind jedoch dagegen, weil sich darauf zu viele Bakterien ansammeln würden.)
- Schließlich gibt es noch Tinkturen zum Auftragen auf das Zahnfleisch; sie sollten jedoch sparsam verwendet werden.
- Ganz wichtig: Das Baby von seinem juckenden, drükkenden Kiefer ablenken. Manchmal klappt das mit Spielen.

Das Zahnen macht Babys nicht krank. Aber weil sie sich in der Zahnphase nicht so toll fühlen, handeln sie sich gerade jezt bisweilen zusätzlich einen Infekt ein

Wenn das Kind in dieser Zeit Fieber, Durchfall oder eine Erkältung bekommt, sollte man das nicht aufs Zahnen schieben, denn vom Zahnen allein wird ein Kind nicht krank. Die Zeit des Zahnens ist bei vielen Kindern zufällig auch die Zeit der ersten Infektionskrankheiten, denn jetzt sind langsam die Abwehrkräfte, die es von der Mutter – vor allem durch die Muttermilch – mitbekommen hat, aufgebraucht, das Baby ist anfälliger geworden. Wenn es nun erhöhte Temperatur hat, kann dies das Durchbrechen der Zähne beschleunigen.
Verständlich, wenn die Babys in dieser Zeit unruhig sind. Es tut sich schließlich etwas Neues, und das macht auch noch Schmerzen!

Wenn das Wickeln in einen Ringkampf ausartet ...

In vielen Fällen läßt sich die Stimmung beim Wickeln jetzt am besten mit »Auf in den Kampf ...« beschreiben: Nichts da mit »Summsumm« und innigem Sich-in-die-Augen-Schauen.
Das Wickeln ist jetzt mehr Catchen oder Ringkampf als liebevoller Kontakt.

Einige Tips, wie Mütter und Väter am besten mit dem zappeligen Würmchen beim Windeln fertig werden:

- Die Windel auf den Wickeltisch legen. Das Baby in Bauchlage auf die Windel legen. In dieser Lage kann man es recht gut festhalten. Nur mit dem Oberkörper ist jetzt noch gut zappeln.
- Ein Frotteetuch auf den Boden legen und das Baby darauf wickeln. Wendet und dreht es sich auf dem Boden, ist man die Sorge los, daß es abstürzt. Das Anziehen ist dort unten auch einfacher. Man nimmt das Baby auf den Schoß, klemmt es zwischen den Beinen ein und hat die Arme frei, um es anzuziehen.
- Spielzeug zum Ablenken parat halten (zum Beispiel einen Schlüsselbund, eine Taschenlampe, einen Wecker).
- Später, wenn das Kind einigermaßen sicher steht, kann man ihm auch im Stehen eine frische Windel unterschieben.

Mit der Sauberkeitserziehung sollte man frühestens Ende des zweiten Lebensjahres beginnen, denn vorher ist ein Kind nicht in der Lage, seine Schließmuskeln zu kontrollieren.

Gerade beim Wickeln merken Eltern, daß ihr Kind inzwischen groß geworden ist und kräftig. Das Wickeln wird zu einer Kraftanstrengung – erstaunlich, welche Energie solch ein Wicht entwickeln kann

Wann geht's denn endlich vorwärts?

Nicht nur im Kontakt zu anderen Menschen verändert sich in dieser Lebensphase einiges, sondern in allen Bereichen der Entwicklung – besonders augenfällig in der Motorik. Das Baby hat beschlossen, sein Leben nicht länger liegend zu verbringen. Mit aller Kraft, mit aller Energie drängt es vorwärts. Aber auf den großen Schritt nach vorn muß es in der Regel auch im sechsten, siebten Monat noch warten. (Nur ein paar Frühreife krabbeln nun schon auf und davon!) Also steigert sich die Ungeduld entsprechend, auch die der Eltern: »Wenn wir diese Quengelzeiten bloß schon hinter uns hätten!«

Liegt das Kind auf dem Bauch, nimmt es schon die Startposition fürs Loskrabbeln ein. Es fehlt nur noch der entscheidende Klick: der Anschub. Alle warten gespannt: Wann geht's endlich los?

Welche Turnübungen machen dem Baby Freude?

Arme ausstrecken, Oberkörper aufstützen. Dem einen oder anderen Kind gelingt es sogar schon, die Knie unter den Bauch zu ziehen. Turnen ist jedenfalls im Augenblick groß geschrieben: sich um die eigene Achse drehen, sich vom Bauch auf den Rücken und vom Rücken auf den Bauch drehen, Schwung holen. Gerade bei diesen Übungen zeigen sich wieder große individuelle Unterschiede.

Verschiedene Bewegungen in Einklang bringen – das Koordinieren, bereits lange geübt, funktioniert auf einmal

Einige Kinder kommen ihrem Ziel – sich fortbewegen, wiederkommen können wie die Großen – ein Stückchen näher. Sie entwickeln sich zu Meistern im Kullern:

- Sie rollen von einem Ende des Zimmers zum anderen.
- Sie drehen sich wie ein Karussell.

Entwicklung: auf dem Weg zum Kleinkind

Langsam zeichnet sich ab, daß das Baby nicht mehr lange ein Baby, sondern bald ein Kleinkind sein wird.

Noch fehlt der Halt beim Sitzen

Es ist verführerisch, ein Baby, abgestützt durch Kissen, sitzen zu lassen, obwohl es sich noch nicht allein aufsetzen kann – aber es schadet dem Kind

Weil das Sitzen nicht nur dem Baby, sondern auch seinen Eltern das Leben erleichtert, wird es in vielen Familien emsig geübt. Der erste Erfolg – ob mit oder ohne Üben durch Erwachsene – stellt sich meistens im sechsten, siebten Monat ein. Das Baby sitzt. Den Kopf hält es nun sicher. Darüber hinaus ist das Ganze zuerst noch eine recht wackelige Angelegenheit: krummer Rücken, Arme nach vorne abgestützt. Verliert das Baby das Gleichgewicht, kippt es um, nicht selten nach vorn und direkt auf die Nase.

Dennoch – die Begeisterung über das neue Entwicklungsstadium ist groß. Eltern machen jetzt leicht den Fehler, ihr Kind in dieser recht unglücklichen Haltung längere Zeit sitzen zu lassen: »Damit sich das Sitzen stabilisiert.« Solange das Baby nicht umkippt, ist doch alles in Ordnung. Irrtum! Erwachsene tun einem Baby keinen guten Dienst, lassen sie es schief und krumm sitzen – egal ob im Bett, im Hochstuhl, im Autositz, wo auch immer. Diese Flitzebogen-Haltung schadet seinem Rücken. Zwar streckt sich der Rücken, zwar bekommt das Sitzen mit der Zeit Halt – trotz allem sollte es erst längere Zeit sitzen, wenn es sich allein aufsetzen kann, und das ist meistens im achten Lebensmonat der Fall.

Wie wird aus dem Sitzen ein Setzen? (Seite 242)

Feinmotorik: Die Hände werden geschickter

In den vergangenen Wochen hatte das Baby noch einige Probleme damit, das Öffnen und Schließen seiner Hände zu koordinieren und gezielte Bewegungen zu machen. Im sechsten, siebten Monat gelingt es ihm schon besser, das, was es sieht, und Bewegungen, die es macht, in Einklang zu bringen. Zum Beispiel:

- Es sieht einen Bauklotz.
- Es streckt den Arm danach aus, öffnet die Hand.
- Jetzt ist es fähig, sich den Bauklotz zu nehmen.

Sprache: erste Ansätze von Muttersprache

Die menschliche Stimme scheint in den Ohren eines Babys Musik zu sein. Gerade in dieser Entwicklungsperiode lauscht es ganz konzentriert, wenn man mit ihm spricht, antwortet meist in seinen Zwei-Silben-Gebilden darauf: »Baba.« Das Kind brabbelt nicht länger irgendwelche Laute vor sich hin, sondern wählt Laute aus seiner Muttersprache aus. Es ahmt sie nach.

Jeden Tag die gleichen Übungen: Das Baby ahmt Laute nach. Sein Repertoire erweitert sich

Intelligenz: Das Baby ist auf Experimente aus

Der Horizont des Babys erweitert sich für alle sichtbar. Durch geschicktes Drehen und Wenden erreicht es jetzt schon häufiger aus eigener Kraft die Dinge, an denen es interessiert ist; zum Beispiel erforscht es die Rippen der Heizung: »Was mag das sein?«

Das Baby zeigt seinen Eltern jetzt häufiger: »Ich lerne nicht nur von euch, ihr könnt auch von mir lernen!«

Je intensiver es seine Umgebung erkunden, je mehr unterschiedliche Erfahrungen es sammeln kann, desto mehr wird es in seiner Neugier bestätigt: »Spannende Erfahrungen. Davon will ich mehr haben!« Wißbegierig ist es darauf aus, die Welt zu erkunden. Diesen Drang unterstützen Eltern, wenn sie dem Baby nicht nur mit ihren eigenen Spielen kommen, sondern sich vor allem auf die Spiele einlassen, die es mit seinen sieben, acht Monaten selber zu bieten hat. – Und das sind erstaunlich viele, zum Beispiel

- durchs Zimmer kugeln oder
- ins Badewasser patschen.

Gehen Eltern auf die Anregungen ihres Kindes ein, geben sie dem Baby das Gefühl von Kompetenz. Auch kleine Menschenkinder freuen sich schon über Erfolgserlebnisse. Selbst wenn das Kind ganz konzentriert bei einer Sache ist – zum Beispiel gerade den Fernsehapparat erkundet –, läßt es sich in diesem Alter noch auf der Stelle ablenken, falls etwas Neues in seinem Gesichtskreis auftaucht, und selbst wenn das, im Vergleich zum Fernseher, noch so langweilig ist. Erst gegen Ende des ersten Lebensjahres läßt sich das Baby weniger leicht ablenken.

Nicht vergessen: Die nächste Vorsorgeuntersuchung steht an!

Zwischen dem sechsten und siebten Monat ist der nächste Vorsorgetermin beim Kinderarzt. Er macht sich bei dieser 5. Untersuchung wieder ein Bild über den Entwicklungsstand des Kindes.

Weitere Entwicklungsdaten zur Orientierung

Ende sechster Monat:

- Das Baby nimmt Spielzeug von einer Hand in die andere.
- Es greift aus eigenem Antrieb nach Spielzeug, umfaßt es mit der anderen Hand, hält es bereits richtig fest.

- Es wendet den Kopf, wenn es ein Geräusch hört. In der Regel ist es an Geräuschen interessiert.
- Es erkennt Gesichter wieder, nimmt seine Umwelt immer besser wahr.

Familienmitglieder werden wesentlich freudiger begrüßt als andere. Da werden vom Baby jetzt bereits deutliche Unterschiede gemacht

Ende siebter Monat:

- Das Baby beschäftigt sich immer intensiver mit seinen Füßen, hat oft Spaß daran, mit seinen Zehen zu spielen.
- Es greift mit beiden Händen nach einem Spielzeug.
- Es spielt mit einem Tuch oder einem Stück Papier, weiß jetzt schon einiges damit anzufangen. Es knüllt sein Spielzeug, zieht es auseinander, hat also eine Vorstellung davon, was sich damit machen läßt, und kann diese Vorstellung in die Tat umsetzen.
- Oft beginnt es in diesem Alter bereits, skeptisch auf Fremde zu reagieren.

Zu wörtlich dürfen diese Daten nicht genommen werden. Manche Babys entwickeln sich wesentlich schneller, andere wesentlich langsamer. Beides ist ganz normal, denn schließlich gibt es Frühreife und Spätentwickler.

Guckguck-Spiele: spannend wie ein Krimi

Was die Krimis im Fernsehen für Erwachsene sind – Atem anhalten, Spannung spüren –, sind für sieben, acht Monate alte Babys die altbewährten Guckguck-Spiele. Hoch spannend und sehr aufregend. Jeder kennt diese Spiele:

- Ein Ball ist unter einem Tuch versteckt. »Wo ist der Ball?«
- Der Papi ist hinter einen Sessel gekrochen und macht »Pieps«. »Wo ist der Papi?«

Mit Pieps sagen oder ohne, sich kurz zeigen und dann wieder verschwinden – alle Variationen von Guckguck-Spielen sind bei Babys beliebt

Ganz hoch im Kurs stehen bei Babys jetzt Spiele mit einer »Pointe« am Schluß:

- *Verstecken:* Einer verläßt den Raum und taucht plötzlich wieder im Türrahmen auf, verschwindet erneut, kommt wieder. Jede Wiederkehr wird von dem Baby begeistert begrüßt.

- *Flieger:* Zuschauer mögen bei diesem Spiel oft gar nicht hinschauen. Aber Babys lassen sich gerne in die Luft werfen und wieder auffangen. Oder auf Papis Arm im Kreis herumwirbeln.
- *Hoppereiter:* Das Baby reitet auf den Knien, wartet auf die *spannende* Stelle im Vers: »Hoppehoppe Reiter, wenn er fällt, dann schreit er. Fällt er in den Graben, fressen ihn die Raben. Fällt er in den Sumpf, macht der Reiter plumps«, läßt sich bei »plumps« fast auf den Boden fallen und ist heilfroh, wenn es festgehalten wird, erleichtert, wenn es wieder auftauchen darf.

7. Kapitel
Die Krabbelphase: das Baby zwischen Angst und Forscherdrang (8. bis 10. Monat)

Warum fremdelt mein Baby nicht? Muß ich mir Sorgen machen?

Jacob ist schon neun Monate alt, und noch keine Spur von Fremdeln. Einerseits freut es mich: Fühlst du dich bei uns so wohl, so rundum geborgen, daß du keine Angst zu haben brauchst? Ist es für dich so selbstverständlich, viele Leute um dich zu haben – außer dem Vater und mir noch das Au-pair-Mädchen, meine Schwestern, mal die eine und dann die andere Großmutter –, daß dir neue Gesichter nichts ausmachen? Doch andererseits frage ich mich leicht beunruhigt: Mute ich dir vielleicht zu viele Menschen zu? Ist die Bindung an deine Eltern nicht intensiv genug?

Erst etwas später wird mir klar, daß du doch fremdelst, aber eben auf deine Art. Nicht daß du schreist, wenn dich ein Unbekannter in den Arm nimmt, oder weinst, sobald ich das Zimmer verlasse, wie das bei anderen Babys oft der Fall ist. Du jammerst in dieser Zeit nur mehr als sonst. Das sind die Zähne, sage ich mir zunächst, oder deine Enttäuschung darüber, daß du armer Kerl meistens noch rückwärts statt vorwärts krabbelst. Das stimmt wohl auch so, aber da ist noch etwas anderes: Jacob genügt es nicht wie bisher, bei uns zu sein, auch mal auf dem Boden oder in seiner Wippe zu spielen; er will auf einmal wieder ständig auf den Arm, läßt uns gar nicht mehr los, als ob er sich vergewissern wollte, daß wir wirklich für ihn da sind: nicht nur anwesend, sondern greifbar, zum Anfassen und Festhalten. Tatsächlich scheint ihm die Beziehung zu mir und seinem Vater bewußter zu werden, als ob ihm ein Licht aufgegangen sei: »Das sind also meine Eltern, dann sollen sie mir zeigen, daß ich zu ihnen gehöre, und mich immerzu an sich drücken.« Das tun wir natürlich – aber immerzu, das ist doch zu oft.

Ich muß auch mal telefonieren, ohne daß unser Kind auf meinem Arm herumhampelt; ich möchte die Wohnung aufräumen, ohne daß sich das Kind unentwegt an mich klammert. Außerdem ist das Jammern zum Verrücktwerden. »Jacob, laß mich doch wenigstens mal fünf Minuten los!«

Auch nachts ist Jacob unruhig, wacht wieder öfter auf, weint jämmerlich, ist völlig aufgelöst. Ist es ein nächtliches Acht-Monats-Schreien? Können sich unverarbeitete Eindrücke vom Tag – zuviel wechselnder Besuch oder ein anstrengender Ausflug, bei dem er keine Ruhe fand – nachts in Ängste verwandeln? Wir versuchen, gelassen zu bleiben. Es dauert auch nicht lange, bis diese nächtlichen Störungen nachlassen. Tagsüber hält das Jammern noch eine Weile an und zerrt an meinen Nerven. Jacob bekommt auch meine Ungeduld zu spüren. Um uns beiden zu helfen, entwickle ich endlich eine Strategie: Wenn ich etwas Wichtiges in der Wohnung zu erledigen habe, erkläre ich Jacob, daß ich mich nun nicht mit ihm beschäftigen kann und daß er sich eine Weile allein vergnügen muß. Egal, ob er mich versteht – mein Tonfall wird ihm eine Ahnung davon geben, was ich meine. Ich versuche dann, sein Quengeln zu ignorieren und mich auf das zu konzentrieren, was ich zu tun habe. Erstaunlicherweise gelingt es ihm nach kurzer Zeit, sich irgendeinem interessanten Gegenstand in der näheren Umgebung zuzuwenden, das Quengeln läßt nach.

Ich weiß ja, daß Babys es nicht so ohne weiteres verkraften, daß die Mutter nicht doch der verlängerte Arm ihrer selbst ist, daß sie nicht verstehen, warum sie und die Mutter nicht immer das gleiche wollen. Darum versuche ich, Jacob so viel Liebe und Geborgenheit zu geben, wie ich irgend kann – aber einige Minuten am Tage gehören mir, das muß Jacob auch lernen… (C. v. S.)

Fremdeln: Das Baby spürt, seine Eltern sind einzigartig

Noch gestern strahlte das Baby jeden an, der mit ihm sprach, lächelte freundlich, wenn es von einem Fremden auf den Arm genommen wurde. Doch plötzlich starrt es alle, die nicht zum engsten Familienkreis gehören, so entgeistert an, als ob es sie noch nie gesehen hätte. Versuchen sich die Großeltern, mit denen das Baby nur sporadisch Kontakt hat, oder gar Freunde der Familie durch vorsichtiges Ansprechen in Erinnerung zu bringen, ist der Reinfall total: Mit Geschrei wendet es sich ab, klammert sich schutzsuchend an seine Mutter und vergräbt das Köpfchen an ihrer Schulter.

Mit Unverständnis reagiert die Umwelt oft darauf, wenn ein Baby Angst zeigt: »Wovor erschreckt sich das Kleine denn so – sind wir so zum Fürchten?«

Wann lernt ein Baby zwischen sich und anderen zu unterscheiden?

»Acht-Monats-Angst« wird diese Reaktion genannt, die allerdings schon mit fünf Monaten auftreten kann – oder erst mit zehn – und auch in dieser Zeit ganz normal ist. Sie signalisiert eine entscheidende Wende in der geistigen und sozialen Entwicklung des Kindes: Es fremdelt, weil es nun gelernt hat, zwischen vertrauten und weniger vertrauten Personen deutlich zu unterscheiden. Noch vor kurzem setzte das Baby jedes Gesicht mit Zuwendung und der Befriedigung wichtiger Bedürfnisse gleich: Kaum tauchte ein Erwachsener auf, wurde die Windel gewechselt oder es wurde gespielt und geschmust oder sein Hunger gestillt. Nun, da dem Baby die Nähe zu seinen Lieben bewußter wird, reagiert es auf alle, die es als weniger Vertraute entlarvt, mit Enttäuschung und Angst. Außerdem fängt das Baby jetzt an zu krabbeln, oder zumindest rollt es allein durchs Zimmer. Und das bedeutet, daß es sich einer Person nicht nur nähern, sondern sich auch von ihr entfernen kann. Es ist also in der Lage, sich selbständig von Mutter oder Vater zu trennen. Das ist zwar ungeheuer aufregend, aber es löst bei manchen Babys auch Ängste aus – regelrechte Trennungsängste.

Entfernt sich das Baby aus seiner vertrauten Umgebung, bekommt es jetzt leicht Angst vor der eigenen Courage, fühlt sich auf einmal verraten und verkauft und beginnt zu weinen

Was bedeutet das Fremdeln?

Eltern sollten jetzt nicht zuviel Selbständigkeit von ihrem Kind erwarten. Im Augenblick steht ihm der Sinn mehr nach Geborgenheit als nach Selbständigkeit

Die »Acht-Monats-Angst« bedeutet somit, daß das Kind feste Bindungen an die eigene Familie entwickelt hat. Das muß nicht unbedingt nur die Mutter sein; auch zu Geschwistern und dem Vater kann das Baby solch eine feste Bindung haben. Sie ist in erster Linie von der Dauerhaftigkeit der Beziehung abhängig und vom ständigen Kontakt zwischen dem Baby und der anderen Person.

Die größte Anhänglichkeit entwickelt das Baby natürlich zur Bezugsperson Nummer eins, und das ist in den meisten Fällen die Mutter. Vor allem in Gegenwart von Fremden sucht es ihre Nähe, weicht manchmal keine Sekunde lang von ihrer Seite. Denn die Mutter bietet Sicherheit und Geborgenheit, von ihr aus kann das Kind nun die Umgebung erkunden und findet den Mut, sich auch Fremden vorsichtig zu nähern. Schiebt die Mutter ihr Kind in einer solchen Situation weg oder versucht, sich aus der Umklammerung zu befreien, wird sie nur verzweifelten Protest ernten. Überhaupt hängt das Baby in dieser Zeit gern an Mutters Rockzipfel. Das liegt daran, daß es spürt, wie sehr es seine Mutter braucht, aber gleichzeitig bewußter erlebt, daß sie nicht immer ausschließlich für es da sein kann.

Jedes Baby braucht eine besonders intensive Beziehung zu einer oder mehreren Personen, um sich gesund entwickeln zu können

In diesem Zusammenhang gesehen ist das Fremdeln eine normale und sehr wichtige Phase für das Kind. Bei Heimkindern mit wechselnden Bezugspersonen wurde festgestellt, daß sie in ihren sozialen Kontakten häufig gestört sind. Sie haben keine tiefere Bindung zu einem Erwachsenen; das heißt, es gibt niemanden, bei dem sie sich ganz und gar geborgen fühlen. Und so wenden sie sich unterschiedslos jedem Erwachsenen mit einem freundlichen Lächeln zu.

Ein wenig oder viel Angst – wovon hängt das ab?

Wie groß die Angst des Babys vor Fremden ist, hängt unter anderem von der Anzahl der Menschen ab, die das Kind gewohnt ist. Babys, die nur sehr wenige Menschen kennen und hauptsächlich ihre Mutter um sich haben, werden in der Regel größere Angstreaktionen zeigen als Kinder, die regelmäßig von mehreren betreut werden – in einer großen Familie, einer Wohngemeinschaft o.ä. Im übrigen hat man festgestellt, daß das Fremdeln vor allem gegenüber Erwachsenen auftritt. Anscheinend hat das Baby schon eine Ahnung von seiner eigenen Körpergröße und empfindet daher ein anderes Kind als weniger bedrohlich, weil es dieses offensichtlich als eher gleichartig einschätzt.

Wer sich in seiner frühen Kindheit gut aufgehoben fühlt bei seinen Eltern, gewinnt genug Sicherheit, um sich später hinauszuwagen und Selbständigkeit anzustreben

Wie lange dauert die Fremdel-Phase?

Manchmal eine Woche, manchmal Monate. Es wird immer wieder Zeiten geben, in denen ein Kind von Ängsten geplagt wird und in denen es sich stärker an die Eltern klammert als sonst. Je sicherer es sich in diesen kritischen Phasen des Schutzes von Mutter und Vater sein kann, desto leichter wird es ihm fallen, sich später ein Stück mehr von ihnen zu lösen.

Jetzt wachen Kinder, die bereits durchgeschlafen haben, auch wieder häufig auf. Es ist oft schwer einzuschätzen, ob beunruhigende Träume oder vielleicht Schmerzen durch das Zahnen den Schlaf stören. Auf jeden Fall kann es passieren, daß Eltern ihr Baby für eine kurze Zeit wieder nachts beruhigen und trösten müssen – solche Phasen gibt es im Leben jedes Kindes, das ständig Neues erlebt und verarbeiten muß, immer wieder.

Je älter das Kind ist und je mehr es sich seiner selbst bewußt wird, desto mehr nimmt es seine Angst auch als Angst wahr. Vielleicht will es eine Zeitlang nicht mehr in die Badewanne, das nasse, glitschige Ding ist ihm nicht mehr ganz geheuer. Oder es weint, wenn ein Hund in seiner Nähe bellt. Vor allem aber spürt es Angst, wenn es sich den Kopf anschlägt, und niemand es aufhebt, um es zu trösten.

Fälschlicherweise deuten manche Eltern die überraschende Ängstlichkeit ihres Kindes als einen Rückschritt. Dabei sind diese Ängste Teil der normalen Entwicklung

Natürlich ist die Angst für ein älteres Baby nicht ganz neu. Schon im Mutterleib und auch bei der Geburt hat es Angst erlebt. Erschrocken ist es zusammengezuckt,

wenn eine Tür neben ihm zuknallte, hat ängstlich geblinzelt bei grellem Licht. Bewußt wird ihm diese Angst aber erst später. Mit zwei Jahren weiß jedes Kind sehr genau, was es heißt, Angst zu haben.
Das Tröstliche an den meisten Ängsten ist ihre Vergänglichkeit. Kinder, die sich zu Hause geborgen fühlen, entwachsen ihren Ängsten von selber – ebenso wie sie eine bestimmte Entwicklungsphase hinter sich lassen.

So selbständig will unser Kind noch nicht sein

Ich setze Konstantin in seinen Hochstuhl. Schief und krumm hängt er in den Seilen. Obwohl ich nicht nur weiß, sondern auch sehe, daß er noch nicht reif fürs Sitzen ist, lasse ich ihn in seinem Hochstuhl thronen: »Nur ein Momentchen. Das wird deinem Rückgrat nicht gleich schaden!« Diese Momentchen summieren sich: Nur mal schnell in der Sofaecke… Nur mal schnell, wenn das Telefon klingelt… Konstantin wird alle naselang irgendwo abgesetzt. Wir wünschen uns, das er endlich »richtig« an unseren »Sitzungen« teilnehmen kann, denn wir sind eine Familie von Sitzern.
Wir sitzen um den Tisch und einer krabbelt zwischen unseren Beinen herum mit sehnsüchtigem Blick nach oben. Wir schauen ebenso sehnsüchtig nach unten.
Endlich setzt sich Konstantin allein auf, endlich kann er seinen Rücken strecken und schwankt nicht mehr hin und her wie ein Zweiglein im Winde. Endlich können wir wieder alle zusammen gemütlich um den Tisch sitzen – zum Beispiel beim Frühstück. Dabei kommt es zu Meinungsverschiedenheiten zwischen Konstantin und mir: Wir sind uns darin einig, daß es eine feine Sache ist, wenn er beim Essen dabei ist. Nicht einig sind wir uns darin, wozu Löffel und Becher dienen. Konstantin meint, der Becher sei zum Spielen da. Brotkrumen will er reinstopfen und wieder rausfischen. Trinken will er aus der Flasche. Ich meine, der Becher sei als Trinkgefäß gedacht, und finde, Konstantin solle daraus trinken. Konstantin meint, auch der Löffel sei zum Spielen da. Er baggert damit Milchbrei aufs Tischtuch. Essen will er lieber mit den Händen. Ich meine, der Löffel sei zum Essen

da, und denke, Konstantin könne sich ruhig mehr Mühe geben, um damit das Essen zu lernen.
Obwohl es auf den ersten Blick nicht so aussehen mag, haben Konstantin und ich dasselbe Ziel: Er will selbständiger werden. Ich will ihm helfen, selbständiger zu werden. Im Gegensatz zu Konstantin habe ich ziemlich genaue Vorstellungen davon, wann und wie er selbständiger wird. Für mich ist der erste Geburtstag so etwas wie eine Schallmauer: Ende der Babyzeit. Je näher dieser Geburtstag rückt, desto mehr erwarte ich von unserem Sohn. Irgendwie glaube ich wohl immer noch, wenn ein Kind die ersten zwölf Monate seines Lebens hinter sich gebracht hat, dann wird es langsam »vernünftig«: Dann versteht es mich. Dann läuft es. Dann kann es sich verständlich machen.
Zum Glück zeigt mir Konstantin, daß er von diesem Ziel noch weit entfernt ist. Er läßt sich mehr Zeit denn je mit seiner Entwicklung. Wenn ich anfange, ihn zu drängeln, zeigt er mir, wo meine Grenzen sind. Er bringt mir bei, daß *er* das (Entwicklungs-)Tempo bestimmt und nicht ich. Daß ich nicht mehr Selbständigkeit von ihm verlange, als er mit seinen zehn Monaten leisten kann, dankt mir Konstantin. Er ist bester Laune und mit ganzem Herzen noch Baby, hängt an meinem Rockzipfel und nuckelt an seiner Flasche. Und eines Tages kommt er selber auf den Trichter, wie er den Löffel zu halten hat. Ein toller Erfolg! Er strahlt mich an: »Das habe ich selber gewollt! Jetzt habe ich kapiert, was du mir seit Wochen vorgemacht hast.« (C. N.)

Sprache: keine Schwierigkeiten mit der Verständigung

Gegen Ende des neunten Monats verständigen sich Kind und Eltern immer besser miteinander: klarer und deutlicher vor allem in Zeichensprache, mit Hilfe von Gestik und Mimik. Einige Beispiele:

- Arme ausstrecken heißt: »Ich habe Sehnsucht nach dir!«
- Kopf schütteln heißt: »Ich will nicht, nein!«
- In die Hände klatschen besagt: »Ich freue mich!«

Begleitet von mehr oder weniger temperamentvollem Mienenspiel und von Gebärden singen Kind und Mutter (oder Vater) Duette aus ganz unterschiedlichen Lauten

Oft kombiniert das Kind jetzt Laute und Gesten, um seinen Willen auszudrücken: Es drängelt, streckt die Arme aus, fuchtelt damit herum, murmelt und mauzt. Seine Eltern versuchen mit einiger Phantasie – und auch da werden sie immer perfekter – diesen Wunsch zu erraten. Wehe, wenn sie falschliegen. Seinen Unmut tut das Baby auch in diesem vorsprachlichen Stadium deutlich kund: Es runzelt die Stirn, macht eine Schnute oder setzt seine ganz privaten Wut-Gebärden ein.

Eltern und Kind entwickeln gemeinsam eine Gestensprache, die sie durch Singsang ergänzen, und die die Erwachsenen durch Worte begleiten.

Wieso wissen Eltern so genau, was ihr Kind ihnen sagen will?

Babys arbeiten daran, ihre Silben und Vokale zu modulieren. Weil sie ihr Kind genau beobachten und kennen, wissen Eltern, was es sagen will

Zuhörern, Zuschauern ist es ein Rätsel, wieso Eltern wissen, was ihr Baby ihnen vorkaspert, was es damit ausdrücken will und was es ihnen vorträllert. Oft kommen Eltern durch List zum Ziel. Sie bestimmen einfach selber, was die Gesten, was die Silben zu bedeuten haben – zum Beispiel:

- »Memmememem« und auf den Bauch hauen bedeutet:»Ich sehe ein Auto!«
- »Lala« und die Hand öffnen heißt: »Ich habe Hunger!«

Aus Erfahrung im Umgang mit ihrem Kind und weil sie viel Zeit mit ihm verbringen, können Eltern die Signale deuten, die ihnen ihr Kind gibt. Intuitiv versuchen sie, die Stimmung zu erfassen, die in den Lauten mitschwingt, in der Mimik und Gestik, und immer häufiger liegen sie richtig mit ihrer Annahme: Das Baby kann sich nicht nur zunehmend besser ausdrücken, die Familie ist inzwischen auch ein bestens eingespieltes Team. Man versteht sich.

Die Silbenketten, die das Baby spricht, verändern sich. Nicht länger im Stakkato kommen die Silben, sondern wie eine Melodie reihen sie sich nun rhythmisch aneinander. Ganz begeistert von seiner Singsang-Sprache, spielt das Baby mit seinen Silbenketten. Bababa – hoch und tief, langsam und schnell; in Intonation und Melodie ähnelt der Singsang zunehmend der Muttersprache. Das Baby brabbelt nicht mehr irgendwelche Laute vor sich hin, sondern reduziert sich auf das Lautrepertoire, das es täglich hört. Es ahmt seine Muttersprache immer perfekter nach. Besonders, wenn sich das Baby wohl fühlt, spielt es mit seinen Tönen, Vokalen, Silben – zum Beispiel schnalzt und singt es beim Spielen.

Gedankenspiele machen dem Baby Spaß

Klopfen und Klappern, Schütteln und Schlagen – die simplen Spiele werden manchem Baby langsam zu eintönig. Es will richtige Experimente machen, ein Ziel vor Augen haben und ein Ergebnis feststellen. Kleine, einfache Aufgaben zu lösen, traut sich in der Regel ein Baby in diesem Entwicklungsstadium schon zu.

Etwa vom neunten Monat an stellt sich ein Baby immer anspruchsvollere Denkaufgaben – manche allerdings schon früher, andere später

Vor dem Kind liegt zum Beispiel eine Stoffpuppe. Das Baby muß sich anstrengen, um sie zu erreichen. Hauruck – mit viel Energie robbt es seinem Ziel entgegen, stolz wie Oskar, wenn es die Puppe erreicht. Es wirft die Puppe unters Sofa und krabbelt zum Sofa, um sie wieder zu holen. Das Baby begreift langsam, daß ein Ding weiter existiert, selbst wenn es nicht mehr zu sehen ist. Ein weiters Beispiel: Wirft das Kind einen Brothappen vom Tisch – was fast alle Babys in dieser Phase mit Begeisterung tun –, dann weiß es, daß der Krümel unterm Tisch liegt.

Was Eltern manchmal als »Sag mal, willst du mich eigentlich ärgern?« interpretieren, wenn ihr Baby den Löffel zum zehnten Mal vom Tisch pfeffert, ist kein Ärgern, sondern Forschen, die Welt Begreifen

Weil das Baby seine Bewegungen immer besser mit seinem Willen kontrollieren kann, wird es fähig, ein Spiel zu wiederholen, das es gelernt hat:

- Es stößt ein Holzauto an, das Auto rollt davon. Es wiederholt dann das Spiel.

Immer noch heißt die Devise: lernen durch Nachahmen

Der nächste, schwierigere Schritt in der Entwicklung: Das Baby ahmt ein Spiel nach, das ihm ein anderer vor-

Das Zusammenspiel mit anderen wird zunehmend interessanter

macht. Ein Erwachsener stößt ein Holzauto an, das Auto rollt davon. Das Baby stößt anschließend das Holzauto an, das Auto rollt davon.

Schließlich kann das Baby Spiele wiederholen, die es nicht gerade, vor einer Minute, gesehen hat, sondern vor mehreren Stunden: Das Holzauto wird wieder hervorgekramt, das Kind läßt es rollen. Der Stoffteddy wird auf den Arm genommen und zärtlich gestreichelt. Dieses Spiel hat sich das Kind vielleicht vor längerer Zeit beim älteren Geschwister abgeschaut.

Es läßt sich nicht präzise sagen, wann ein Baby zu solchen Spielen fähig ist; das hängt von seiner ganz persönlichen Entwicklung ab.

Nicht nur die Großen, auch die Kleinen blicken schon durch

Kinder nicht zum Mitspielen drängen. Viele haben jetzt schon eigene Vorstellungen, und da sollten sich Erwachsene möglichst nicht einmischen. Auch Babys haben schon was gegen Besserwisser

Weil ein Kind gegen Ende seines ersten Lebensjahres die einfachsten Vorgänge, die einfachsten Regeln durchschaut, hat es auch mit den einfachsten Spielregeln keine Schwierigkeiten mehr. Es versteht:

- Rollt mir der andere einen Ball zu, heißt das, ich soll tun, was er macht, und den Ball zurückrollen.
- Versteckt sich der andere hinter einem Sessel, bedeutet das, ich soll tun, was er macht, und mich auch hinter einem Sessel verstecken.

Ein anderes Spiel:

- Das Baby wird von seinem Mitspieler gesucht. Es kapiert daraufhin schnell: Auf das Suchen kommt es an. Also suche ich anschließend.

Wenn ein Baby diese einfachen Spiele aufnimmt, seinen Mitspieler nachahmt und sich mit ihm identifiziert, wird es in Zukunft fähig sein, sich selber das zu verschaffen, was ihm bislang noch ein anderer verschaffen mußte.

Krabbeln – ein großer Schritt nach vorn

Zwischen dem achten und zehnten Monat sitzen fast alle Babys in den Startlöchern: Auf die Plätze, fertig … Endlich, nach wochenlangen Vorübungen, klappt das Zusammenspiel zwischen Muskeln, Gliedern, Gehirn, das Baby legt los. Es krabbelt. Die ersten Krabbelversuche sind allerdings häufig kein Krabbeln, sondern ein Kriechen:

- Manche Babys ziehen sich bäuchlings wie die Robben nach vorn. (Nicht wenige Kinder verharren übrigens lange in diesem Stadium.)
- Andere schieben sich wie die Krabben zur Seite.

Von Kopf bis Fuß ganz bei der Sache, versucht das Baby seinen Körper anzuheben. Irgendwann gelingt das. Es stemmt sich aus der Bauchlage hoch, stützt sich auf Hände und Knie.

»Na siehst du, der erste Schritt ist geschafft!« Es tut gut, wenn einer applaudiert. Abgestützt auf Hände und Knie, schaukelt das Baby schließlich vor und zurück, immer wieder hin und her. Was unnütz aussieht, hat seinen Sinn: Es lernt, sein Gewicht zu verlagern. Ein Arm nach dem anderen, ein Bein nach dem anderen wird zum Krabbeln frei.

Die beste Startposition fürs Vorwärtskommen ist die Bauchlage. Manchmal kippt das Baby aber auch aus dem Sitzen nach vorne und krabbelt dann auf und davon

Jedes Kind hat seine eigene Art, vorwärtszukommen. Einige Beispiele, die diese Individualität zeigen:

- Normalerweise krabbeln Babys auf Knien und Händen abgestützt.
- Man muß sich aber nicht mit den Händen abstützen, sondern kann auch die Arme nehmen.
- Abgestützt auf Hände und Füße kommt man ebenfalls vorwärts.
- Selbst auf den Zehenspitzen und Armen stützt sich mancher ab.
- Wer gleichzeitig Arme und Beine bewegt, gleicht beim Krabbeln einem Frosch.

Übrigens fällt den meisten Babys das Rückwärtskrabbeln am Anfang leichter als das Vorwärtskommen.

Neue Dimensionen tun sich auf, wenn man endlich richtig vom Fleck kommt. Jetzt liegt die Welt offen vor einem. Alles ist zu erreichen

Erste Krabbelerfahrungen

Oft ist das Baby wütend, weil es nicht schnell genug vorankommt, weil es nicht vorwärts, sondern rückwärts krabbelt

- Selbst wenn es seinen Radius bisher schon durch geschicktes Hin- und Herrollen erweitern konnte, ergeben sich durch das Krabbeln neue Dimensionen. Das Baby kann sich ein Ziel setzen und dieses Ziel exakt ansteuern.
- Beim Krabbeln begreift das Kind, was ein Raum ist. Es lernt, sich selbst nach vorn oder nach hinten zu dirigieren, nach links oder rechts; es lernt, Entfernungen einzukalkulieren; es lernt, Hindernisse einzuschätzen.

Ganz wichtig für jedes Kind: das Mut-Machen durch einen Erwachsenen, das Anfeuern durch die Eltern. Schritt für Schritt holen sie ihr Kind aus seiner Hilflosigkeit heraus:

- Die Mutter streckt ihm die Hand entgegen.
- Der Vater legt den Ball in Reichweite, usw.
- Der Vater lobt seinen Sohn oder seine Tochter, wenn das angesteuerte Ziel erreicht ist, gibt ihm oder ihr einen Kuß.
- Die Mutter lacht dem Kind aufmunternd zu, wenn es versucht, über ein Kissen zu krabbeln.

Wie aus dem Krabbeln das Laufen wird, steht auf Seite 258

Natürlich tut es einem Baby gut, von »außen« gelobt zu werden: »Hast du gut gemacht!« Die innere Freude an der Leistung, das Bravo, das es sich selbst spendet, ist jedoch der noch wichtigere Antrieb, die nächsten Hürden zu nehmen.

Manche Babys denken nicht daran, sich krabbelnd die Welt zu erobern. Sie stärken ihre Muskeln und üben das Koordinieren durch andere Turnübungen: Hier ein bißchen Kullern, da ein bißchen Aufstützen. Und eines Tages stehen sie auf und laufen davon. Natürlich fehlt ihnen dann einiges an Raumerfahrung; die meisten Babys holen dieses Defizit aber schnell auf. Also kein Grund zur Sorge, wenn das Kind partout nicht krabbeln will.

Übrigens: Erst wenn es krabbeln kann, schafft das Baby es auch aus eigener Kraft, sich hinzusetzen.

Braucht ein Baby Schuhe?

In der Krabbelphase werden häufig die ersten Schuhe gekauft – sind sie überhaupt nötig? Einige Stichpunkte zum Thema Schuhe und Füße:

- »Lauflern-Schuhe« müssen nicht sein. Um sich gesund zu entwickeln, brauchen Füße so viel Bewegung wie möglich. Schuhe sind als Schutzhülle für die Füße gedacht, als Schutz vor Kälte, Nässe, Verletzungen. Solange das Baby in der Wohnung herumkrabbelt, braucht es diesen Schutz nicht. Ein Tip zum ersten Schuhkauf: Schuhe müssen nicht nur in Länge und Breite passen, sondern auch weich sein.
- Wenn die Wohnung mit Teppichboden ausgelegt ist, kann sich das Baby in Strümpfen bewegen. Die halten warm, engen die Füße jedoch nicht ein.

Übrigens haben alle Babys Plattfüße. Darüber muß sich niemand Gedanken machen. Das wächst sich mit der Zeit aus.

Babyschuhe sind manchmal als Schutz gegen Kälte und Regen zu gebrauchen

Oft geht dem Baby seine Entwicklung selbst zu schnell

Im Krabbelalter traut sich ein Baby im allgemeinen eine Menge zu. Auf und davon, heißt seine Devise (mit den Eltern als Sicherheit im Hintergrund). Den meisten Kindern, vor allem den aktiven, besonders temperamentvollen, ist aber irgendwann ihr Ungestüm in der Entwicklung selber nicht mehr geheuer.

- Einerseits drängen sie zwar vorwärts, wollen Neues erforschen, Experimente machen. (Jetzt traue ich mich bis zur Treppe vor!)
- Andererseits ist aber auch eine gewisse Angst vorm Risiko da und der Wunsch, in dem erreichten Status zu verharren, nach dem Motto: Herumkullern reicht mir, was soll ich krabbeln …

Manches Kind neigt sogar dazu, auf eine schon überwundene Entwicklungsstufe zurückzukehren.

Manchmal müssen Babys einfach mal eine »Entwicklungspause« zum Verschnaufen einlegen, dann rührt sich nicht viel. Kein Grund zur Beunruhigung: Der nächste Entwicklungsschritt folgt bestimmt

Im einen Moment ist ein Baby auf stürmischem Eroberungskurs, im nächsten gibt es sich hilfloser, als es ist, und will wieder das ganz kleine Baby sein. Der Drang zum Vorwärtskommen überwiegt allerdings auf die Dauer: Das Baby entwickelt sich weiter.

Entwicklung: einige Daten zur Orientierung

Ende achter Monat:

Die wichtigsten Entwicklungsdaten in einem Tagebuch festhalten: sinnvoll und eine Freude. Damit alles in Erinnerung bleibt für spätere Zeiten

- Das Baby patscht auf sein Spiegelbild.
- Es kann mit jeder Hand ein Spielzeug greifen.
- Es trinkt aus dem Becher, wenn man ihn ihm hält.
- Es erkennt Gegenstände an Form und Farbe.
- Es steht, wenn man es festhält.
- Es beginnt, sich für leise Geräusche zu interessieren. Es fängt zum Beispiel an, sich auf das Ticken eines Weckers zu konzentrieren. Manche Kinder haben allerdings auch keinerlei Spaß an solchen Spielen.

Ende neunter Monat:

- Das Baby versucht, sich einen Socken auszuziehen. Manche Kinder beschäftigen sich immer wieder mit diesem Spiel, andere läßt es dagegen ganz kalt.
- Es sitzt bereits so sicher, daß es sich im Sitzen umschauen kann.
- Es kann sich aus dem Sitzen nach vorn beugen, um sich ein Spielzeug zu holen, und verliert dabei nicht mehr in jedem Fall die Balance.

Ende zehnter Monat:

- Das Baby hält zwei Sachen in einer Hand.
- Es klopft mit einem Spielzeug, das es mit der rechten Hand hält, auf eines, das es in der linken hält.
- Es beginnt sich für sehr kleine Gegenstände zu interessieren.

Zu genau dürfen diese Daten nicht genommen werden. Manche Babys entwickeln sich schneller, andere wesentlich langsamer. Beides ist normal.

Eine gute Zeit für Turnspiele

Sich bewegen aus Spaß an der Bewegung, bewegt werden ohne Zweck und Nutzen – damit vertreibt sich ein Baby gerne seine Zeit. Gerade in dem Stadium, da es seine Bewegungen immer besser zu steuern lernt, genießt es Tobespiele. Ein paar Spielvorschläge:

Wenn die Erwachsenen zu ihm hinunter auf den Teppich kommen, ist ein Baby selig: Endlich jemand da, mit dem man spielen kann

- *Wackelpeter:* Das Baby sitzt auf den Knien. Man hält es an den Händen fest, wackelt mit den Knien erst sanft, dann heftiger hin und her. Dieser Tempowechsel beim Wackeln kommt meist gut an.
- *Rutschbahn:* Das Baby sitzt im Sessel, lehnt sich an. Man kniet vor dem Sessel, zieht es an den Füßen zu sich ran. Langsam rutscht das Kind aus dem Sessel auf den Schoß.
- *Wettlauf:* Während das Baby krabbelt, krabbelt man mit; erst neben, dann hinterher und schließlich gemeinsam mit ihm: Kind unten, Mutter oder Vater darüber.
- *Schubkarre:* Das Baby liegt bäuchlings auf dem Boden. Man zieht es vorsichtig an den Beinen hinter sich her.
- *Dauerlauf:* Man nimmt das Baby auf den Arm und rennt mit ihm durchs Zimmer. Je enger die Kurven, die man nimmt, je flotter das Tempo beim Laufen, desto größer das Vergnügen für das Kind, desto begeisterter sein Jauchzen.

Sicherheit wird jetzt groß geschrieben!

Die Neugier eines Babys ist grenzenlos. Kaum fängt es an zu krabbeln, geht es auf Entdeckungsreise. Die Wohnung wird zum Abenteuerspielplatz; es gibt nichts, was nicht interessant wäre, was nicht angefaßt und in den

Wenn das Baby in Bewegung kommt und kreuz und quer durch die Wohnung krabbelt, wird es gefährlich. Die Wohnung sollte kindersicher gemacht werden

Mund genommen werden müßte. Für viele Eltern beginnt nun der Dauerstreß. Ständig sind sie hinter dem Baby her, ständig in der Angst, es könne etwas Giftiges in den Mund stecken, etwas Wertvolles zerbrechen, sich die Finger irgendwo einquetschen oder vom Stuhl fallen. Wichtig ist vor allem, daß Dinge, die dem Baby tatsächlich Schaden bringen können, nicht in seine neugierigen Hände geraten können – zum Beispiel:

- Zigaretten, Tabak (schon in kleinen Mengen tödlich für Babys), Alkohol,
- Medikamente, Reinigungsmittel,
- scharfe und spitze Gegenstände (Messer, Scheren, Stricknadeln),
- brennende Kerze,
- Gefäße mit heißer Flüssigkeit,
- kleine Dinge (zum Beispiel Hemdenknöpfe, Reißnägel usw.),
- Plastiktüten (sie sollten immer so aufbewahrt werden, daß kleine Kinder sie nicht in die Hände bekommen können. Sie stülpen sie sich allzu gern über den Kopf und können daran ersticken),
- elektrische Geräte nie angeschlossen herumliegen lassen.

Außerdem sollten

- Steckdosen und Herd gesichert werden (mit einem entsprechenden Gitter). Auf jeden Fall sollten Stiele von Pfannen und Töpfen immer nach innen gedreht sein, wenn gekocht wird,
- keine giftigen Pflanzen in Reichweite des Kindes stehen,
- Kühlschrank und Tiefkühlschrank für das Baby nicht erreichbar sein.

Es ist sinnvoll, dem Kind immer wieder – jetzt schon, ruhig und mit Geduld – zu sagen, was ihm gefährlich werden kann und warum. Zwar versteht es die Erklärungen noch nicht, lernt jedoch frühzeitig, daß diese Regeln ernstgemeint sind, und irgendwann wird es sie auch Punkt für Punkt verstehen. Je konsequenter Eltern frühzeitig Grenzen setzen, desto eher akzeptiert sie das Kind.

Natürlich kann man eine Wohnung weitgehend von A bis Z babysicher machen. Das verleitet Eltern aber gleichzeitig dazu, ihr Baby über längere Zeit aus den Augen zu lassen, und das kann letztlich gefährlich werden: Vielleicht findet es nämlich doch noch eine Nähnadel in der Sofaritze oder angelt sich den Aprikosenkern aus dem Papierkorb.

Der Laufstall – nicht geeignet für längere Aufenthalte

In puncto Sicherheit mag ein Laufstall empfehlenswert sein, er engt die Bewegungsmöglichkeiten eines Kindes jedoch beträchtlich ein. Vernünftigerweise wehren sich viele Kinder mit Geschrei gegen diesen Käfig. Sie wollen nicht eingesperrt werden! Andere finden sich scheinbar mit diesem Gefängnis ab, reagieren auf Dauer jedoch aggressiv oder trübsinnig. Für kurze Zeit, wenn es zum Beispiel klingelt oder wenn man schnell mal in den Keller flitzen will, ist das Baby darin sicher untergebracht. Aber es ist die Frage, ob man nur dafür einen Laufstall aufstellen sollte! Steht er da, ist die Verführung groß, das Baby häufig dort abzustellen.

Der Laufstall: Für Kurzaufenthalte geeignet – wenn das Telefon klingelt oder der Postbote eine Unterschrift haben möchte

8. Kapitel
Das Ende des ersten Jahres: Das Baby macht sich auf die Beine (11. und 12. Monat)

Über Kindererziehung streiten wir uns wie nie zuvor

Mein Sohn Jacob erzieht mich; er zeigt mir, wo's langgehen soll. Und obwohl ich schon immer wußte, daß ich zu nachgiebig bin, nur ungern nein sage und die Dinge am liebsten laufen lasse, habe ich erst durch meinen Sohn gelernt, welche Konsequenzen eine solche Haltung haben kann. Bisher habe ich gut damit gelebt und bin nirgends angeeckt. Nun stellt mich Jacob auf die Probe: Er tanzt mir so lange auf der Nase herum, bis er endlich das »Nein!« bekommt, das er braucht. Es ist ein langwieriger Lernprozeß: Es fällt mir schwer, klare Grenzen zu setzen, eigene Bedürfnisse wahrzunehmen. Dadurch weiß Jacob nicht, woran er ist und reagiert mit immer neuen Forderungen:
»Mal sehen, wie weit ich gehen kann; mal sehen, ob sie noch weiter auf mich eingeht, obwohl sie längst keine Kraft mehr dazu hat; mal sehen, ob ich sie nicht doch dazu kriege, mir alles abzunehmen.« Erst viel zu spät fange ich an zu jammern: »Jacob, ich kann nicht mehr, jetzt laß mich endlich in Ruhe!« Er nimmt mich nicht ernst, wenn ich klage; erst wenn er klare Anweisungen bekommt, reagiert er.
Hinzu kommt, daß auch mein Mann mir zusetzt: »Du erziehst unseren Sohn zu einem Tyrannen! Du bist wie eine Gummiwand, die immer nachgibt – der Kerl braucht doch mal einen Widerstand!« Je mehr ich Jacob erlaube, desto strenger wird der Vater: »Einer muß ihn schließlich erziehen!« Unversehens wird er zur autoritären Instanz in der Familie und beklagt sich gleichzeitig, daß er zu kurz kommt: »Darf denn dieses Kind wirklich alles? Laß ihn

doch mal fünf Minuten quengeln, ich möchte auch mal einen Satz zu Ende sagen dürfen!« Doch anstatt ihm zuzuhören, gehe ich zum Gegenangriff über: »Wir brauchen keinen Patriarchen in der Familie! Spiel mehr mit deinem Kind, statt es zu beschimpfen!«

Wir haben uns früher selten gestritten, nun aber um so häufiger, und immer geht es um das Kind. Allmählich wird uns bewußt, daß jeder viele Seiten des anderen überhaupt nicht kennt und daß das Kind nur einen Anlaß bietet für unsere Kräche: Meinem Mann hat meine nachgiebige Art schon immer etwas mißfallen. Doch erst jetzt, da er glaubt, sein Kind davor in Schutz nehmen zu müssen, kommt es zum Eklat. Auch ich hatte schon immer etwas gegen die herrischen Seiten seiner Persönlichkeit, aber ohne mich dagegen zur Wehr zu setzen. Schon längst hätten die Unterschiede zutage treten können, wenn wir es zugelassen hätten. Doch die Scheinharmonie war uns lieber, bis Jacob uns dann auf die Probe stellte. Es donnerte im Ehehimmel, und das war ein Segen.

Wir setzen uns endlich mit unserer jeweiligen Vergangenheit auseinander, entdecken auf einmal, was wir aus unseren eigenen Kindheitserfahrungen mit in unsere Familie gebracht haben. Natürlich ist mein Mann ganz anders aufgewachsen als ich; kein Wunder, daß unsere Lebens- und Erziehungsvorstellungen auseinanderklaffen. Mittlerweile haben wir uns weiter mit diesem Thema beschäftigt, haben miteinander geredet, und die Ergebnisse sind nicht schlecht: Seitdem ich mich bemühe, konsequenter zu sein und eindeutiger in meinen Aussagen, dankt es mir Jacob mit größerer Ausgeglichenheit und mein Mann damit, daß er sanfter auftritt und unserem Sohn gegenüber geduldiger ist. Natürlich bleiben wir trotz allem sehr gegensätzliche Persönlichkeiten – doch unsere Kinder scheinen damit weniger Schwierigkeiten zu haben als wir.

Konstantin hat das Glück, daß die fast unversöhnlichen Kräche vor seiner Zeit liegen – möge er davon profitieren!

(C. v. S.)

Streit ums Kind – das kennen alle Eltern

Was – wenn die Erziehungsvorstellungen der Eltern auseinanderklaffen?

Ein Kind ist in jeder Partnerschaft auch eine Belastungsprobe. Nicht nur, daß Eltern jetzt weniger Zeit füreinander haben – auch ungeahnte Charakter- und Verhaltensunterschiede prallen plötzlich aufeinander. Bisher konnten die Partner darüber schmunzeln, wenn die Frau zum Beispiel ihre typische Ängstlichkeit an den Tag legte und der Mann seinen Perfektionismus (oder umgekehrt). Nun entpuppen sich die Unterschiede als existentiell, denn es geht um das Kind: Mit ihren Ängsten behindert die Mutter die Entwicklung des Kindes, seine Selbständigkeit – behauptet der Mann. Mit seinem Hang zur Vollkommenheit setzt der Vater Kind und Mutter unter Druck: »Albere doch nicht nur herum, wenn du mit dem Kind spielst; es soll dabei auch etwas lernen!« Der Krach ist vorprogrammiert.

Perfektionistisch, nicht ganz so perfektionistisch – unterschiedliche Lebensauffassungen der Partner werden in der Anfangsphase mit Kind besonders deutlich

Die Eltern dachten, sie hätten sich schon zusammengerauft – nun fangen sie noch einmal von vorne an. Je weniger sie sich bisher mit den befremdlichen Verhaltensweisen des anderen auseinandergesetzt haben, desto heftiger werden die Meinungsverschiedenheiten jetzt sein, denn nun gelingt es nicht mehr, sie unter den Teppich zu kehren. Also müssen Eltern spätestens jetzt den Mut aufbringen, nicht nur über ihr Kind zu reden, sondern über ihre Beziehung, ihre Kindheit und die Vorstellungen, mit denen sie aufgewachsen sind. Es geht darum, sich damit auseinanderzusetzen, daß sie zwei ganz verschiedene Persönlichkeiten sind, und zu versuchen, das Anders-Sein des Partners zu akzeptieren.

Wenn der Haussegen in der Familie über längere Zeit schiefhängt, neigen Eltern dazu, sich in verschiedene Ecken zu verkriechen. Häufig sieht das so aus: Die Mutter erledigt die Arbeit im Haushalt und alles, was mit dem Baby zu tun hat, zunehmend allein und entweder wütend oder mit gekränkter, leidender Miene. Sie fühlt sich zutiefst unverstanden. Der Vater zieht sich aus dem Familienleben immer mehr zurück und konzentriert sich vermutlich auf den Beruf. Die alte Rollenverteilung schleicht sich wieder ein: Die Mutter hat zu Hause das Sagen, der Vater außer Haus. Von wirklicher Partnerschaft keine Spur mehr. Da ist es natürlich besser, sich ausgiebig zu streiten und den anderen wissen zu lassen, was einen stört und welche Veränderung man erwartet. Etwa so:

»Ich bin enttäuscht, daß du mich mit dem Baby und der Arbeit alleine läßt. Ich möchte mit dir besprechen, wie wir uns die Arbeit teilen können, damit wir mehr Zeit füreinander haben. Außerdem möchte ich dir zeigen, wie du mit dem Baby Spaß haben kannst ...«

»Ich habe das Gefühl, in diesem Haus überflüssig zu sein. Seitdem das Baby da ist, werde ich links liegengelassen. Ich möchte auch mal das Baby baden oder mit ihm spielen. Außerdem will ich endlich mal wieder mit dir allein sein.«

Natürlich liegen die Probleme in jeder Familie anders, doch eines haben die meisten Paare gemeinsam: Es fällt ihnen schwer, sich miteinander auszusprechen, ohne sich gegenseitig mit Vorwürfen zu überhäufen. Deswegen lohnt es, sich einige Stichpunkte aufzuschreiben: Warum läuft so vieles schief? Was will man anders machen?

Erste Verbote – kann man mit einem Baby streiten?

Wenn ein Baby anfängt, sich selbständig zu machen, und mit wachsender Kraft versucht, seinen Willen durchzusetzen, bemühen sich Eltern zum ersten Mal, klare Grenzen zu setzen. Doch so einfach ist es nicht, einen solchen Vorsatz in die Praxis umzusetzen, vor allem, wenn es darum geht, auch konsequent zu sein. An einem Tag wird dem Baby alles Mögliche erlaubt, am anderen verbieten ihm die Eltern das, was es gestern noch durfte. Denn Eltern sind nicht immer gleich aufgelegt: Fühlen sie sich wohl und ausgeglichen, darf das Kind den ganzen Inhalt der Schublade auf den Boden ausleeren

Wer sich selbst mal beobachtet, wenn er mit seinem Baby redet, hört, wie inkonsequent er oder sie oft ist

Wenn sie ihrem Kind Verbote erklären, kontrollieren sich Eltern gleichzeitig: »Ist das wirklich nachzuvollziehen, was ich hier erzähle – macht das Sinn?«

und die Zeitung in tausend Schnipsel zerreißen. Sind sie erschöpft und gereizt, heißt es: »Nein, heute nicht!« Passiert das allzu häufig, ist das Kind natürlich verwirrt. Es bekommt kein Gefühl dafür, was Vater und Mutter wirklich von ihm wollen, kann auch nicht lernen, zu »folgen«, weil ihm die Orientierung fehlt. Spätestens jetzt überlegen sich die Eltern ernsthaft, was sie ihrem Kind verbieten wollen und was nicht. Folgende Anregungen können ihnen dabei behilflich sein:

- Nicht zuviel verbieten. Nur was für das Baby gefährlich ist oder für die Eltern kostbar, ist tatsächlich »tabu«. So fällt es den Erwachsenen leichter, konsequent »nein« zu sagen und auch zu erklären, warum sie das Verbot aussprechen:
»Nein, nicht zum Herd robben, sonst tust du dir weh. Denn der Herd ist heiß!«
»Nein, nicht am Tisch hochziehen, denn auf dem Tisch steht eine Kanne mit heißem Tee. Fällt die Kanne um, verbrüht dich der Tee und das tut weh!«
Natürlich versteht ein Baby diese Begründungen noch nicht, nimmt jedoch wahr, wie ernst es seinen Eltern mit ihrem Verbot ist. Je schwerer es fällt, ein Verbot zu erklären, desto weniger stichhaltig ist es meistens.
- Haben Eltern an einem Tag weder Zeit noch Lust, hinter ihrem Kind herzuräumen, tun sie ihm und sich einen Gefallen, wenn sie von vornherein eine Beschäftigung anbieten, die wenig Unordnung verursacht. So ersparen sie sich Ermahnungen, die ein Baby sowieso nicht verstehen kann, und müssen nicht eingreifen.
- Das Kind nicht gleich ablenken, wenn ihm etwas verboten wird: Ist es dabei, eine CD aus der Hülle zu reißen, lernt es eher, warum es das nicht soll, wenn ihm die Eltern die Platte aus der Hand nehmen und in ernstem Ton darüber reden, als wenn sie ihm wortlos als Ersatz sofort ein neues Spielzeug in die Hand drücken. Zwar protestiert das Baby sicher lautstark; es beruhigt sich aber wahrscheinlich schnell wieder, wenn man sich mit ihm beschäftigt.
- Das Kind möglichst viele Erfahrungen machen lassen,

durch die es etwas lernt und die es sichtlich genießt – auch wenn sie den hygienischen oder ästhetischen Vorstellungen der Eltern nicht ganz entsprechen. Warum soll ein Kind nicht mit dem Löffel im Brei manschen? Das Experiment macht ihm Spaß; außerdem lernt es so, mit dem Löffel umzugehen (siehe Seite 220). Warum nicht unters Sofa robben, selbst wenn es dort mit ein paar Staubfusseln in Berührung kommt? Wichtig ist, daß es forschen und erkunden darf.

- Sich in die Versuche des Kindes, etwas Bestimmtes zu erreichen, möglichst nicht einmischen: Ein ständiges »Paß auf!« oder »Vorsicht!« nervt nicht nur, sondern verunsichert ein Kind nur, bremst es in seiner Entdeckerfreude.
- Keinen Druck ausüben. Jedes Kind hat seinen eigenen Rhythmus. Es will seine eigenen Möglichkeiten ausnutzen, weil es Freude daran hat und nicht den Erwachsenen zuliebe. »Damit machst du Papi eine Freude!«
- Und noch eines: Nicht das Kind strafen, wenn es etwas »verbrochen« hat. Daraus lernt das Baby gar nichts. Weder Auf-die-Finger-Klopfen noch Sich-Abwenden oder Böse-Sein (Liebesentzug) sind geeignete Mittel. Schimpfen ist sicherlich auch nicht die richtige Methode, einem Baby zu zeigen, wo's lang geht. Besser: Nachdrücklich und ernst mit dem Baby zu reden, es geduldig zu ermahnen, bringt mit der Zeit den gleichen Effekt. Das Baby lernt: Hier kann ich meinen Kopf nicht durchsetzen. Auf diese Weise komme ich nicht weiter.

Das Loben übrigens nicht vergessen, denn ein Baby ist von Lob sehr abhängig. Lob heißt allerdings nicht Belohnung: »Wenn du lieb bist, gibt's einen Keks!«

Für junge Eltern eine ganz neue Erfahrung: Gar nicht so einfach, sich mit einem Kind auseinanderzusetzen – auch nicht mit einem Baby. Manches Baby zeigt jetzt schon, daß es das Zeug zum Dickkopf hat

Wenn andere sich in die Erziehung einmischen

Nur allzuoft wissen Verwandte, Freunde und sogar die Nachbarn oder völlig Unbekannte auf der Straße genau, was Vater oder Mutter mit ihrem Kind falsch machen

Kritik kommt oft von allen Seiten – ganz egal, was man tut. Junge Eltern schaffen sich am besten rasch eine dicke Elefantenhaut an oder klappen ihre Ohren einfach zu

und wie sie es besser machen können: »Laß doch den kleinen Tyrannen mal ein Weilchen plärren, das tut ihm nur gut!« Oder: »Wie können Sie denn Ihr Kind so schreien lassen, sehen Sie denn nicht, daß ihm etwas fehlt?« Manchen ist das Baby zu verwöhnt, andere wundern sich, warum es nur so kurz gestillt wurde; wieder andere empören sich, daß es sich ungehindert Sand in den Mund stopfen oder beim Essen den Finger in den Brei tauchen darf.

Eltern können machen, was sie wollen, irgendwo stoßen sie immer auf Kritik. Und das ist lästig. Denn Eltern identifizieren sich stark mit ihren Kindern, so daß allzu häufige Einmischungen in ihre Erziehung sie bloß unsicher oder wütend machen. Vermutlich reagieren sie auch deshalb so empfindlich, weil sie den Anspruch haben, als Eltern perfekt zu sein. Vor allem aus der »Mutterrolle« wird immer wieder eine Ideologie gemacht, die Mütter bisweilen gegeneinander verwenden, um eigene Zweifel zu verdrängen. Da hilft nur eines: sich aus diesem unguten Kreislauf heraushalten und sich gleichzeitig jede ungebetene Bevormundung und Kritik verbitten. Gerade wenn sie Kinder haben, sind Frauen auf die Solidarität anderer Mütter angewiesen, auf ihre Bereitschaft, offen zu sein, ohne zu verletzen.

Ganz schön selbstbewußt, das Kind

Der eigenen Person wird sich ein Baby in seinem zweiten Lebenshalbjahr ganz langsam bewußt

Für manchen ist ein Baby ein fernes Wesen. Jetzt, gegen Ende des ersten Lebensjahres ändert sich diese Einstellung: Das Kind ist groß geworden, wird sich langsam seiner selbst bewußt. Es beginnt die Regeln zu verstehen, die in unserer Gesellschaft gelten. Es wächst in diese Gemeinschaft hinein. Was es auch tut (ob es sprechen, denken oder laufen lernt) – alles läuft auf ein Ziel hinaus: Ich will dazugehören. Ich will einer von euch sein. Und in Maßen kann ein Baby nun auch schon mithalten, denn es wird ja langsam bereits ein Kleinkind.

Um selbständig zu werden, muß sich ein Baby an einen oder mehrere Menschen binden. Es spiegelt sich in anderen und entwickelt langsam ein Ich-Gefühl: Ich bin da, mich gibt's! Weil Menschen für seine Entwicklung wesentlich sind, beschäftigt es sich mit ihnen wesentlich lieber als mit Dingen. Es guckt sich beim Spielen mit anderen, beim Beobachten der anderen die Regeln ab, die den Umgang miteinander bestimmen. Es lernt auf diese Weise, seine eigenen Gefühle immer differenzierter auszudrücken. Es kann überrascht, freudig, traurig, zornig, ängstlich, scheu, neugierig, selbstbewußt reagieren. Je besser es die Umgangsformen beherrscht, desto selbstbewußter wird es. Fasziniert stellt es fest: Ich kann einiges geschehen lassen.

Rot vor Wut, zitternd vor Zorn

Besonders temperamentvolle Babys neigen zu Wutausbrüchen, über die Eltern nur staunen können – noch so klein und doch schon außer sich vor Zorn

Weil ein Baby seinen eigenen Kopf hat, will es ihn auch gebrauchen, es will mit dem Kopf durch die Wand: »Ihr könnt mir hundertmal sagen, daß dies und das nicht möglich ist! *Ich* bin *ich*, ich will selber ausprobieren, wie weit ich gehen kann!«

Eine typische Wut-Arie, wie sie ähnlich viele Eltern eines elf, zwölf Monate alten oder älteren Babys erleben: Auf dem Sofa liegt eine Brille. Das Kind sieht die Brille, will sie sich holen. Kein »Nein!« hält es auf und auch keine Erklärungen. Es krabbelt aufs Sofa, um sich die Brille zu holen. Seine Mutter nimmt daraufhin die Brille und legt sie zur Seite. Jetzt ist der Ofen aus. Jetzt wird Zeter und Mordio gebrüllt, mit geballten Fäusten auf den Boden getrommelt und auch mit dem Kopf.

Aus der Distanz betrachtet, ist ein Baby, das in Rage gerät, umwerfend komisch. Steckt man jedoch mitten drin im (Macht-)Kampfgetümmel, vergeht einem das Lachen; man ist hilflos und oft ebenso zornig wie das Baby: »Nun aber Schluß mit dem Theater!«

Wie kommt es zu solchen Wut- und Trotzausbrüchen?

Auf dem Weg Richtung Selbständigkeit bekommt ein Baby oft Angst vor der eigenen Courage

Das Kind entdeckt, daß es eben doch nicht mit dem Kopf durch die Wand kommt, daß da Grenzen sind. Einem echten Dickkopf fällt es schwer, das zu schlucken. Er ist enttäuscht, daß er seine Bedürfnisse nicht selber befriedigen kann und daß niemand bereit zu sein scheint, ihm seinen Wunsch zu erfüllen. Häufig treten diese ersten Wutanfälle ganz plötzlich, aus heiterem Himmel auf oder aus nichtigem Anlaß (aus Sicht der Erwachsenen). »Schlimm« sind Wutanfälle auf keinen Fall, sondern etwas ganz Normales: Das Baby möchte schon selbständiger sein, als es ist.

Woher kommt diese Wut?

Folgender Mechanismus findet statt: Die Hirnzentren werden durch Reize der Sinne erregt. Die Hirnrinde steuert, ob, in welchem Maße und wann ein Mensch wütend auf diese Reize reagiert. Für Eltern ist nicht die Ursache, sondern der Umgang mit der Wut ihres Kindes das akute Problem. Sie müssen versuchen, dieses jähzornige Wutbündel zu bändigen, das strampelnd auf den Boden eindrischt, und das ist alles andere als einfach. Daß hinter solch einem Gefühlsausbruch viel innere Energie steckt, viel Spannung, ist nicht zu übersehen.

Wie kann man einem Baby helfen, das mit seiner Wut kämpft?

Punkt 1: Nicht wütend werden.
Punkt 2: Den Konflikt nicht hochschrauben, sondern mildern.
Punkt 3: Nicht lange erklären, denn ein wütendes Kind hört nicht zu.
Es tut einem Kind gut, wenn es seine Wut austoben darf. Dann ist der Dampf raus. Nimmt man es nach einem Wutanfall in die Arme, wiegt man es sanft, glätten sich

Ein Trost für geplagte Eltern: Gerade die besonders pfiffigen Kinder wollen die Grenzen austesten, die ihnen die Erwachsenen setzen

die Wogen schnell wieder. Das Baby atmet auf, das harte Schluchzen verstummt.

Noch einmal zurück zum Machtkampf: Gerade jetzt, wenn sich Kinder zum ersten Mal stark genug fühlen, um ihre Kräfte zu erproben, machen sie sich einen Spaß daraus, zu sehen, wer den stärkeren Willen hat. Auf dieses Spiel sollte man sich tunlichst nicht einlassen, getreu der Weisheit: Der Klügere gibt nach.

Je nervöser und angespannter die Eltern, desto schwieriger für sie, diese ersten Wutausbrüche gelassen zu überstehen. Wenn so gar kein Ablenkungsmanöver mehr greift, kein gutes Zureden hilft, dann reißt schon mal der Geduldsfaden, und das Kind wird in dem Ton angefahren, den die meisten Eltern vermeiden möchten: »Schluß mit dem verdammten Gezeter!« Nicht nur das Kind, auch die meisten Erwachsenen sind entsetzt, wenn sie sich gereizt, ungeduldig und barsch erleben.

Wenn sich die Situation entspannt hat, wenn Mutter und Kind oder Vater und Kind sich wieder in den Arm nehmen, dann geben sich die schlimmsten Schuldgefühle meist wieder. Übrig bleibt eine gewisse Ratlosigkeit und auch Unzufriedenheit: Nicht einfach, sich als Eltern vorbildlich zu verhalten, ganz schön schwierig diese Aufgabe.

Das Baby läuft auf und davon

Über die Tischkante können die wenigsten Babys an ihrem ersten Geburtstag schon schauen, die meisten lernen erst mit 13 Monaten laufen, manche früher, manche später.

Wer ein Baby bei diesen Kraftproben beobachtet, der sieht, wieviel Mühe es ihm macht, diese Übung zu lernen. Es muß Ausdauer zeigen

Im Vorstadium zum Laufen lernt ein Baby, sein Gleichgewicht per Gehirn zu steuern und seine Muskeln zu beherrschen. Wenn sich das Baby aufs Laufenlernen vorbereitet, zeigt sich erneut, wie unterschiedlich sich Kinder entwickeln. Jedes Kind hat seine eigene Art. Im folgenden ist eine typische Methode beschrieben, die sich viele Kinder aussuchen:

1. Schritt:

Im elften Monat (oder früher oder später) krabbelt das Baby zum Beispiel zu einem Stuhl. Es will hoch hinaus, versucht sich am Stuhlbein hochzuziehen. Auf die Knie kommen, sich aufrichten, Füße ordnen, Klimmzüge machen – das Hochziehen per Armkraft ist ein anstrengendes Trainingsprogramm. Die erste Zwischenetappe: Schwankend, wankend richtet sich das Baby auf und hält sich am Stuhl fest. Die ausgestreckten Beine sacken weg. Also wieder von vorn das Ganze. Das will geübt sein.

2. Schritt:

Stolz wie ein König plumpst ein Baby nach seinen ersten Schritten auf den Hosenboden, steht wieder auf und übt mit viel Energie weiter

Hat sich das Stehen erst einmal stabilisiert – und das geschieht meist ganz fix –, beginnt das Baby, sich mit zaghaften, kleinen, wackeligen Schritten, seitwärts am Stuhl oder an der Wand entlangzutasten. Auf diese Art und Weise hangelt es sich mit der Zeit quer durchs Zimmer, von Möbel zu Möbel, und irgendwann läßt es los. Zweite Zwischenetappe: Das Baby steht freihändig. Das Loslassen hat einigen Mut gekostet. Nur – wie kommt man nun weiter? Hilflos plumpst das Kind auf seinen Po. Und das tut aus einer Höhe von ungefähr 25 cm zum Glück kaum weh.

3. Schritt:

Aus dem Kurz-mal-Loslassen entwickelt sich oft der erste Schritt nach vorn, und der kostet natürlich noch mehr Mut. Aber damit ist das Ziel erreicht: Das Kind läuft. Wie ein Seemann oder wie ein Seiltänzer balanciert es sein Gleichgewicht aus. Stolpert es seinem Vater oder seiner Mutter in die Arme, ist dieser erste Schritt leichter zu wagen. Auch ein Hosenbein in der Nähe zum Festhalten oder eine stützende Hand im Rücken kann es jetzt gut brauchen. Nach diesem ersten Schritt entfernt sich das Baby jeden Tag weiter von seinen Eltern und wird schnell sicherer.

4. Schritt:

Nun muß das Aufstehen noch gelernt werden. (Viele Kinder lernen Aufstehen noch vor dem Laufen.) Dieser Lernschritt schließt sich eigentlich immer schnell an.

Und die Treppen, wie sind die zu bewältigen?

Schon vor oder während des Laufenlernens werden Treppen interessant. Ein paar Tips dazu:
- Man kann sie durch Extragitter sichern.
- Zeigt man dem Baby, wie es die Treppen hinunterkommt – ganz langsam rückwärts krabbeln –, dann wird es damit schnell fertig. Während das Baby diese Kletterpartie übt, stellt man sich am besten hinter das Kind.

Jetzt wird das Denken geübt

Die Hände des Babys entwickeln sich zu einem immer präziseren Instrument. Sie tun nun bereits mit ziemlicher Sicherheit das, was das Baby von ihnen will, und das sind inzwischen Feinarbeiten. Gegen Ende des ersten Jahres kann ein Kind zum Beispiel:
- Mit Daumen und Zeigefinger (Pinzettengriff) einen Wollfaden vom Teppich auflesen.
- Mit Daumen und Zeigefinger einen Schalterknopf drehen.

Ein Kind, das sich daran macht, die Welt zu erobern, braucht jede Menge Spielmaterial: Kuchenteig und Zeitungspapier, Bauklötze und alte Briefumschläge

Natürlich steckt es immer noch alles, was nicht niet- und nagelfest ist, in den Mund. Ein zwölf Monate altes Baby schaut sich jedoch immer häufiger an, was es da eigentlich in den Mund stecken will. Mit der Zeit wird jetzt der Mund als Untersuchungsinstrument langweiliger.
Je zielsicherer ein Baby gegen Ende seines ersten Lebensjahres seine Finger bewegt, desto klarer sein Verstand: Was ich greife, begreife ich auch. Weil das Kind jetzt schon verhältnismäßig mobil ist, sucht es sich sein Forschungsmaterial überall zusammen: Steinchen und Stöckchen, alles, was rumliegt. Es tastet sich zu neuen Erkenntnissen vor. Mit Gehör, Tastsinn oder Blick un-

Was aus der Sicht Erwachsener oft gar kein »richtiges« Spiel ist, gefällt dem Baby oft gerade gut. Darum bitte nicht stören, wenn es beschäftigt ist

tersucht es das, was es zwischen die Finger bekommt. Mit Hilfe des Prinzips »Versuch und Irrtum« werden die Eigenschaften der verschiedenen Schätze erkundet:

- Wenn ich meine Spielente auf den Wasserhahn stelle, bleibt sie nicht stehen, sondern fällt auf den Boden.
- Wenn ich meinen Keks auf die Tischkante lege, bleibt er nicht liegen, sondern kippt runter.
- Wenn ich einen großen Klotz auf einen kleinen lege, bleibt er nicht liegen.

Es werden jede Menge Tests gemacht:

- Wenn ich die Schachtel runterfallen lasse, was geschieht mit ihr?
- Wenn ich mich auf den Hut setze, wie bekommt ihm das?
- Wenn ich einen Teller vom Tisch nehme und runterschmeiße, was passiert dann?
- Wenn ich am Tischtuch ziehe, welche Folgen hat das?

Alle Untersuchungsergebnisse werden gespeichert. Das Kind ist bemüht, Zusammenhänge zu durchschauen. Es will wissen, was die eine mit der anderen Person, was die Personen mit den Gegenständen, was die Personen, die Gegenstände mit der Umwelt zu tun haben. Immer ist es auf Forschungsreise:

- Tür öffnen, Schrank ausräumen.
- Backform auseinandernehmen.
- Radioantenne rausziehen.
- Flasche aufschrauben.
- Nußknacker öffnen und schließen und ein Stofftier dazwischenklemmen.

An Einfällen mangelt es den wenigsten Kindern. Doch welche Rolle spielen die Eltern eigentlich in diesem Entwicklungsstadium?

Wenn aus Silben Wörter werden

Nicht nur durch Zeichen verständigen sich Kind und Erwachsene jetzt immer präziser, sondern auch durch Laute, durch Silben und erste Wörter. Natürlich benutzen sowohl das Kind als auch seine Eltern ihre Singsang-

Sprache weiter (Seite 199). Daneben bekommen jedoch die Worte, die das Baby hört, ein ganz anderes, neues Gewicht. Nicht mehr willkürliche, beliebige Sätze werden jetzt an das Baby gerichtet, sondern exakte Erklärungen, ausgelöst durch ein bestimmtes Verhalten, zum Beispiel: Das Kind schaut einer Katze nach, die über die Straße huscht. Der Erwachsene sagt daraufhin: »Ist das nicht eine niedliche Katze?« Auf diese Weise lernt das Baby, was zusammengehört:

- das Bild von der Katze und
- das Wort Katze.

Es beginnt zu verstehen, was einzelne Wörter bedeuten. Sagt jemand »Mami«, schaut es sich suchend nach seiner Mutter um.

»Mama« und »Papa« sind schließlich auch die ersten geordneten Silbengebilde, die es sagen kann. Mama – seit Wochen kombiniert ein Baby bereits diese laute, aber erst jetzt bezeichnet es seine Mutter damit. Auf der ganzen Welt ist dieses erste Lautgebilde, das ein Kind zustande bringt, zum Zeichen für »Mutter« geworden.

Nicht nur, was einzelne Wörter bedeuten, weiß ein Kind etwa im zwölften Monat, sondern es versteht auch schon kurze, klare Sätze. Und das Baby antwortet immer häufiger darauf. Ziemlich bald bekommt man von ihm sein erstes entschiedenes »Nein« zu hören. Es weiß sehr genau, was es damit sagen will: »Ich habe meinen eigenen Kopf!«

Wenn das Kind ein Wort spricht, hat dieses Wort die Bedeutung eines ganzen Satzes. Sagt es zum Beispiel »Auto« heißt das: »Ich sehe ein Auto!« oder »ich fahre Auto«. Aus diesen Ein-Wort-Sätzen werden sich Mehr-Wort-Sätze entwickeln. Allerdings lassen sich die meisten Kinder noch einige Zeit damit, Wörter und Sätze zu sprechen. Erst um ihren zweiten Geburtstag herum plappern sie richtig los.

Wichtig beim Sprechenlernen: Das Baby loben. Ihm zeigen, wie sehr man sich über sein Reden freut

Wer sein Kind zu eifrig zum Sprechen animiert – »nun sag doch endlich mal Papi!« – hemmt es vielleicht in seiner Spontaneität. Es verliert die Lust am Sprechen

Entwicklung: einige Daten zur Orientierung

Ende elfter Monat:

- Das Baby rollt einen Ball zurück, wenn man ihm den Ball zustupst. Es sitzt dabei mit gespreizten Beinen.
- Es macht seine Wünsche deutlich.
- Es klatscht in die Hände oder macht Winke-winke (kommt drauf an, was man ihm beigebracht hat).
- Es zieht ein Spielzeug mit Schnur zu sich heran, zum Beispiel eine Holzente auf Rädern.
- Es findet Spielzeug wieder, das man vor kurzer Zeit vor seinen Augen versteckt hat.

Ende zwölfter Monat:

- Das Baby hält einen Stift und malt damit auch schon erste Striche – vor allem, wenn ihm ältere Geschwister dieses Spiel vormachen.
- Es gibt Gegenstände ab und nimmt auch welche entgegen. In den folgenden Wochen werden diese Geben-nehmen-Spiele immer wichtiger.
- Es blättert Seiten in einem Buch um, meistens mehrere auf einmal.
- Es klettert auf Stühle oder versucht zu klettern.

Zu wörtlich dürfen diese Daten nicht genommen werden. Manche Babys entwickeln sich schneller, andere wesentlich langsamer. Beides ist normal und meistens kein Grund zur Sorge.

Nicht vergessen:

Gegen Ende des ersten Lebensjahres ist noch eine Vorsorgeuntersuchung fällig, bei der vom Kinderarzt wieder die Entwicklung des Babys überprüft wird.

Ernährung: Keine Extra-Rationen mehr für das Baby

Gegen Ende des ersten Lebensjahres geben viele Eltern das Extra-Kochen fürs Baby auf; es ißt, was alle anderen Familienmitglieder auch essen: eine gesunde Mischkost. In diesem Zusammenhang tauchen einige zusätzliche Fragen zur Ernährung auf.

Dem Kind eine möglichst abwechslungsreiche Mischkost anzubieten, ist nicht nur gesund, sondern auch eine gute Übung: Das Baby gewöhnt sich frühzeitig daran, daß verschiedene Speisen ganz unterschiedlich schmecken

Sollten Babys schon Vollkornkost essen?

Ist ein Baby zehn Monate alt, verträgt es normalerweise Vollkornbrot (und andere Getreideprodukte, wie zum Beispiel Müsli). Brot liefert hochwertiges Eiweiß, Eisen, Kalzium, wichtige Ballaststoffe, ungesättigte Fettsäuren, Vitamine, also viele wichtige Nahrungsmittel. Vor allem Vollkornbrot ist gesund, da es noch sämtliche Elemente des ganzen Korns enthält.

Dürfen Babys vegetarisch essen?

Wer vegetarisch kocht, muß sehr gut informiert sein, muß gut einkaufen und kochen können, um ein Baby mit dieser Kost ausreichend zu ernähren. Vor allem ein Mangel an hochwertigen Fetten, bestimmten Eiweißbestandteilen, an Kalzium und Eisen kann für das Kind problematisch werden. Fleisch ist wertvoll, weil es Eisen, wichtige Mineralstoffe und Vitamine enthält, die ein Kind gut verwerten kann. Schon kleine Mengen Fleisch genügen, um den Bedarf an diesen Stoffen zu decken.

Und was ist mit Eiern?

So vorsichtig wie bisher muß man mit Eiern nicht mehr umgehen. Die meisten Kinder freuen sich über ein Frühstücksei, vertragen es gut und bekommen auf diese Weise wertvolle Nährstoffe: das Eier-Protein, wichtige Mineralstoffe, Spurenelemente. Das Cholesterin belastet zwar einen Erwachsenen; Kinder haben jedoch weniger Schwierigkeiten mit einem hohen Wert.

Jetzt schon Quark und Joghurt?

Vertragen Babys jetzt schon Milchprodukte?

Quark schmeckt vor allem als Quarkspeise mit Obst vielen Kindern gut. Da er viel Eiweiß, Kalzium und B-Vitamine enthält, ist er nicht nur gut bekömmlich, sondern auch besonders gesund. Joghurt wird manchmal leichter verdaut, manchmal hat der Magen damit Schwierigkeiten. Deshalb dem Baby erst gegen Ende des ersten Lebensjahres Joghurt geben, und zwar möglichst pur oder mit frischem Obst. Fertige Früchtequarkspeisen und -joghurts enthalten zuviel Zucker. Kefir eignet sich nicht für Kinder, weil darin Hefen enthalten sind, die vergären. Dadurch entsteht Alkohol – zwar in geringen Mengen, aber kleine Kinder sollte man trotzdem davor bewahren.
Gegen Ende des ersten Lebensjahres kann man dem Kind statt einer Milchmahlzeit auch einen Obstbrei (etwa 100 g) mit Getreideflocken (ohne Milch) geben. 10 g Butter zugeben.
Nach einem Jahr hat ein gesundes Kind sein Geburtsgewicht etwa verdreifacht.

Zum Schluß noch ein Tip zum Kochen:

Beim Aufwärmen von Speisen gehen weniger Vitamine verloren als beim Warmhalten.

Mit Essen manschen – muß das sein?

Gegen Ende des ersten Lebensjahres sitzen die meisten Babys mit am Familientisch. Nur essen sie ihre Kartoffeln und ihr Gemüse nicht, sondern spielen erst einmal damit. Eine Kartoffel ist für ein Baby das tollste Knetmaterial. Und in Gemüse mit Soße rührt es sich noch besser herum als in Sand mit Wasser. Daß da ein Unterschied zwischen Kartoffel und Knetmaterial und Gemüse und Sand sein soll, leuchtet einem Baby nicht ein. Alles ist Forschungsmaterial! Ebenso der Löffel, ebenso der Becher. Essen auf dem Teller zu haben, Löffel und Becher daneben, heißt für ein kleines Kind in erster Linie: Ich spiele, und erst in zweiter: Ich esse. Hunger und Durst können warten.

Für Eltern manchmal kaum noch mitanzusehen, wenn das Baby im Kartoffelbrei manscht. Das gehört aber dazu. Babys wollen fühlen, was sie essen

Je weniger man es bei seinen Pansch- und Mansch-Experimenten stört, desto schneller hat sich's ausgespielt. Mit der Zeit wird es für ein Baby spannender, sich die Eßgewohnheiten der anderen abzuschauen: Wie macht man das mit dem Becher? Wie hält man den Löffel richtig?

Gerade für Kinder, die nicht mit Freude essen, ist am Familientisch der richtige Platz. Je zwangloser die Atmosphäre beim Essen, desto selbstverständlicher sitzen sie da und schauen sich die Freude am Essen schließlich auch bei den anderen ab. Im Augenblick, zu Beginn dieser Phase, gehört zu der zwanglosen Atmosphäre eben auch, daß das Baby selbstverständlich manschen darf. Und daran sollten es die Eltern nicht hindern.

Nachwort

Am Anfang Tag für Tag, dann Monat für Monat haben wir das erste Jahr mit dem Baby beschrieben. Zuerst war da ein hilfloser Winzling, ganz abhängig von seinen Eltern. Jetzt, nach zwölf Monaten, steht das Baby selbstbewußt da und setzt den Eltern mit viel Kraft seinen Willen entgegen. In Zukunft werden ganz neue Themen wichtig:

- Erziehung,
- der Umgang mit anderen Kindern,
- die Sprachentwicklung,
- das wachsende Bedürfnis nach Selbständigkeit.

Die Zeit der starken Abhängigkeit geht zu Ende. Aus dem Baby wird ein Kleinkind, und das ist nun aus einem *Babybuch* wie diesem herausgewachsen.

Doch nicht nur das Baby, auch die Eltern sind nach dem ersten Jahr mit ihrem Kind nicht mehr die gleichen. Wie vielleicht in keiner anderen Phase ihres Lebens, haben sie erfahren, mit welch anhaltender Intensität sie einen anderen Menschen lieben können. Sie sind aber auch in ungekanntem Maße an die Grenzen ihrer Belastbarkeit gestoßen. Auf jeden Fall wissen sie jetzt mehr über sich selbst als vor der Geburt ihres ersten Kindes.

Adressen

• Wickeln
Verband deutscher Windeldienste
Varreler Straße 20
49419 Wagenfeld

• Stillen
Arbeitsgemeinschaft Freier Stillgruppen
Postfach 311112
76141 Karlsruhe

La Leche Liga
Postfach 650096
81214 München

La Leche Liga Österreich
Postfach
A-6500 Landeck

La Leche Liga Schweiz
Postfach 197
CH-8053 Schweiz

• Ernährung
Deutsche Gesellschaft für Ernährung e.V.
Im Vogelsgesang 40
60488 Frankfurt

• Gesundheitliche Störungen
Deutscher Allergie- und Asthmabund e.V.
Hindenburgstraße 110
41061 Mönchengladbach

Deutscher Neurodermitiker Bund e.V.
Mozartstraße 11
22083 Hamburg

(Mit frankiertem Rückumschlag schreiben.)

Register